华章图书

一本打开的书，一扇开启的门，

通向科学殿堂的阶梯，托起一流人才的基石。

钟华◎编著

企业IT架构转型之道

阿里巴巴中台战略思想与架构实战

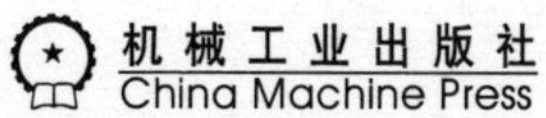

图书在版编目（CIP）数据

企业 IT 架构转型之道：阿里巴巴中台战略思想与架构实战 / 钟华编著．—北京：机械工业出版社，2017.4（2020.10 重印）

ISBN 978-7-111-56480-5

I. 企… II. 钟… III. 电子商务－商业企业管理－研究－中国 IV. F724.6

中国版本图书馆 CIP 数据核字（2017）第 068703 号

企业 IT 架构转型之道

阿里巴巴中台战略思想与架构实战

出版发行：机械工业出版社（北京市西城区百万庄大街 22 号 邮政编码：100037）

责任编辑：吴 怡　　责任校对：殷 虹

印 刷：中国电影出版社印刷厂　　版 次：2020 年 10 月第 1 版第 18 次印刷

开 本：170mm×242mm 1/16　　印 张：15.25

书 号：ISBN 978-7-111-56480-5　　定 价：79.00 元

凡购本书，如有缺页、倒页、脱页，由本社发行部调换

客服热线：（010）88379426 88361066　　投稿热线：（010）88379604

购书热线：（010）68326294 88379649 68995259　　读者信箱：hzit@hzbook.com

Foreword 1 序言一

本书讲述了阿里巴巴的技术发展史，同时也是一部互联网技术架构的实践与发展史。

为一个复杂的、高速发展的业务构建一个技术系统是一个巨大的挑战。阿里巴巴集团主要是以电子商务、支付为业务主体，这类业务系统都是复杂的商业系统；这个业务又承载于互联网之上，互联网又具有海量的访问请求与数据。这两者的结合，形成了阿里巴巴集团业务系统的关键特点。

不同于搜索、社交之类的应用系统，电子商务、支付的业务特性决定了其必须有很高的稳定性与可靠性。用户在使用搜索引擎的时候，哪怕丢失了一半的搜索结果，可能都没有觉察。但在电子商务应用中，每一笔订单、每一个状态、每一次支付都不能有丝毫差错。与此同时，像双十一这种业务高峰时刻，每秒钟就需要处理十万笔以上的订单。高可用、海量、复杂的业务逻辑交织在一起，是阿里巴巴业务系统的主要挑战。

阿里巴巴集团为了应对这些挑战，在技术上、组织架构上都进行了广泛的实践。并进一步将此种实践提升至中台这样的概念。

阿里巴巴集团在很多技术方面进行了不断的探索，如数据库的水平扩展、复杂业务系统的结构化与服务化、大型系统的消息处理、关键业务系统的实时调控等。在数据库层面，阿里巴巴很早就启动了去 IOE 的项目，本质上是想解决大规模数据的线性可扩展问题，包括存储与访问两个方面。为了实现这个目标，发展了一系列的中间件来支撑这种新的架构。

随着业务的发展，阿里巴巴也面临着复杂业务系统的解耦问题。在互联网行业，需求的迭代速度非常快，通常每周都会有数十个功能更新或增加，并要及时发布。

如何保持业务相对隔离可以让工程师大规模并行工作，传统上有很多解决方案，如SOA、ESB等，但如何在解耦的同时仍能满足互联网海量访问且具有高性能的要求，阿里巴巴集团对传统技术进行了革新，提出了一系列实用的技术方案。

系统规模进一步变大之后，需要解决更多、更复杂的问题，比如在全球进行分布式的部署、99.999%以上的高可用、容灾等，这对系统的架构与设计提出了更多的挑战。

解决了系统的静态架构之外，很快就会发现，像此类复杂的企业级互联网应用需要在运行时可以全程进行动态感知与管理，不仅要有全部的监控能力，更要根据业务流量进行业务的优雅降级，确保系统高可用等。

我认为本书将阿里巴巴在工程上的一系列实践进行了系统的总结，也为进一步的系统演进积累了很好的经验，打下了坚实的基础。

阿里巴巴集团 CTO 张建锋（行癫）

2017年4月于杭州

Foreword 2 序言二

阿里巴巴电商系统的架构经历了烟囱式架构到分布式架构再到共享式架构的转变，在这个过程中持续推动着大量业务的创新，天猫、聚划算、闲鱼、拍卖、玩兔、淘抢购等应用不断涌现出来，有成功也有失败，因为架构无法决定市场的成功还是失败，但是作为土壤可以不断孵化新的物种。阿里巴巴从 2008 年开始的架构优化过程其实并没有解决该做什么的问题，但是解决了创新效率的问题。当有人告诉你做一个市场需要 100 人年的时候，你会犹豫，到底投还是不投；如果告诉你 100 人月的时候，你会毫不犹豫地投入，所以这时候一个优秀的架构已经超出了效率本身的范畴，而是决定企业成败的关键因素。

我的感受是，最大的浪费不是重复建设，而是不断重复建设。在早期往往一个新业务的上线除了数据可以被重复使用之外，服务却不能被重复使用。其实服务的重用将比数据重用带来更多好处，数据只是原始生产资料，服务则包含逻辑，是工厂的加工车间，如果加工过程也一样可以复制，将带来生产效率的大幅度提升。

系统的建设要从生产型模型升级到运营型模型，从版本模型升级到迭代模型。运营型模型最大的优势是所有的积累都被沉淀，而生产型模型会因为 10% 的差异而重新建设 100% 的系统。每次都是新的故事、新的逻辑、新的代码，而这些都来自几个人的脑子。运营型模型的逻辑则来自于无数客户、供应商、工程师的的脑子，并经过不断的积累，那么差距就显而易见。

本书主要介绍了阿里巴巴电商系统架构的演变历史，对各个行业在做企业 IT 架构优化会有很大的帮助。

阿里巴巴集团中间件技术部研究员蒋江伟（小邪）

2017 年 3 月于杭州

前 言 Preface

在过去 15 年的 IT 从业经历中，有很长一段时间我都是以软件服务商的身份参与了企业的 IT 系统建设，对于过去十几年来企业 IT 的发展有一定的认知和理解，带着对互联网技术的憧憬来到阿里巴巴中间件研发团队，有幸能近距离了解阿里巴巴的业务架构发展模式和业界顶尖的互联网技术。这种略显特殊的工作经历，使我对阿里巴巴的共享服务理念和企业级互联网架构很快能了然于胸，当我把这些内容介绍给越来越多的企业客户时，听到最多的反馈词语就是“启发”。

这让我逐渐意识到，在当今整个中国社会都处于互联网转型的浪潮中，不管是政府职能单位、业务规模庞大的央企，还是面临最激烈竞争的零售行业，都处于一个重要的转折点，这个转折对企业业务模式带来了冲击，当然也给企业的信息中心部门带来了挑战：如何构建 IT 系统架构更好地满足互联网时代下企业业务发展的需要。阿里巴巴的共享服务理念以及企业级互联网架构建设的思路，给这些企业带来了不少新的思路，这也是我最终决定写这本书的最主要原因。

本书从阿里巴巴启动中台战略说起，详细阐述了共享服务理念给企业业务发展带来的业务价值。接着会分享阿里巴巴在建设共享服务体系时如何进行技术框架的选择，哪些重要的技术平台支撑起了共享服务体系，这也是迄今为止对阿里巴巴集团中间件体系最全面、系统的介绍。除了技术层面之外，本书还分享了阿里巴巴内部的一些经验和实践，如组织的架构和体制如何更好地支持共享服务体系的持续发展。

最后，结合两个典型案例来介绍如何在实际工作中应用共享服务体系。一个案例是国内某大型国企进行互联网转型的尝试和探索，最终走上成功转型之道的过程；另一个案例是国内某零售企业如何基于阿里巴巴提供的企业级互联网架构重构企业

IT 架构，在短期内快速重构供应链、SCRM 等平台，打造了企业全渠道分销平台，为该企业在竞争最为激烈的零售行业构建了差异化的竞争优势。希望通过这两个案例使读者更真切地看到共享服务体系项目落地的过程，以及它在企业互联网业务和 IT 架构转型过程中所起到的重要作用。

我一直以来都信奉，再好的技术和框架如果不给企业带来业务价值就没有太大意义，所以本书更多是从技术架构解决了什么问题，企业收获了哪些业务价值的角度进行说明和阐述，并没有描述太多晦涩的理论、算法和模型。“他山之石，可以攻玉”，希望更多的企业 IT 管理者、架构师、立志成为架构师的技术人员能从这本书中获取有价值的信息，进而对自身职业发展和所在企业业务发展有所帮助。对于有一定技术背景，希望对互联网架构有一个整体了解的读者，本书也是一本不错的入门书籍。

最后感谢在本书写作过程中给予我无私帮助的同事和朋友：蒋江伟、赵杰辉、周磊、赵勇、司徒放、程正君、赵林，黄杰龙等，没有你们的帮助，就不会有本书的出版。

钟华

2016 年 12 月

目 录 Contents

第二部分 共享服务体系搭建

第三部分 阿里巴巴能力输出与案例

第一部分

引　子

第 1 章 Chapter1

阿里巴巴集团中台战略引发的思考

本章从阿里巴巴为何启动中台战略说起，谈到阿里巴巴共享业务事业部从建立、摸索及系列演变，到最终成为阿里巴巴业务中台战略中核心组成部分的过程。深入分析阿里巴巴共享业务事业部发展历程中所遇到的一系列问题和困境，而这些问题也恰恰是当今很多传统企业信息系统建设过程中所遇到的问题，找出这些问题的症结是根治这些问题的必修课。

2015 年年底，当大多数企业忙着进行年度工作总结和下一年规划时，阿里巴巴集团对外宣布全面启动阿里巴巴集团 2018 年中台战略，构建符合 DT 时代的更具创新性、灵活性的“大中台、小前台”组织机制和业务机制，即作为前台的一线业务会更敏捷、更快速适应瞬息万变的市场，而中台将集合整个集团的运营数据能力、产品技术能力，对各前台业务形成强力支撑。

与任何公司一样，阿里巴巴组织架构的战略调整势必对公司现有组织架构、部门间的协作等各方面都将带来深远影响。战略执行到位、3 年内达到战略调整所设定目标，对业务的创新和支持将带来巨大的影响，假若没能很好地控制战略执行过程中带来的风险，对组织架构的动荡过大，都会给现有业务带来不小的影响。

阿里巴巴为什么会在这样一个时间点做出如此重大的决定呢？这还要从一次

商务拜访说起。在2015年年中，马云带领阿里巴巴集团的高管，拜访了位于芬兰赫尔辛基的移动游戏公司Supercell，这家号称是世界上最成功的移动游戏公司，以《部落战争》《海岛奇兵》《卡通农场》等游戏知名。Supercell是一家典型的以小团队模式进行游戏开发的公司，一般来说两个员工，或者5个员工，最多不超过7个员工组成独立的开发团队，称之为cell（细胞），这也是公司名字Supercell（超级细胞）的由来。团队自己决定做什么样的产品，然后以最快的时间推出产品的公测版，看看游戏是否受用户欢迎。如果用户不欢迎，迅速放弃这个产品，再进行新的尝试，期间几乎没有管理角色的介入。团队研发的产品失败后，不但不会受到惩罚，甚至会举办庆祝仪式，以庆祝他们从失败中学到了东西。使用这样的模式使得Supercell公司成为了年税前利润15亿美元的游戏公司，2015年App畅销排行榜上Top 10的游戏中，Supercell公司开发的游戏占据了榜单的大半江山。在笔者撰写此书时，2016年6月，中国腾讯公司以86亿美元收购了员工数不超过200人的Supercell公司84.3%的股权，每一名员工人均贡献的估值超过3.54亿人民币。

笔者对Supercell模式的理解是，这家游戏公司经过6年的时间将游戏开发过程中公共、通用的游戏开发素材、算法做了很好的沉淀，企业的文化充分鼓励员工进行创新，甚至进行试错，才使得他们在开发的众多游戏中以最快时间找到那些用户真正喜爱的游戏。这种强大的业务试错能力是Supercell相比于其他游戏公司最大的差别，也是最核心的竞争力。其他的游戏公司难道没有想到学习这样的模式吗？答案一定是肯定的。为什么其他游戏公司不具备Supercell这样的能力呢，我觉得很多人忽略了Supercell所构建的“中台”能力，抛开个人水平高低的影响，Supercell公司在多年的游戏研发中积累了非常科学的研发方法和体系，使得今天公司可以支持几个人的小团队在几周时间就能研发出一款新游戏，并进行公测。

Supercell的模式给参加此次拜访的阿里高管们很大的震撼，在大家反复的心得交流和讨论中，一个非常重要的问题引起了很多人的反思：信息时代的公司架构到底应该是怎样的？正是有了这次拜访才真正让阿里巴巴的领导层有了足够的决心要将组织架构进行调整，在此次拜访的半年后，集团正式启动2018年中台战略。

所谓的“中台”，并不是阿里巴巴首先提出的词语，从字面意思上理解，中台是居于前台和后台之间。其实在阿里巴巴集团启动中台战略之前，有另一个被很多外界所熟知的“厚平台，薄应用”架构，说起这个架构则不得不说其中最为重要的一个部门——共享业务事业部，这个部门的产生、演变和发展在笔者看来都极具代表性和参考价值。

1.1 阿里巴巴共享业务事业部的发展史

在阿里巴巴内部论坛中有两篇暴走漫画形象生动地描述了共享业务事业部的产生、发展以及最终奠定部门在集团内重要地位的演变过程，如图 1-1 所示。

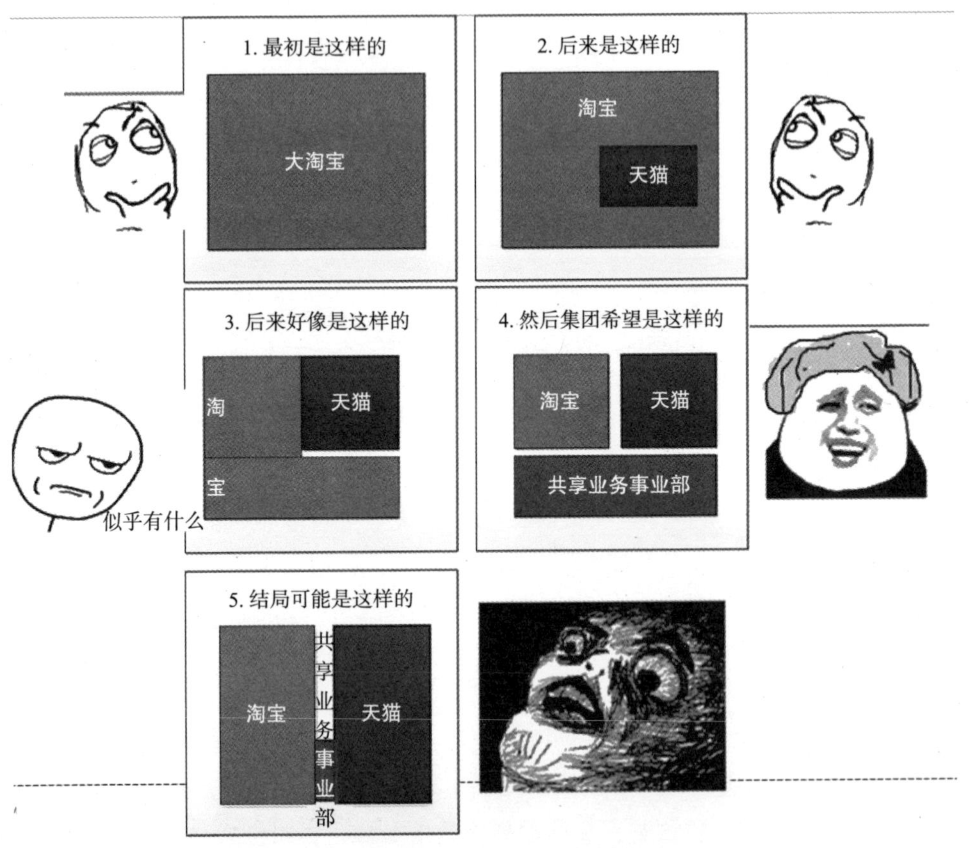

图 1-1 阿里巴巴共享业务事业部的发展史

第一幅漫画中，描述了阿里巴巴在 2003 年时成立了淘宝事业部（图 1-1 左一）；随着集团领导层意识到 B2C 模式的业务将来也会是电商领域重要的组成部分，在 2008 年时集团成立了天猫（最初期叫淘宝商城），只不过当时是从淘宝团队中抽调出一拨人，作为淘宝事业部中的一个部门进行运营（图 1-1 右一）。

随着天猫业务的蓬勃发展，没过多久就单独成立了天猫事业部，成为跟淘宝并驾齐驱的两大电商事业部，此时淘宝的技术团队同时支持着淘宝和天猫的业务（图 1-1 左二），这样的组织架构阵型决定了技术团队对于来自淘宝的业务需求满足的优先级一定优先于天猫（屁股决定脑袋，大家都懂的），使得天猫的业务团队怨声载道，严重影响了天猫的业务发展。另一个问题是业务架构层面的问题，当时淘宝和天猫的电商系统是完全独立的两套体系，两套电商平台都包含了商品、交易、评价、支付、物流等功能。

正是因为以上两大问题，在 2009 年，共享业务事业部应运而生，主要成员来自于之前的淘宝技术团队，在组织架构上单独成为一个跟淘宝、天猫同样级别的事业部（图 1-1 右二），集团希望以这样的方式更好地让技术团队同时支持淘宝和天猫的业务，同时也将两套电商的业务做了梳理和沉淀，将两个平台中公共的、通用的业务功能沉淀到了共享业务事业部，避免有些功能的重复建设和维护，更合理地利用技术资源。

但接下来的发展却事与愿违。虽然组织架构上共享业务事业部和淘宝、天猫平级，但从对业务的理解和业务贡献的体现来说，淘宝和天猫相对共享业务事业部拥有着更多的话语权，结果就是共享业务事业部在两大业务部门的业务需求下艰难生存着（图 1-1 左三）。到此，共享业务事业部的产生和发展确实与大多数人的期望有着很大的偏差。

看看接下来又发生了什么故事，如图 1-2 所示。

共享业务事业部同时满足着淘宝和天猫高压态势的业务支持，在资源固定的情况下，就算团队成员再怎么加班加点，也很难及时、周到地满足两大业务部门业务需求，结果就是业务部门对共享业务事业部的满意度不高，而共享业务事业部的员工则是有苦说不出，只能默默流泪（图 1-2 上左）。

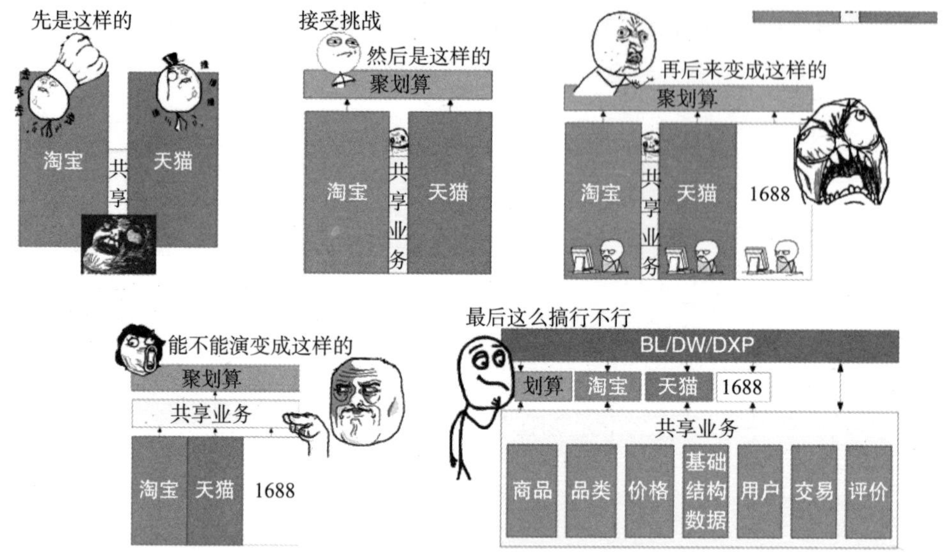

图 1-2 共享业务事业部的发展

真正带来转折的是 2010 年，作为阿里电商业务的团购入口——聚划算的出现。聚划算平台刚一上线，就展现它强大的流量吸引的威力，据不完全统计，不管是淘宝还是天猫的商品，一旦进入聚划算平台，销售额会在短时间内至少增长 25 倍，聚划算对于淘宝和天猫的运营人员来说，无疑是一个增加流水的有效途径，所以一时间大家趋之若鹜，纷纷对接聚划算平台（图 1-2 上中）。

面对这一快速提升商品交易量的利器，继淘宝、天猫之后，1688 也参与其中，三大电商运营人员各展所长争占聚划算平台上的有利资源。来自三大电商平台如洪流般的业务对接需求让当时成立不久的聚划算团队应接不暇（图 1-2 上右）。

这时就出现了对于共享业务事业部历史转折点的一个举措，集团要求三大电商平台如果要与聚划算平台进行业务对接，必须通过共享业务事业部！正是有了这“点睛之指”，使得共享业务事业部有了一个极强的业务抓手，将原本与三大电商的业务对话权不平衡的天平拉到一个相对公平的水平（图 1-2 下左）。从而最终奠定了今天大家所看到的共享业务事业部成了阿里巴巴集团业务的核心业务平台，如图 1-3 所示。

图 1-3 中清晰地描述了阿里巴巴“厚平台、薄应用”架构形态，目前阿里巴巴集团前端超过 25 个业务单元（如淘宝、天猫、聚划算、去啊等大家熟知的业

务）均不是独立地构建在阿里云的云平台之上，在后端阿里云技术平台和前端业务间有了一个“共享业务事业部”，将阿里巴巴集团前端业务中公共、通用的业务沉淀到了这个事业部，包含了用户中心、商品中心、交易中心、评价等十几个中心，而共享业务事业部正是“厚平台”的真实体现，为阿里巴巴各种前端业务提供着相应服务中心领域内最为专业、稳定的业务服务。

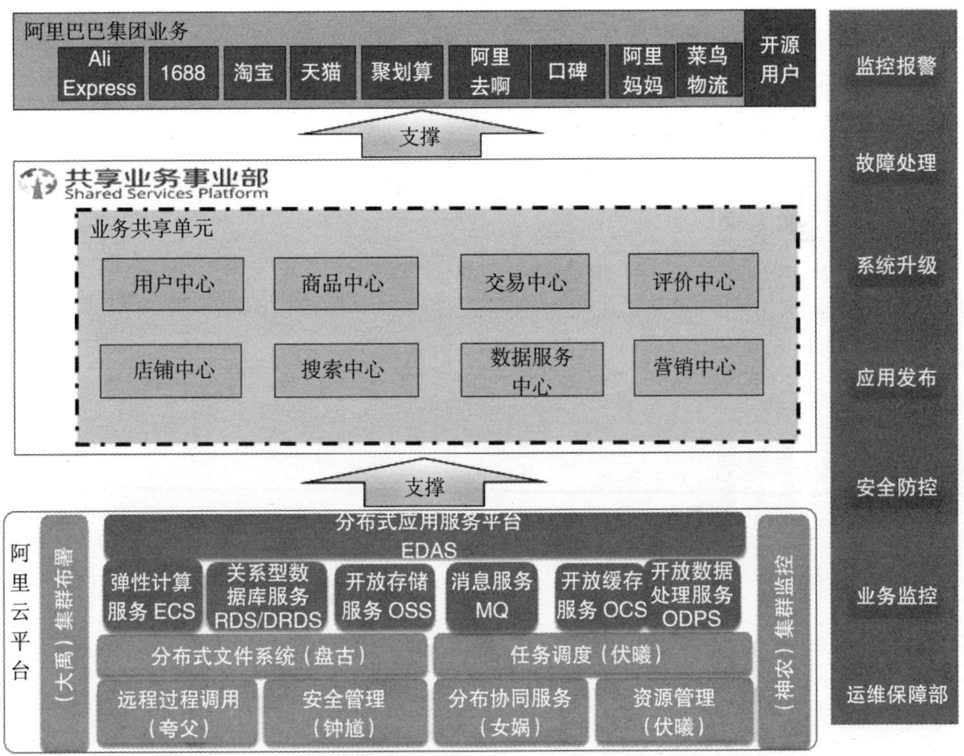

图 1-3　共享业务事业部在阿里巴巴业务架构中的重要地位

当阿里巴巴在 2015 年启动中台战略后，也看到有些专业评论对阿里巴巴此次中台转型的担忧，转型中带来的改变是否会对现在阿里巴巴集团组织架构产生巨大冲击，是否对前端的淘宝、天猫等业务带来较大影响，转型之后的效果是否能达到领导层的预期。但从笔者的视角，阿里巴巴做出中台战略转型的决定并非空中楼阁。阿里巴巴从 2009 年就开始建设共享业务事业部，已经为中台战略在转型过程中将会面临的组织间业务协作、业务核心能力的沉淀、组织 KPI 考核等方面都做了很好的实践和经验沉淀，加上阿里巴巴强大的执行力，笔者完全相信阿里巴巴能成功实现中台战略的转型，为下一轮的业务腾飞打下更为坚实的业务中台。

1.2 企业信息中心发展的症结

笔者初次了解到阿里巴巴共享业务事业部的发展史时，就有很大触动，一部分原因是我亲眼见证了阿里巴巴为了更好地满足集团业务快速发展的需要对组织架构的多次调整，这个过程充满了集团领导的思考和智慧，也经历了艰辛的尝试，才使得阿里巴巴集团在今天充满残酷竞争的中国互联网时代屹立于强者之列；另一个原因则是我发现阿里巴巴在2008年面临的问题跟现在很多企业面临的困境非常相似，而经过阿里巴巴多年打磨和验证过的这套共享服务体系可能是让非互联网行业的企业摆脱困境的最好出路。

我为什么会产生这样的想法呢？让我把前面漫画中的一些问题和现象与现在企业中的问题和面临的处境做一下映射。

1. “烟囱式”系统建设模式

在图1-2上左中，大家看到了2008年时淘宝的技术团队同时支持着淘宝和天猫两大电商平台。1999年成立的B2B电商平台1688一直拥有自己的技术支持团队。阿里巴巴集团三大电商体系的技术支持架构如图1-4所示。

图1-4 阿里巴巴集团三大电商体系的技术支持架构

正如之前所述，三套电商体系的架构完全独立，各自应用独立开发和运维。在电商平台上有过购物经历的读者都能想到，一个标准的电商平台至少提供了会员服务、商品的信息、交易支付，不管是B2B、C2C或者B2C的电商平台都需要提供，为什么阿里巴巴的三大电商平台会独立建设和维护，这其中没有任何公共和通用的功能吗？

我想导致这种建设模式的因素有很多，个人认为其中主要原因是开发团队考虑到电商模式的不同，所以需要独立建设；或者是新的业务团队认为在之前的电商平台基础上改造成支持新模式的电商平台会有太多的技术和业务的历史包袱，还不如重新构建。不管原因如何，最终促成了当时我们看到的三座“烟囱”分别矗立支撑着当时阿里巴巴集团最为核心的电商业务。

而这样的故事实际上在中国企业 IT 建设 20 多年的历程中几乎天天都在上演，今天企业 IT 系统建设的模式是：当业务部门提出业务需求，信息中心部门进行系统集成商的招投标（如自身有开发团队的企业则无需此流程），再进入到需求收集、需求分析、开发、测试、上线的项目周期中，某种程度上每个新系统的上线都预示着一座新的烟囱矗立而成，这种完全基于业务需求建设系统的方式已经成为过去 20 多年企业建设 IT 系统的标准流程，导致 IT 系统建设早的企业内部系统烟囱林立。这正是今天很多企业面临互联网转型难的根节所在。

其实对于“烟囱式”系统建设带来的弊端在十年前就已经有人提出，以这样的方式建设系统对企业的“伤害”有三大弊端：

弊端一：重复功能建设和维护带来的重复投资。大家都不用太仔细去梳理这些“烟囱式”建设起来的系统，就能发现大量的功能和业务在多个系统中同时存在，单单从开发和运维两方面成本投入的角度，对于企业来说就是一种很显性的成本和资源浪费。但这一点对企业带来的伤害却是最小的，只是成本的损失。

弊端二：打通“烟囱式”系统间交互的集成和协作成本高昂。随着很多企业业务的发展，要打通这些“烟囱式”系统之间的连接，以提高或优化企业运营效率，这样的场景在 2005 年后（是因为在这个时间点上很多大型企业已经进行了多年的 IT 建设，有了不少的烟囱）逐步涌现，特别在如今的互联网时代，如何更好地整合内部资源、更好地提升用户体验，实现各个系统间的交互成为必然发生的事情。

最为典型的例子发生在零售快消行业，很多的品牌商在 2008 年天猫出现后，立马上线了一个系统用于对接天猫平台，与自己企业的商品、库存、物流打通；随着后期京东、微商的出现，相继建设了相关系统；同时企业还有几千家门店以及分销商需要管理，所以都要建立对应的 PoS、CRM 等系统。2013 年电商对传统零售商的分销模式产生了巨大冲击，这些品牌商就着急要获取到最终用户的消费行为、爱好等信息，从而为用户的精准营销做有力的数据支持，但发现用户的会员信息、商品信息、订单信息、消费行为信息等都被之前“烟囱式”的系统建设方式拆分到了不同的系统中，因此不得不开始打通这些“烟囱”，从而获得品牌商所需的全局会员以及消费数据。

面对这样的业务需求和系统处境，业界早在十几年前就提出了 SOA 的理念，各大厂商纷纷推出了各自的 ESB 产品及解决方案，重点就是来解决此类异构系统之间交互的问题。一时间，各大企业纷纷上马 SOA 项目，构建企业服务总线，基于服务的方式实现了这些“烟囱”间交互的问题。

纵观各个 SOA 项目的实施，平均来说企业为了系统的打通所花费的成本是比较高昂的，这其中牵涉大量的协同和开发成本。

弊端三：不利于业务的沉淀和持续发展。从传统 IT 系统建设的生命周期来看，一旦系统上线以后，就进入了运维阶段。在运维阶段，也会有对系统功能完善和新业务需求的升级；因此我们看到了平均周期均在几个月，甚至半年进行一次功能的升级。而事实上业务的需求是与日俱增的，特别在现今的互联网时代，来自客户、市场的反馈和信息都要求系统进行快速的响应，而传统项目的迭代周期对业务的响应和支持越来越吃力。

上面提到很多企业通过 ESB 系统很好地实现了多个独立系统间的打通，不可否认 ESB 的架构很好地屏蔽了服务接口变化给服务消费者带来的影响，是解决不同系统间实现互联互通的很好的架构，但这样的项目在企业中落地后，后面的发展就让 SOA 价值的体现出现本末倒置的现象！

企业实施 SOA 集成项目上线后，各个系统按照标准封装的这些“服务”就进入一个“稳定”状态。这里的“稳定”当然不是指服务运行的稳定，而是这些服务对外提供的功能变得“稳定”，也就是说，很多服务在初次上线后，在接下来几年的时间里就几乎没有新的服务功能的增加或提升。

产生这种现象的根本原因就要追溯到企业实施 SOA 的方式，典型的项目实施模式，在确定了贯穿多个系统的主业务流程后，就要求各个相关的系统进行服务的封装和改造，这种模式就是典型的“自顶向下”的建设模式，而这个时候，各个需要提供服务封装和改造的系统无不均属于各自的运维期，对于服务开发相关的工作，运维人员的心态往往是协助和配合，并且多数情况下这些服务封装的工作跟运维人员自身的KPI考核是没有多大关系的。正是基于这样的背景，我们很少看到在功能性和扩展性方面做得足够好的服务。另一个更严重的问题则是当此期SOA成功实施结束后，后续有新的业务系统希望接入这些服务，而新的业务系统又发现现有的服务不能很好地满足他们的要求，希望提供更多功能或更好体验的服务要求时，在现实中就会出现下面两种情况：

1）不管是从KPI考核的角度，还是从认知上认为服务封装的任务已经完成，当服务提供者团队收到新的服务需求时，心理上是拒绝的，会出于多一事不如少一事的心态，告诉新业务系统的需求方：“我们目前仅能提供这样的服务”，导致最终的结果是新业务系统认为该服务不可用，逼着他们在自己的系统中重新又实现了一套跟这个服务差不多的功能模块，也就是产生了一个新的烟囱。

2）服务提供者团队拥有不错的做事态度，也愿意改造服务以满足新业务的需求，但受限于之前服务设计时对通用性和业务前瞻性考虑不足，造成如果要满足新业务的需求，就要对现有服务的数据模型、业务逻辑做较大的改造，在面对改造带来的风险和满足新业务需求的选择中，更多的团队选择了放弃对新业务需求的支持，而保持现有服务的稳定性，其结果跟第一种情况完全一样。

不管是传统项目建设方式带来的业务迭代能力不足，还是现有企业内SOA“项目制”建设的效果，最终导致三个弊端，而其中第三个弊端“IT系统建设中实现的业务得不到沉淀和持续发展”是对企业伤害最大的。

前面两个弊端是基于成本和效率的角度，第三个弊端则是基于发展的角度。采用“烟囱式”方式建设的系统体系，企业中一个业务领域的数据和业务往往就被打散在不同的系统中，采用系统打通的方式解决了眼前相关业务间的交互问题，但这样的方式治标不治本。随着业务的发展，这样的方式最终无法满足业务快速响应和业务模式创新的需求。这也就是过去很多年中，在很多企业经常上演的一幕：一个系统上线运行5～8年后，企业的信息中心会向企业更高领导人提出随着业务的快速发展，现有系统不管是技术架构还是业务模型都不能满足现在业务发展的需求，需要整体系统升级，而这样的升级往往意味着对原有系统推倒重建。

且不论这样推倒式重建对于现有业务带来影响的大小，多少基础功能的重复建设和资源投入，更重要的是对于之前多年业务的沉淀能保留多少，这对于企业来说可能是最大的资产流失。

这个问题本质上是由于系统所提供的服务能力没有随着企业业务的发展做到与时俱进。在任何一个企业中，业务需求是一直存在的，传统 IT 系统建设模式下，上线的系统就进入了系统维护期，这个时间段实际上是系统对业务需求响应非常不敏感的阶段，一般半年或一年才会进行一次系统的升级。也就是说，系统业务需求响应的能力和企业本身业务发展对系统建设的要求不成比例。如果说过去，业务需求的增长态势还算比较平滑，没有体现出系统的响应能力有多大差距，那么在今天，互联网时代业务需求的增长越来越迅猛，原有系统对业务响应的能力就显得更加捉襟见肘，如图 1-5 所示。到了一个时间点，量变产生质变，就会出现企业核心业务系统运行多年后被推倒重来的现象。

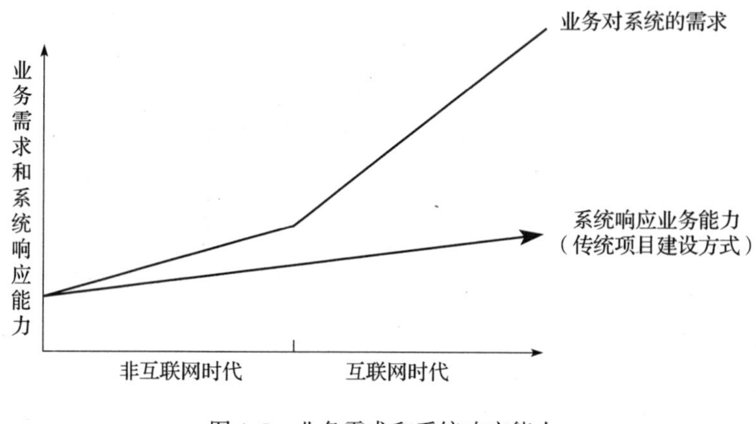

图 1-5 业务需求和系统响应能力

2. 业务支持一直是企业信息中心的组织职能

如图 1-2 上中，阿里巴巴集团将原来淘宝的技术团队从淘宝事业部划分出来成立了单独的共享业务事业部，成为一个中立的并同时支持淘宝、天猫两大业务单独的部门。集团的这种举措与今天的企业一样，无一不认可信息技术部门对于企业发展的重要地位，每家企业中信息中心部门的行政级别均和核心业务部门的级别相当。但实际上，行政级别的平等并不代表着具有同样平等的部门话语权！

正如图 1-2 上右，共享业务事业部在两个业务部门间处境悲惨。试想一下，在董事会的桌子上，企业高层领导者希望各部门的领导能提出对业务发展各抒己见的时候，一定是业务部门的领导们基于对业务发展的理解高谈阔论之时，此时有几位 CIO 或 IT 信息部门的领导能在业务上提出独到的见地？结果相信大家都能猜到，业务部门的领导因为自己的想法被领导采纳，争取到好的建功立业的机会，也自然获取到公司高层的不少好感，这些好感也无形中为部门的话语权增加了不少筹码。而 IT 信息中心则获取的工作任务是配合该业务部门完成该业务目标中 IT 系统的建设。

我听说过一个真实的故事，一个大型国企的信息中心主任在 3 个月间都没有给董事长做过一次工作汇报，不是信息中心主任不想做汇报，而是这位董事长总推辞没有时间，而分管销售的部门经理（与信息中心主任管理级别平级）则几乎每周给董事长做一次当面的汇报。相信这样的事情在很多企业中都有，我认为这个问题的核心就是我们 IT 信息部门在现有的模式下已经被更高的领导层定位成了业务支持的部门，是一个花钱的成本中心。

造成这样处境的原因是什么？我认为是因为 IT 信息部门的人员不懂业务！我说出这个观点，可能会引来很多 IT 信息中心人员的反驳和不认同，“我对系统的核心业务流程最熟悉，甚至比那些业务部门的人更懂”、“系统的数据模型都是我们设计的，怎么说我们不懂业务？”……

我承认在对业务系统的具体流程、操作、数据模型方面 IT 人员比业务部门更懂，因为这些系统是 IT 人员负责建设的，但我所说的懂业务是指，能对业务的下一步发展有着自己的理解和看法，对业务流程如何进一步优化能更好地提升业务，甚至对企业现有的业务提出创新的想法，为企业带来新的业务增长点。

而造成 IT 信息中心不懂业务的根本原因又是什么呢？很多大型企业的 IT 信息化部门已经存在了超过 20 多年，一成不变的就是项目制的系统建设模式，这样建设项目的模式除了带来前面所提到的“烟囱式”建设的一系列弊端，同时使得 IT 信息化部门一直处于“业务支持”的职能位置，即只是为了满足业务部门需求而进行 IT 系统建设的实施和运维部门。这样模式下造成我们今天看到的很多企业 IT 信息化部门的员工大多数的工作内容就是进行项目管理，负责开发商招投标、开发商与业务团队间的协作沟通、紧盯项目进度。当一个项目顺利上线验收后，这些员工就开始投入到下一个项目的工作中。这样的工作确实也非常锻炼人的组织、协调能力，但这样能力的提升与工作时间的长短并不是呈线性增长的，更多的时候，我们看到能力较强的员工能体现自己价值的地方在于负责的项目更大，甚至同时负责多个项目，而这在我看来终归只是增加了项目经验，并不能在某一专业领域得到知识和经验的沉淀，我相信随着时间的流逝，越来越多的人会慢慢失去最初的工作积极性和创造性。这样的最终结果是IT信息中心的员工很少能在一个业务领域做足够的深入了解和业务沉淀，更多的是对业务知其然，而不知其所以然，也谈不上成为业务领域专家，更不可能对业务发展有创新想法和独到见解。

上面讲的故事说明，在2008年阿里巴巴业务系统的建设模式、组织架构包括遇到的问题都与如今企业并无二致，而如何摆脱这样的困境，选择什么样的IT业务架构以及基于哪些技术原则为企业真正打造一个在互联网时代满足业务发展的IT基础架构，将是接下来几个章节详细阐述的重点。

Chapter2 第 2 章

构建业务中台的基础——共享服务体系

共享服务架构的建设使得阿里巴巴摆脱了因为“烟囱式”系统建设方式所带来的种种发展桎梏，最终成为阿里巴巴业务中台战略的核心组成。那么建设这样的业务中台阵型到底给阿里巴巴带来哪些显著的业务价值，这是本章重点阐述的内容。

2.1 回归 SOA 的本质——服务重用

首先，我个人是 SOA 的坚定拥护者，SOA 是目前业界被验证的真正赋予企业业务快速响应和创新的科学架构，包括如今比较火的微服务概念在我看来也只是 SOA 方法经过演变后的另一种呈现方式而已。

正如上一章描述的，当 SOA 在企业客户中落地时，几乎无一例外的是通过搭建企业的 ESB（企业服务总线），使各个系统以服务封装或服务调用的方式实现了不同系统间的业务交互。总体来说，我们发现在过去 10 年，企业实施的 SOA 项目，本质上仅仅是采用服务的形态，以技术的视角选择了一个科学的架构实现了系统的互联，这只是利用了企业服务总线构建了一个企业内部的服务路由枢纽和渠道，受到项目制建设模式的影响，对于企业中业务服务的持续发展和沉淀没有任何帮助，根本没有真正发挥出 SOA 理念最核心的价值：松耦合的服务带来业务的复用，通过服务的编排助力业务的快速响应和创新。这本身就是一种本末倒置，

SOA 理念的提出原本是真正为企业的 IT 系统建设指出了一条光明大道，真正体现 SOA 核心价值的正是这些服务，只有这些服务在业务发展的过程中得到持续的演进、功能逐步完善和增强，最终变为企业在该领域最为专业的 IT 资产时，才能真正达到 SOA 中所描述的业务的快速响应，更好地支持业务创新。而这些观念其实在 SOA 项目的初期都是被企业客户欣然接受的，但一旦进入到项目实施层面，SOA 的项目就沦为了实现多个系统间的集成。

今天的阿里巴巴已经将集团 20 多个核心业务中公共的、通用的业务以服务的方式沉淀到了共享业务事业部，共享业务事业部在中台战略中扮演着至关重要的作用，整个集团的核心业务能力均建立在这样一套共享服务体系之上，使得我们在今天的业务支持中，真正发挥出了 SOA 架构的核心价值——服务重用。

图 2-1 展示了共享服务是如何支持前端业务的（并不准确表达各业务的交易流程），以 1688（B2B 电商平台）、淘宝（C2C 电商平台）、聚划算（团购平台）、闲鱼（二手商品交易平台）为例，每个平台都有各自的订单创建流程，各流程所包含的服务数量和流程因为业务场景的不同而有所不同，但不管是哪种模式下的订单创建无一不会牵涉会员信息的验证、商品库存的修改、订单的创建、支付记录的生成，如图 2-1 示意，这些相关的服务均是由各自的服务中心提供的，也就意味着不管前端业务形态如何多样，共享服务中心提供的服务都能很好地提供所包含的核心服务，让前端业务的交易信息和数据回流到对应的服务中心。

设想一下，如果企业的业务架构也是基于共享服务体系构建的，相关业务领域的业务功能和数据模型原生就在业务层汇聚到了一起，此时回顾“烟囱式”系统建设具有的三大弊端，我们会发现，基于共享服务中心建设的 IT 架构能最大程度地避免第一个弊端“重复功能建设和维护带来的成本浪费”。

反观企业需要通过 ESB 组件打通不同系统间的交互，实则是因为相关业务领域的业务和数据被以“烟囱式”方式建设的系统分割到了不同的系统中。以之前所举的零售行业案例最为典型，比如在企业内部的 SAP 系统中存在生产库存信息，在天猫旗舰店上也有天猫电商渠道的库存信息；在企业自建的电商平台上，库存信息同样存在。当业务发展需要对企业的整体（线上线下）库存进行统一管控，更好地优化库存，减少因不合理库存带来的物流和资金积压时，则不可避免的就需要打通以上几个系统，而这也正是大多数集成需求产生的主要原因。

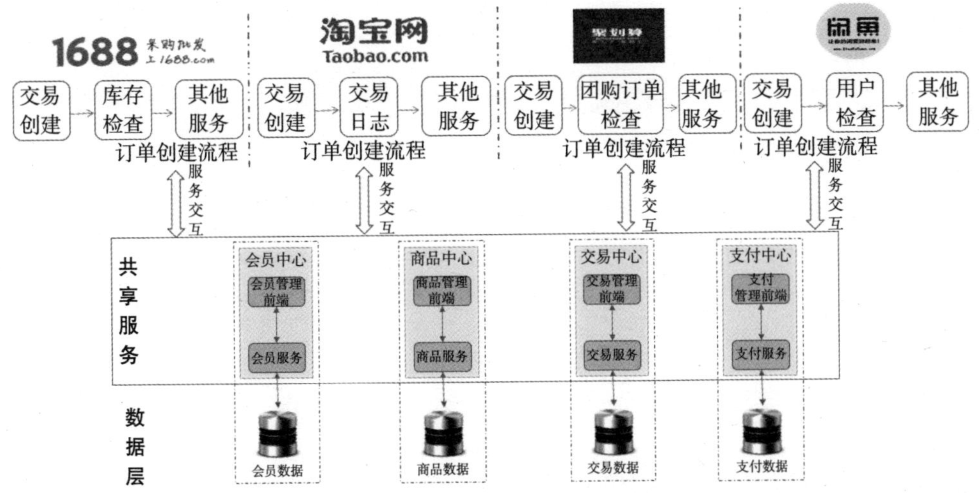

图 2-1　共享服务支持前端业务的示意图

基于共享服务体系建设的服务中心，原生就将相关业务领域的业务功能和数据做了很好的统一，你会发现前端构建的业务实际上也就没有实现系统业务互通的诉求，比如淘宝和 1688 之间、1688 与闲鱼之间均不会产生前端业务交互的需求。今天阿里巴巴整个集团有超过 2000 多个应用，因为各个应用在核心业务层已经通过共享服务体系实现了统一和畅通，所以今天阿里巴巴集团内部没有类似 ESB 的组件。也就是说，对于“烟囱式”系统建设模式带来的第二个弊端，需要打通不同系统间实现业务交互带来的集成和协作成本可以最大程度避免了。

2.2　服务需要不断的业务滋养

“烟囱式”系统方式以及 SOA“项目制”的建设方式导致了前面所说的第三个弊端：“业务得不到沉淀和持续发展”，从而造成服务不能真正成为可重用的组件，为业务的快速响应、支持业务快速创新带来业务价值。究其原因“烟囱式”系统建设模式是导火索，ESB 在其中扮演了原本它擅长的工作，ESB 也没有错。而错在 SOA 项目是基于一种集成项目建设的方式，就很容易造成服务提供者面对业务提出更多要求时，考核指标、工作回报都不能得到很好体现，服务提供者在主观上没有太大的积极性满足新的业务需求，再加上如果当初服务设计的功能扩展性和业务前瞻性不足，导致有心无力满足新的需求，结果是这些服务无法再进行功能扩展，成为企业“业务稳定”运行的“服务”。

而我想说的是，服务最不需要“业务稳定”！一个服务如果一味追求功能的不变，一定程度上就是固步自封，这样的做法是在逼着其他系统去建同样的“轮子”，当越来越多的系统都采用自建“轮子”的方式满足自身系统对这部分业务的需求时，之前的这个服务慢慢就少有人问津，当有更好的服务出现或该服务完全满足不了当前业务发展的要求时，也就是这个服务离开历史舞台的时刻。

服务不需要“业务稳定”，而需要不停的滋养，只有在滋养中才能从最初仅提供单薄业务功能的服务逐渐成长为企业最为宝贵的 IT 资产，而服务所需的滋养正是来自新的业务不断进行服务的接入。

图 2-2 是阿里巴巴共享业务事业部经过多年探索后沉淀下的 5 大价值定位，其中中间最为核心的三个关键字“服务”“滋养”和“稳定”已经清晰地定义了共享服务的真谛。服务能力的沉淀和体现的业务价值是完全成正比的，所以打造企业的业务服务能力绝不是靠单个 SOA 项目就能一蹴而就的，而是一个长期、持续的过程，企业应该避免再走入“项目制”实施 SOA 项目的误区，这样的项目实

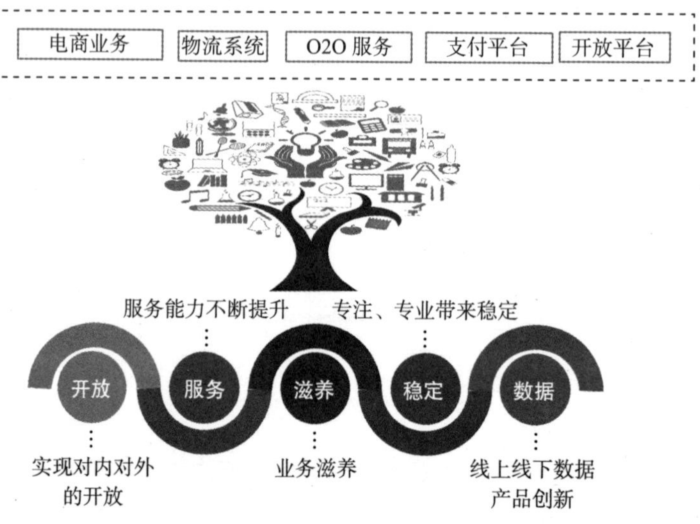

图 2-2 阿里巴巴共享业务事业部的 5 大价值定位

施完成充其量只是SOA建设的开始，企业需要多一些耐心，在接下来的业务发展过程中逐步打造这些服务，这就要求新的业务必须接入这些已经产生的服务，为这些服务能够变得更加专业和稳定带来急需的需求养分，而不能因为这些“刚出生”的服务功能简单、服务消费体验糟糕、服务不稳定等原因而放弃使用这些服务。

2.3 共享服务体系是培育业务创新的土壤

关于创新，我想说这不是一件容易的事情，而且企业真正需要的创新一定是来自于企业内部，而不会由外面所谓的专家告诉你如何创新。经常看到有些公司或专业人士拿着国外同行业公司或从搜索平台上搜索到的一些新概念和架构，就正儿八经地在企业面前大谈特谈如何进行业务转型和创新，我觉得这样的人是不负责任的，因为创新是没有定式的，如果把在其他企业身上证明是好的创新搬到这家企业身上，可能效果完全不一样，而且这样的做法也失去了创新中的“新”字，一件新事物或模式的产生可以称其为创新，同样干这事的第二个就很难再用创新形容了。

好的创新一定是基于企业的现状因地制宜，而这决定了在很大程度上企业的创新会来自于企业内部，而且提出创新的人一定是对行业有过人的认识和理解，才有可能提出创新的想法。

每当跟企业做交流时，我也非常坦诚地告知他们，在对企业所属行业的业务理解我一定与企业自己的员工差距很大，对于企业进行业务创新的贡献也就无从谈起，但我会清晰地阐述出共享服务架构是帮助企业培育业务创新的科学阵型和土壤。

虽然现在各个行业都在进行跨界的创新，比如互联网公司去做汽车，家用电器厂商去做手机，但这样的创新存在着很多不确定的因素，其中存在的风险是一般企业所不能承受的，也非常态化的创新。对于大多数企业，眼前能做的创新还是在行业内的创新，这样的创新更多情况下是依赖对企业所在行业称得上专家的人，这样的人在行业的特定领域一定有相比于普通人更深的理解和认识，才能提出普通人想不到的创新。

说到专家的形成，我认为其实跟大家从小到大的学习是一样的道理，我们从小学开始学习很多基础知识，更多是知识点的掌握；随着我们掌握知识点的增多，我们开始有意识地将一些知识点组合在一起，解决一些复杂的问题，关联这些知识点的过程实际上是将这些相关的知识点串成了知识线；随着在知识领域的继续积累，越来越多知识线的汇聚，我们有机会更全面地了解到这一知识领域（知识面），从而构建了对这一领域自身的知识体系，而这时的你相信已经能成为这个领域的专家。

基于这个理论，让我们再以阿里巴巴共享业务架构为例，佐证这样的架构是帮助企业培养自身业务专家的科学阵型。

图 2-3 明确标示出共享业务事业部中“交易中心”对于不同业务中交易场景的支持，1688（B2B 电商）负责交易流程的架构师会对 B2B 的交易需求和理解非常精通；淘宝（C2C 电商）和天猫（B2C 电商）中也都有各自的负责交易流程的业务架构师，他们当然也对各自电商模式下的交易业务十分擅长，包括后面的聚划算和闲鱼负责交易相关的人员，在某种程度上都只是看到各个业务场景中对交易业务的“点”，而图片下方的“交易中心”中的业务人员或架构师所接触的来自不同业务模式下所有交易相关的需求，这样的阵型使得负责“交易中心”的相关人员更容易扩展到线和面的维度全面掌控交易的业务。结合前一段落所说的理论，共享服务体系能很好地培养出特定领域的专家。这些专家一定能为企业带来想要的业务创新能力吗？我坚信这是一个大概率事件！

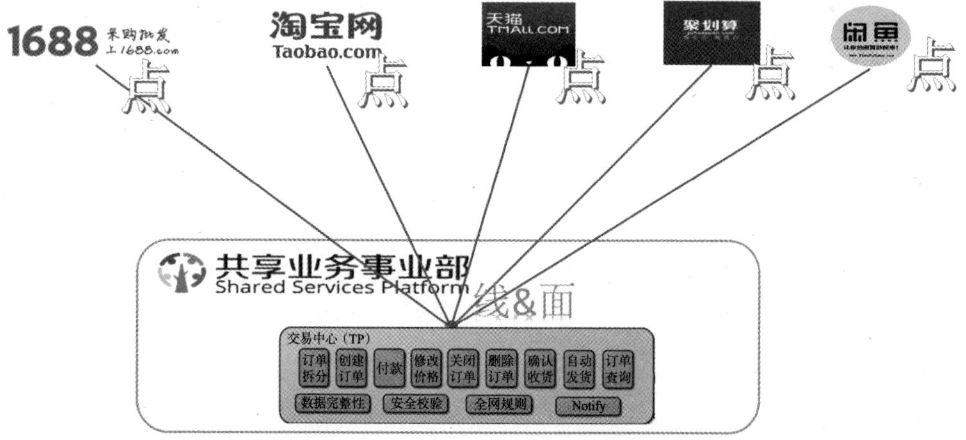

图 2-3　共享业务事业部中的“交易中心”对不同业务中交易场景的支持

如果没有事实的佐证，任何理论都没有说服力。2014 年时的淘宝业务已经非常复杂，而且各个业务遍布到不同的服务中心和应用中，就出现了一种问题：在整个交易流程（包含下单、收款、退款等）中，出现个别业务的结果不一致，也就是说整个交易流程中技术上没有任何错误和异常，但从业务的角度出现了偏差，比如用户购买了航旅的商品，在会员中心中添加了相关的积分，但商品进行退款操作后，因为航旅部门、交易中心、用户中心协作的问题，导致了积分没有从用户的账号中退减回来；又比如因为个别商铺的营销活动发生调整，应用逻辑中的处理 bug，导致用户所下主订单的总金额与该主订单中子订单商品金额不同。其实这样的问题在单个业务服务和应用点上都很难感知到，而从底层共享业务事业部的角度，就能非常清楚地看到产生这类问题的原因。所以在 2014 年开发了一个 BCP（Business Check Platform，业务校验保障平台），使用业务规则的方式，通过 BCP 平台对交易进行业务和逻辑上的校验，该平台在当年的 2014 年双 11 中起到了非常重要的作用，单单在 2014 年双 11 当天就发现了超过 10 万个的业务不一致的订单信息，在给用户带来更好的用户体验的同时，也给集团带来了显著的业务价值，成为当年创新奖的得奖项目。这一项目也很好地诠释了之前所说的“点、线、面”的理论，在“点”上根本感知不到的问题，在“线”和“面”的平台上，更容易发现这些问题的本质，通过专业的技能解决这些问题，为企业带来实实在在的业务价值，这就是很好的创新！

2.4 赋予业务快速创新和试错能力

在如今的互联网时代，企业都在全力谋求着自身在互联网环境下的发展和转型，特别是在 2015 年，国务院出台《关于积极推进“互联网 +”行动的指导意见》，标志着“互联网 +”正式成为国家在经济领域的重大战略决策，我也切身感受到政府职能部门、大型国企等均开始落实互联网 + 转型的工作。

在这里我们不讨论各个企业如何进行业务的转型，但从互联网的视角，我认为今天的企业应该在互联网时代具备一种跟互联网公司一样的业务快速创新，甚至是试错的能力。相比多年前，企业规划好了要实施 MES（生产制造系统），这个系统就能很好地为企业带来生产制造的管控和效率的提升；建设了 OA 系统就能很好地提升企业内部办公效率；实施了 CRM 平台就能很好地解决好客户关系管理的问题，能尽可能地吸引新客户、保留老客户以及将已有客户转为忠实客户，增加市场份额，这些都是通过 IT 系统的建设给企业带来可期望的投资回报。

这样的系统在新的互联网时代还会有吗？答案是一定的，但这一类系统的数量会越来越少。很多企业的 IT 系统建设的高峰期都是在企业 IT 信息化的前面几年，那时大量的项目上马，因为这些项目是让企业能生存下去、快速满足业务发展需要的项目，结果也确实带来了不错的投资回报。但此类系统大多数是行业趋于“标准化”的套件模式，每个企业建设系统的内容大同小异，这也就造成构建与其他企业间的差异化竞争力是一件很难的事情。

企业要想在互联网时代相比同行业的竞争对手们真正产生差异化的竞争力，我觉得业务试错是一个非常重要的能力，只有先人一步，唯快不破，才能帮助企业抢占商业先机的制高点。互联网时代的竞争只有第一，没有第二，这也是我认为互联网公司的 IT 架构能力跟传统企业间最大的差别！

其实我发现很多传统企业的员工对于业务的创新有很好的想法，只不过企业在真正落地时就有很大的阻碍。

业务创新如同创业一样，一旦成功，给企业带来的回报可能是超出预期的，但也意味着有失败的风险。在传统企业中，一定是需要申请预算和立项来落实业务创新的想法，传统“烟囱式”的系统建设方式对项目投入的资金和资源自然不会少。在要申请大量资源而且项目还有失败的可能性的情况下，有业务创新想法的人在考虑到失败带来的影响时，一定会权衡其中的利弊，大多数人会选择退缩，只有少部分有魄力的人顶着巨大的压力走上了业务创新之道。

回到书中第 1 章提到的 Supercell 这家公司，这家公司除了在企业文化方面鼓励大家进行业务创新和试错外，更重要的是给业务创新的团队提供了扎实的平台资源。所以造成以上描述中传统企业内的业务创新除了在体制上要有所改变外，更重要的是要为业务的创新打造一个坚实的中台。

试想一下，如果之前有一个好的业务想法，从头到尾建设所需的资源投入可能是 20 个人、4 个月的时间，还有可能建设的系统达不到预期的市场效果，那这样一个典型的业务试错的成本是非常高昂的，任何一个企业都很难支持这样的试错方式。如果企业打造了很好的业务中台，可以让 3 个人基于中台提供的核心服务在 2 周的时间内就能建设一个系统并推向市场，看看市场的反馈来决定是否加大对这个新业务的投入，我想任何一家企业的领导都是很乐意做这样的投入和尝试的。

便于大家理解中台，我引述一段关于美军作战阵型演变的描述。美军在二战时，以军为单位作战；到了越战时，以营为单位作战；到了中东战争时，以 7 人或者 11 人的极小班排去作战，它是今天全世界范围内最灵活的军事组织，也是核心竞争力和打击能力最强的组织，如图 2-4 所示。美军之所以能灵活作战，敢放这么小的团队到前面，是因为有非常强的导弹指挥系统，有非常强大的中后台能力，能支持这样的小团队快速做判断，并且引领整个进攻完成。美军这样的战斗阵型与阿里巴巴如今的“大中台、小前端”战略完全一致，与华为公司提的头狼团队也有异曲同工之妙。

图 2-4　战场中的中台阵型

商场如战场，在战场中演变出的中台阵型在商场中同样也能展现出此种阵型的科学性。小的前端团队具备以下特征：

- **团队协同效率最高**。相比于一个几十人、上百人的团队完成一项任务，几个人之间的协同成本一定是最低的。科学证明，人数是 7 个人的团队协同效率是最高的。当团队进行作战时，最短时间内达成意见的统一和行动步调的一致，是团队强大战斗力充分展现的必要条件。
- **对战机（商机）的把握更加敏锐**。正如孟子所说的“生于忧患而死于安乐”，安逸舒适的环境往往容易消磨人的意志；但当环境变得比较恶劣，对于激发人的潜能和斗志产生作用。在前端的小团队正如一个小的创业团队，如何生存是团队首先考虑的问题，这样的环境会更容易逼迫出团队成员的能量和潜能，对当前的战机（商机）的感知会更加敏锐，这也是为什么我们看到很多创业公司在创建之初展现出了过人的敏锐捕捉市场商机的能力，一旦公司变得越来越大，人的忧患意识没有起初创业时那么强烈后，之前对商机的敏锐感知和意识也慢慢消失了。

- **调整方向更加快捷**。IBM 的总裁郭士纳出过一本书《谁说大象不能跳舞》，确实证明了大象可以跳舞。但 IBM 的成功转型并不能作为企业参考的范本，其中充满了风险，毕竟俗话说“船大掉头难”。分别投入 200 人和投入 10 个人去完成一个任务，当发现任务的方向有错误时，200 人的团队调整方向所花费的时间和资源一定远超过 10 个人的团队。所以以小团队的方式进行业务的试错，一旦业务出现方向性错误时，不管是调整方向还是放弃该业务，对于企业所需投入的资源都是在可控范围内。
- **一旦发现正确目标，全力投入扩大战果**。这样的中台阵型，一旦前端的作战团队找到了正确的攻击目标，接下来发生的事情相信大家都能想到，一个远程呼唤，后端的中台炮火群会瞬间摧毁目标，这就是中台阵型发挥威力的最佳体现。所以你会发现现如今顶尖的互联网公司都在着力打造自己的业务中台，通过中台资源的优势，吸引那些有能力基于这些中台进行更好业务创新的人才加入，形成了公司搭舞台，各路英豪在这个舞台上展现自己才能的格局，这应该是接下来一段时间顶尖公司与顶尖人才间建立合作关系的最佳方式。

以上介绍的中台阵型对于业务快速创新和业务试错的最有代表性的一个事例要属阿里巴巴的团购业务。在 2010 年，随着当时市场上团购业务的蓬勃发展，阿里巴巴集团也决定构建自己的团购平台，当时在市场上早已经有了如美团、高朋等专业的团购网站，这一个新兴的业务模式，对阿里巴巴公司来说某种程度上也是一种尝试，所以当时阿里巴巴投入了包含产品经理、运营、开发的十几名员工进行基于淘宝和天猫商品的团购平台的建设，最终这个团购平台在 1 个半月后就成功上线！

其他同类型的团购平台建设所投入的研发资源可能是阿里投入资源的几十倍，上线时间可能是阿里上线准备时间的好几倍，为什么会产生这样大的资源悬殊？最大的功劳就来自于已经正常运转两年的阿里共享服务体系。原本精心沉淀和打造的用户中心、商品中心、交易中心、评价中心等服务能力在其中都扮演了非常重要的角色，正因为利用了这些原本已经建设好的专业服务，使得阿里巴巴在投入如此少的人力资源和时间的情况下收获了其他公司数倍、甚至几十倍资源投入产出的结果。

这个团购平台接下来的发展更加完美地诠释了中台阵型的威力，上线后的团购平台在短期内展现出了超出所有人想象的流量吸力之后，集团意识到这是一个非常重要的流量入口，大量的资源投入到这一新兴业务，结果是在短短的 14 个月后，这个原本十几人的小团队发展壮大成为了接近 600 人的事业部，这一团购平台就是阿里巴巴的“聚划算”团购平台，目前是与淘宝、天猫并驾齐驱的三大电商事业部。

2.5 为真正发挥大数据威力做好储备

如今，“大数据”成为近年来在互联网、IT 业界最为炙手可热的名词，很多人甚至将企业互联网转型的期望完全寄托到了大数据上，这也就是为什么越来越多的企业纷纷上马大数据项目。我个人坚信，大数据接下来会是展现企业核心竞争力并挖掘新商业模式，从而改变世界的强大技术推动器。但我发现很多大数据项目在实施落地时因为各种问题和原因，从结果来看项目带来的成效并没有达到企业实施大数据项目的预期，其中有以下两个问题尤为凸显：

- **数据分布广、格式不统一、不标准。**也还得归咎于“烟囱式”系统建设方式，使得相关业务领域的数据分布在不同的系统中，比如企业的会员信息可能分别存放在天猫、微信公众号、自建电商等不同的平台中，而且系统在各自建设时都基于各自开发团队对业务的理解建设相关的数据模型，造成相关业务的数据模型和标准不统一，这就为大数据平台项目初期数据的抽取和同步带来很多的复杂工作：数据层访问的打通、数据权限的控制、数据格式的转换、数据清洗、数据同步等。而这一系列的工作必然也对项目的整体实施带来了不小的风险。

- **缺少能基于数据有业务建模能力的专家。**不管使用何种平台构建大数据平台，这些大数据平台在平台计算能力、算法种类的数量上存在或多或少的差异，但真正要发挥出这些大数据平台威力的重点还是要围绕着业务场景，也就是要有人知道怎么利用大数据平台发挥出真正的业务价值，这是很多大数据平台难于落地或真正让企业感受到大数据带来价值的最大障碍。理论上，企业的业务部门应该有这样的业务专家能提供这样的业务需求，但实际情况是，能基于对业务的理解提出对大数据平台需求的专家在企业中凤毛麟角，就算对业务有足够精湛的理解，但对大数据的能力和算法又很难完全弄清楚；而大数据平台的专家又往往只是对自身的大数据平台功能、算法和使用了如指掌，但对于企业的业务又没有深入的了解，更谈不上对业务进行分析预测。从而最终导致的结果就是企业花费了巨资搭建的大数据平台，但苦于没有合适的应用，而让大数据平台空有一身武艺，而无用武之地。

以上两大原因造成了大多数大数据平台项目所展现的业务价值不尽如人意，如何很好地解决以上两个问题？我认为共享服务体系是解决这两大问题的不二法门。

回顾前面章节中的内容，如果我们相关业务领域（如用户、商品、交易等业务）在业务和数据层做了很好的融合，这样既能将业务的数据在系统运行中就进行了很好的规整和沉淀，并且每一个服务中心提供的数据均是质量非常高的业务数据。这样在进行大数据项目实施时为了获取完整的、有质量的业务数据所做的一系列工作均可以在很大程度上避免和简化。

对于“缺少能基于数据有业务建模能力的专家”的问题，我认为很难寄希望于业务部门能培养出这样的专家，这样的人所需要具备的专业素养要求非常高，如今兴起的叫“数据科学家”正是这类专家的代名词，一个优秀的数据科学家需要具备的素质有：懂数据采集、懂数学算法、懂数学软件、懂数据分析、懂预测分析、懂市场应用、懂决策分析等。看看这样的素质要求，这类人才对于任何一个企业来说都是难寻的。如何走出这类人才缺乏的困境？我认为企业应该自我培养，靠从外部找寻此类人才可称得上是可遇而不可求。而共享服务体系能很好地帮助企业信息部门培育出懂业务的专家，这些人员自身在拥有不错的技术功底的同时，逐步提升业务上的能力，具备这样能力模型的人员才有希望成为能发挥大数据平台价值的“数据科学家”。

从阿里巴巴的阿里指数（如图 2-5 所示，早期叫“淘宝指数”，是典型的大数据应用）的发展就能看出，共享服务体系对于大数据项目建设的贡献和支持。在 2009 年共享业务事业部成立后，将阿里巴巴集团几大电商平台的用户、商品、交易等业务沉淀为了几大服务中心，随着集团对电商平台中各业务指标越来越关注，阿里巴巴开始打造自己的大数据平台，基于现有的共享业务事业部各服务中心的数据，很快就构建了早期的淘宝指数平台，可以从各个维度（用户、区域、行业等）展现出各种业务指数，为集团和商家的业务决策和营销策略提供了最有力的支持。

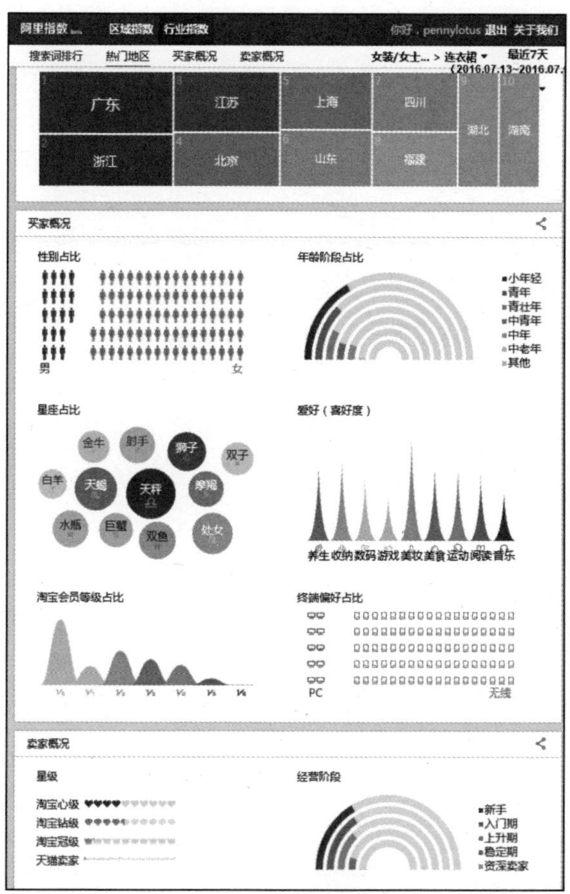

图 2-5　淘宝指数

对于那些计划实施大数据项目的企业，如果还没有想清楚如何通过大数据平台的建设给企业带来真正的业务价值，可以先从共享服务体系的打造入手，对企业自身的业务在阵型上做一次优化和调整，为将来大数据平台真正威力的展现准备好高质量、统一的业务数据，培养出兼具技术功底和精通业务的复合型人才。

2.6 改变组织阵型会带来组织效能的提升

如今大多企业的信息中心部门的职能还停留在“业务支持”的程度，是为企业的业务部门提供 IT 系统支持的组织。这也造成了这些企业的信息中心部门的员工，更多的是承担甲方项目经理的职能，很多事情本质上都是偏事务性的工作，也就是这样的工作并不会随着工作时间的长短而让人的能力得到持续性提升。这种以项目为导向的方式，使得信息中心的员工往往一个项目上线后，就会投入到下一个项目的工作中，对员工在业务或专业能力上很难得到持续的积累和沉淀，结果就是员工的积极性和创造力在逐渐被消磨，整个信息中心部门的生产力和创新氛围也会受到非常大的影响。

如果企业打造了共享服务体系，一方面会彻底改变现在“烟囱式”系统建设的模式，新的项目都会基于共享服务体系建设，在项目的建设周期和资源投入上会相比之前带来很大的效率提升，自然信息中心的员工也无需再投入那么多的精力负责项目管理的事务，接下来对整个共享服务体系中的这些服务中心进行持续“运营”的职能势必会落在企业信息中心这个部门，此时我们就可以将信息中心部门的员工按照服务中心的方式进行人员组织的重新编排，让员工在各自擅长和感兴趣的业务领域中持续发展，员工的业务理解和专业技能随着对应服务中心所提供业务能力的逐渐完善而同步提升，这样对于员工的工作积极性和创新意识的提升将会创造一个很好的氛围。

早期淘宝技术团队的组织人员组成跟今天企业中信息中心和技术部门的人员组成几乎一样，针对应用系统建设的不同阶段对人员的不同的技能要求，整个团队由几类人员组成，如图 2-6 所示。

用户体验设计师——User Experience Design，职责包括产品界面视觉引导，原型设计，与开发一起推动设计实现。

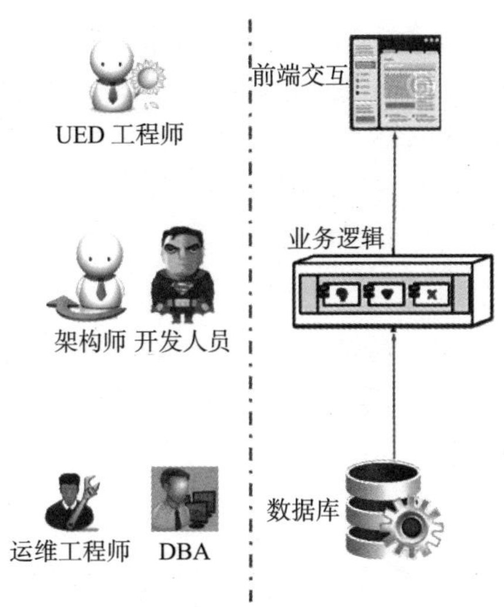

图 2-6 传统应用开发模式下技术人员的分工组成

- 架构师负责设计系统整体架构，从需求到设计的每个细节都要考虑到，把握整个项目，使设计的项目尽量效率高、开发容易、维护方便、升级简单。总体上架构师是一个既需要掌控整体又需要洞悉局部瓶颈并依据具体的业务场景给出解决方案的人。
- 开发人员则是具体应用业务逻辑的实现者，具备使用自己掌握的编程语言实现业务的需求。
- 运维工程师更多的是负责应用底层服务器和计算资源（存储、网络、硬件服务器等）为应用的运行以及稳定运行提供基础架构的服务。
- DBA（Database Administrator）数据库管理员主要从事管理和维护数据库系统的相关工作，负责业务数据库从设计、测试到部署交付的全生命周期管理。其核心目标是保证数据库管理系统的稳定性、安全性、完整性和高性能。

可以看到整个团队基本都是拥有较强技术技能的人员组成，每当有从业务部门产生新的应用系统建设或业务需求时，团队各司其职的人员协同配合，争取最快实现业务需求的满足。我们可以将整个技术团队看做成一个组合精密的流水生产线，源源不断的业务需求进入到这条流水线后，经过流水线上各专业人员的贡献，最终将业务需求以系统的方式输出这条流水线。

这样的方式确实是经过多年软件工程发展梳理出的一套合理的组织架构，也很好地体现出“专人做专事”的原则以及不错的系统开发效率。但这样的方式适合业务服务化后的架构吗？

流水线方式的弊端是对于不同角色人员的技能持续提升是会出现发展瓶颈的，做了 3 年的开发人员可能跟做了 5 年的开发人员可能在开发能力上没有太大的区别，根本原因就是这两年的差别仅仅是用自己熟练的技能多“生产”出几个不同的系统。设想一名技术员工在一个岗位上工作了一段时间（一般 2 ~ 3 年）后，认为在这个岗位上没有太大的技能提升，大部分工作都是重复的，在这样的情况下，就很容易出现两种情况：一类是工作的积极性没有之前那么高，得过且过的在本职岗位继续工作；一类则是看到外面公司有更好的工作机会，选择了跳槽。不管是哪一类，这两种情况都将给团队和企业造成不同程度的伤害。

所以如果继续采用这样的方式，各服务中心的需求都像之前传统的模式输入到流水线中，因为流水线上各岗位人员每天可能都面临的是不同服务中心或业务方的需求，很难对各服务中心现有的能力有清晰和深入的理解，所以对于服务中心能力的扩展和更新很难提供最为专业的支撑，自然也会对最后提供的业务需求实现的专业度和稳定性带来了很大的隐忧。

正是出于这些因素的考虑，阿里巴巴集团在构建了共享服务体系之后，对于各技术团队的组织架构也做了如图 2-7 所示的调整。

如上图所示，针对每一个建设的服务中心，从组织架构的形态上也发生了对应的调整，会有不同角色的人员（架构师、开发人员、UED 工程师等）组建成了一个新的组织，每一个这样的组织都针对某一服务中心提供持续的服务能力开发及运维，更准确说是基于这一服务中心的业务能力进行“运营”。

所以在今天阿里巴巴共享服务体系中的这些服务中心，每一个服务中心都是由一个少则 100 多人，多则 4、5 百人的团队对负责的服务中心进行专业的运营。采用这样的方式，就很好地解决了之前流水线模式下，不同角色技术人员很难对于某一业务领域有持续的理解和沉淀，而采用围绕服务能力持续运营构建独立组织的形态，让整个团队对于该服务中心的能力逐步完善、专业以及稳定负责，在这个过程中，团队的成员就有了足够的时间和机会对于该服务相关的业务领域有更深入的理解，从而为团队培养出既懂技术，也懂业务的复合型人才创建了良好的生长土壤。

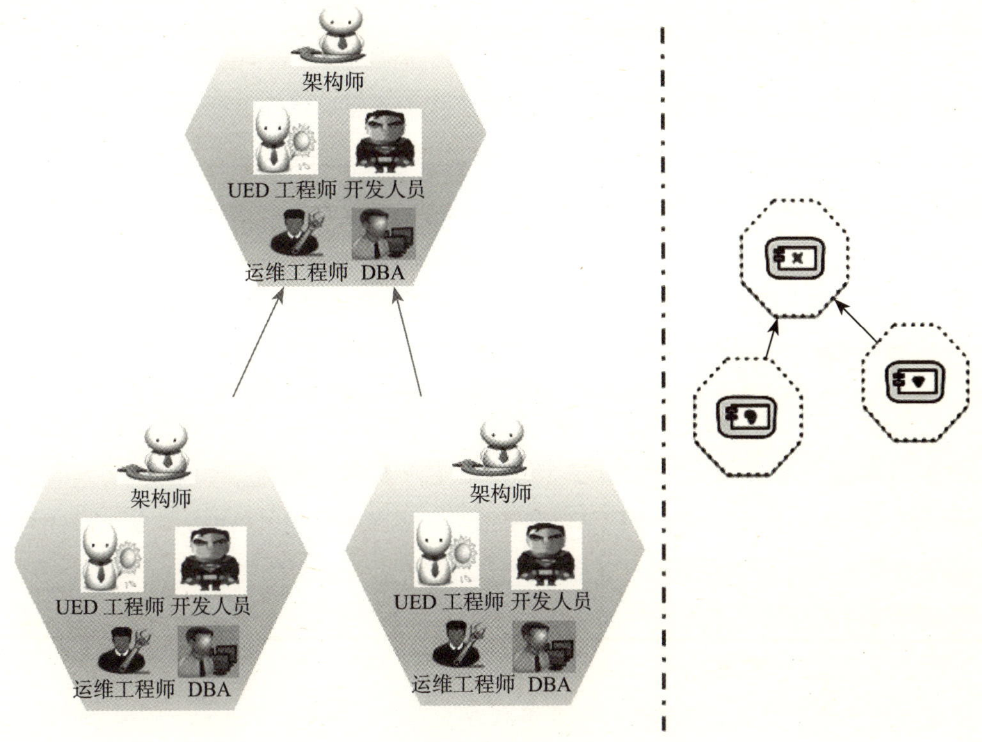

图 2-7 共享服务体系后人员组织的调整

在这样的一个组织中，最为核心的角色就是业务架构师，在阿里巴巴共享服务各服务中心的业务负责人一般为此角色，业务架构师的能力模型正是那种典型的既懂技术，又对负责的业务领域有相当理解的。这些架构师一般是技术开发出身，在多年业务领域的需求浸染中，不断形成了对该业务全面的知识体系以及自身的理解，对该业务在集团内的职能定位、市场发展趋势都有一定的全局认识，能从业务的视角带领团队朝着服务中心的核心能力打造并不断成熟的方向前进。

业务架构师既作为整个服务中心业务发展的领路者，又是保障服务中心核心业务具备通用性和公共性的最重要的捍卫者。在服务中心与前端应用进行业务的支持和对接过程中，一定会收到来自前端业务方对服务中心能力增加的需求，如果对这些需求不加任何过滤和判断，都引入到服务中心层面实现的话，势必会损害服务中心业务的通用性。如果带特定业务属性的需求过多地在服务中心层面实现，导致的结果就可能是随着不断业务的对接，服务中心逐渐丧失了其业务通用性，最终变得对新的业务需求无法提供服务；如果服务中心的业务逻辑过于复杂，在增加了服务中心运营难度的同时，也为服务的稳定性带来了风险。

当然，以上组织形态并不是金科玉律，在实际发展过程中也会针对业务发展的需求进行适当的调整，以达到业务需求响应以及资源利用率最高。比如我们发现UED技术人员本身工作的性质决定了，他们未必需要对所设计的业务有特别深入和持续的了解，从而依然可以采用资源池的方式，将UED相关技术人员组建成专门负责前端交互设计的团队，为不同服务中心甚至前端应用开发团队提供专业的UED支持。

最终，通过共享服务体系的建设以及组织阵型的调整，在有效提升员工积极性和创新意识的同时，也势必让整个部门的生产力和业务响应效率得到极大的提升。最重要的是让信息中心部门从之前在企业中“业务支持”的组织职能，转变为基于企业核心业务和数据进行运营的团队，这个团队会更快、更好地支持业务发展的同时，逐渐掌握企业最核心的业务和数据，逐步培养出企业最稀缺的“既精通业务，又熟悉技术”的复合型人才。在接下来整个社会进入开放共享的时代，企业最大的价值将会是基于这些核心业务和数据进行对外开放的运营，到那个时候，这个部门将成为企业最为宝贵的资产。

第二部分

共享服务体系搭建

业务中台给企业带来的价值已经被越来越多的企业领导人意识到和认可。共享服务体系作为业务中台的核心中枢，所提供的每一个服务能力都将给企业带来该业务领域最为专业的服务能力，也就是说，共享服务中的每一个服务都将在企业的业务运营中扮演非常重要的角色。一个服务中心不单单是在企业的几个应用中发挥作用，它可能会给企业上百个不同的应用提供专业服务，一旦这个服务中心出了问题，将会对企业的运营产生难以估量的损失和影响，这样就对这些服务中心的服务稳定性、服务能力的扩展性、服务需求的快速响应能力提出了前所未有的更高要求。

这就需要有一套成熟、完善的技术体系来支撑整个共享服务体系，使得企业在业务发展的过程中，对这些共享服务的支撑能力不会有任何后顾之忧。在接下来的这几章中，我会将阿里巴巴在逐步打造共享服务体系历程中，在技术框架选择、平台能力、技术实现等方面的实践做一个全面的分享，供有想法打造企业自身共享服务体系的读者提供一些借鉴和思路。

Chapter3 第 3 章

分布式服务框架的选择

构建共享服务体系，必然需要采用一套服务化框架来支撑整个服务体系的运转，本章将介绍淘宝从单一系统模式转变为服务化架构的过程，详细阐述为什么“去中心化”服务架构成为今天绝大多数互联网平台所采用的服务框架。

3.1 淘宝平台“服务化”历程

2007 年，淘宝已经拥有超过 500 人的技术团队规模，整个淘宝网站是一个几百兆字节的 WAR 包，大小功能模块超过 200 个，在当时淘宝业务计划处于每隔几个月就翻倍的高速发展期，这样的应用架构给淘宝技术团队带来了非常大的压力。几百人维护一个 WAR 包的模式，带来了以下几个主要问题：

1）**项目团队间协同成本高，业务响应越来越慢。**一个超过 200 个功能模块的系统，必然会按照不同团队负责不同功能模块的方式进行开发。每一次系统的功能升级，一定是各个团队为各自负责的项目模块创建出新的代码分支，一旦临近新版本的系统上线时间，则会进行分支的合并。做过开发的都会知道，在这个合并的过程中，会出现各种 jar 包冲突、代码不一致的情况，这就需要在不同团队间进行各种确认和协调的工作。如果再遇上有些功能开发的进度滞后，让情况就变得更加复杂，最终导致每一次的版本发布都会有不少时间花费在这样的协同工作上，在耽搁系统上线时间的同时，也带来不小的协同成本。

2）**应用复杂度已超出人的认知负载。**淘宝从最初 2003 年时功能简单的 C2C 平台发展到 2007 年时，不管是功能的数量和业务流程的复杂度都非常高，淘宝早期还有同事能对平台各个功能和实现了如指掌，但面对越来越复杂的淘宝平台，各种业务错综复杂地揉在了一起（如图 3-1 所示的情形），已经没有一个人能完全清楚每一个功能和业务流程的细节，因为人的认知负载毕竟是有限的。这就造成每一次淘宝平台整体打包发布时，其中蕴含着非常大的风险，一个小小的功能改动可能会给其他功能带来未知的风险，整个平台给人一种“牵一发而动全身”的感觉。

图 3-1　淘宝平台越来越错综复杂的系统样貌

3）**错误难于隔离。**淘宝平台 WAR 包中的 200 多个功能模块中有非常核心的模块，如用户、商品、交易、店铺等，这一类的功能模块相对业务比较稳定，功能迭代和更新的频率没有那么高。还有一类如广告展示、前端界面交互等非核心的功能模块，基于运营的需要，可能每天都会有新版本发布。在淘宝的历史中发生过几起事故，是因为一些非核心功能的设计不合理、代码质量差引起整个淘宝平台的业务受到全面影响，其根本原因就是核心功能和非核心功能的代码都运行在同一个环境（同一个 JVM）中，任何一个小的问题都有可能造成应用实例的崩溃，从而影响到整个淘宝平台的正常运行。

4）**数据库连接能力很难扩展。**整个淘宝平台的所有业务功能均在一个 WAR 应用中，所有的数据也均保存在同一数据库集群中，而数据库集群的数据库连接数量是有上限的，这就造成数据库连接数量的资源随着淘宝应用实例数量的增加而越来越捉襟见肘，如图 3-2 所示。2007 年，淘宝在应用代码方面做了足够好的优化，每个应用实例的连接池大小压缩到 10 个的情况下，峰值时间数据库的连接数量已经超过 5000 个，离数据库官方支持的连接数上限已经非常接近，平台也已经因为过高的数据库连接处于一个非常不稳定的状态。

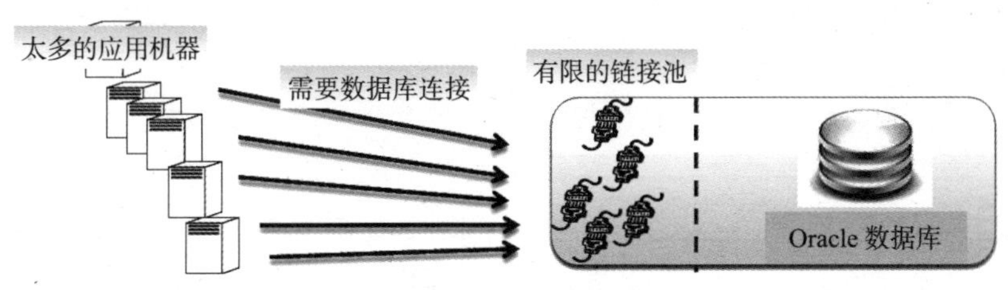

图 3-2 数据库连接数已经达到上限

5）**应用扩展成本高。**一个包含几百个功能的 WAR 包所需要的初始和运行资源就不会太小，使得我们需要采用较高资源配置的服务器支撑应用实例的运行。更重要的是，我们发现系统在出现业务处理瓶颈的时候，只是由于某一个或几个功能模块（比如在大促时商品库存功能和订单创建功能的压力会非常大）负载较高造成的，但因为所有功能都打包在一起，所以在出现此类性能问题并且需要通过增加应用实例的方式分担服务负载时，则没法对单独的几个功能模块进行服务能力的扩展，而只能将整个完整的应用进行扩容，带来了资源额外配置的消耗，成本较高。

以上几个问题，一部分是成本问题；一部分是对于淘宝高速发展的业务是否能够做到快速、稳定的支持；还有一部分问题则是直接决定了技术平台是否还能支撑淘宝平台继续发展下去的关键问题。也就是说，如果继续沿袭现在的架构发展，将很快遇到平台发展的瓶颈，从而无法再对淘宝业务的发展带来有效的支持。所有人都意识到了这个问题，所以淘宝从 2007 年开始整个技术体系架构坚持走自主可控、创新变革之路，这点很多人是知道的。

解决以上问题的根本就在于业务的拆分，而当时业界已经盛行的 SOA 理念和方法则是有效解决以上问题的不二选择。我个人是 SOA 理念的坚定拥护者，因为看到了太多基于 SOA 建设或重构的系统给企业带来了实实在在的业务能力和竞争力的提升。所以淘宝在 2007 年 10 月开始了一系列的基于 SOA 理念新一代服务化框架研发以及采用业务模块逐步迁移的方式进行应用架构的改造工作。

首先淘宝从现有应用中选择了用户相关的功能作为试点，剥离出了用户服务中心，其主要出发点是用户的业务逻辑相对独立和简单，而且服务功能的复用率最高，在逐渐完善新研发的服务框架的同时，也沉淀了大量服务化实施的宝贵经验，这也成为今天我们在协助企业客户进行业务架构迁移时采用的典型方案。

经过两个多月的应用改造，用户中心于 2008 年年初成功上线。紧接着，又相继开始了两个在阿里巴巴内部非常著名的项目："千岛湖"项目成功将"交易中心"和"类目中心"从现有平台中进行了剥离和改造，"五彩石"项目则将剩下的"商品中心"、"店铺中心"等核心业务功能模块进行了全部的改造。最终在保障淘宝业务不间断运行和不影响业务发展的同时，在 14 个月的时间内将原来单一应用的模式改造成为基于 SOA 理念的分布式服务架构。在应用部署形态上，由之前一个几百兆字节大小的 WAR 包部署模式改造成为上百个 WAR 包独立部署的服务化架构。这次改造被阿里巴巴同事称为"给飞行中的飞机换发动机"，也为后来的共享服务体系的建设打下了扎实的技术和理论基础。

随着淘宝平台服务化改造工作的完成，之前因为应用没有拆分的问题都得到了很好的解决：

- **降低不同模块开发团队间的协同成本，业务响应更迅捷。**由于不同功能模块间进行了清晰、稳定的服务契约的定义，分别负责不同功能的开发团队只要保证对外服务的接口定义不发生变化，内部的业务不管如何调整，都不会影响到其他功能模块。结果是能更加快捷地响应业务的需求。新版本的业务发布周期从开发团队拼命加班加点也就勉强两周迭代（即新版本应用的发布上线）一次降低到相对比较轻松地实现一周两次迭代，其实如果不考虑业务的稳定性，技术上完全支持更加频繁的迭代要求。
- **大大降低系统间的耦合度以及整体复杂度，各个开发团队可专注于各自的业务模块。**当应用被拆分成几个服务中心的架构后，各自开发团队专注于自己负责的业务服务中心的业务，原本需要对整个应用的架构和业务流程有全面的理解，现在转变为只要将自己领域内的业务做到最专业。这样对人员的要求降低了不少，原本一个人的精力需要分布到整个业务流程的各个环节，而现在只需要将精力集中在其中的几个环节中，从理论上一定会对这几个环节的理解和掌控更加精细，从而会提供更专业和稳定的服务。另一个好处则是对加入团队的新员工来说，相对更清晰的业务阵型有利于让这些新员工尽快理解自己负责的业务，从而更快地投入到生产中去。

- **避免了个别模块的错误给整体带来的影响**。业务已经按照影响业务的优先级、变化的频率进行了服务化拆分，各个服务中心之间完全独立部署，这就完全避免了之前那种情况：因为前端广告业务中有一段错误代码，就造成整个平台业务最终受影响。
- **业务拆分后解放了对单数据库集群连接数的能力依赖**。整个平台在被拆分为多个服务中心以及专门负责前端交互的应用模块的同时，在数据层也做了相应的拆分，即每一个核心服务中心都拥有各自独立的数据库，也使得之前迫在眉睫的数据库连接瓶颈问题得到了缓解。根本性地解决这个问题是采用了分布式数据库的技术，在后面会专门进行说明。
- **做到针对性的业务能力扩容，减少不必要的资源浪费**。淘宝平台从改造前的一个WAR包模式到改造后的上百个WAR包方式，在某些业务模块的能力需要进行能力扩容时，我们可以进行“粒度”更细的精准扩容，而不是对整个平台应用进行扩展。淘宝当时的应用实例数量巨大，因为这样一点调整带来的资源节省就是一笔不算小的成本节约。

3.2 “中心化”与“去中心化”服务框架的对比

当年淘宝技术团队在进行架构改造设计时，就确定了目标：这次选择的架构路线必须能满足接下来至少10年内集团业务发展的要求，即10年内无需再进行这样“兴师动众”的底层架构改造。虽然淘宝在1年多的时间内很好地完成了这样一个任务，但集团投入的资源和成本其实是非常巨大的，甚至在特定的时间段内也停止了应用对前端业务新需求的响应。整个工程能够成功实施，除了解决技术上的难度和风险，还经过技术团队和业务团队的通力配合，更重要的是集团领导的全力支持。总而言之，这是一件非常艰巨、困难重重、充满风险的事情，这个过程是任何一家公司都不愿意再次经历的。

正因为大家都意识到这件事对于集团长远发展的重要意义，对于此次服务化改造平台的选择则尤为慎重。当时 SOA 的理念已经在业界非常风行，其中以传统软件厂商提出的以 ESB（企业服务总线）实现 SOA 的方案为主流，这也是为什么几乎所有传统企业的客户都认为 ESB 是 SOA 理念的最佳实践，甚至是唯一的实现。这是一种“中心化”服务框架。

随着互联网架构和技术的普及，很多人都已经对互联网公司的典型架构和技术有了较多的了解，其中在服务化框架领域，互联网公司流行一种“去中心化”的服务框架，本章将从理论和实战的角度对这两种架构进行对比。

之前，有一部分人认为“去中心化”不是 SOA 架构，为此我们一起简单回顾一下 SOA 的主要特性：

- 面向服务的分布式计算。
- 服务间松散耦合。
- 支持服务的组装。
- 服务注册和自动发现。
- 以服务契约方式定义服务交互方式。

可以看到，SOA 并没有定义出一定是基于 ESB 总线的方式，而在互联网行业中兴起的“去中心化”分布式服务框架同样遵循了以上对 SOA 架构的特征定义。所以接下来讨论的“中心化”和“去中心化”服务框架均是 SOA 的实现，并不是两套体系。

首先我想表达的观点是，这两套 SOA 的架构并没有优劣之分，淘宝最终选择“去中心化”服务架构作为整个集团统一的服务框架并不代表着“去中心化”服务框架是“中心化”服务框架的升级版本，而基于这两套架构解决企业的根本诉求是完全不同的。

1）**ESB 模式的“中心化”服务架构的根本诉求**。回顾 2004 年左右业界提出 SOA 理念的背景，正是大型软件公司已经发现，越来越多的企业在多年的 IT 建设过程中，逐渐构建了越来越多的 IT 系统，这些 IT 系统无不例外都是采用“烟囱式”系统建设模式而建立的，使得企业内的各种系统纷繁林立，这些系统有的是购买商用套件，有的是自主研发，有的是找外部的行业解决方案提供商基于需求定制开发，最终的结果就是各个系统所采用技术平台、框架、开发语言各异。

随着企业业务的发展，需要实现这些系统间交互时，SOA 的架构相比通过系统间“点对点”直接互通的模式，很好地避免了因为服务提供者服务接口的变化需要调用此服务的服务调用者都进行修改的现象，而只需在 ESB 上进行一次调整，便实现了对服务接口变化带来影响的隔离。ESB 架构降低了系统间的耦合，更方便、高效地实现了对新系统的集成，同时也在服务负载均衡、服务管控等方面提供了相比“点对点”模式更专业的能力。

所以当 SOA 的理念一提出，得到了企业客户的一致青睐，希望通过 SOA 项目实现各系统间更有效的互联互通。在这样需求的驱动下，各大软件厂商纷纷推出了自己的 SOA 产品，无一例外均是使用了 ESB 方式。在 ESB 这样一个中心服务总线上，提供了诸如对各种技术接口（HTTP、Socket、JMS、JDBC 等）的适配接入、数据格式转换、数据裁剪、服务请求路由等功能。核心目的是让企业客户能基于这些 SOA 的产品实现系统间的互联互通，同时提高开发集成效率，更快地实现 SOA 项目的落地。

所以，在这样一个需求背景下，ESB 的方式成为这一时期 SOA 实现的主流，而这一种架构解决的根本诉求是实现异构系统之间的交互。

2）**“去中心化”分布式服务架构的根本诉求。**互联网行业中发源的“去中心化”服务框架是由互联网业务的特性决定的，因为用户群体是整个互联网公众，所以系统架构设计人员首先要解决的是系统扩展性的问题，然后才是更快地进行业务响应、更好地支持业务创新等。一个互联网平台的业务发展得再好，一旦有更多的用户访问后，这个平台如果没法再进行扩展的话，这将给平台带来灾难性的后果。这就是为什么今天几乎所有互联网公司均基于“去中心化”分布式服务框架建设系统，其根本原因就在于扩展性是首要的。

所以“去中心化”分布式服务框架除了对于 SOA 特性的实现和满足外，相比“中心化”服务架构最重要的不同就是服务提供者和服务调用者之间在进行服务交互时无需通过任何服务路由中介，避免因为“中心点”带来平台能力难扩展问题，以及潜在的“雪崩”影响（这两点在后面会详细说明）。而对于不同技术接口的支持、数据格式转换、服务动态路由等功能就没有在“去中心化”的平台中有所体现，更多情况是依靠服务应用的编写来满足这样的需求。

也有人提出这样的疑问："去中心化"的服务交互方式很像IT技术发展早期通过系统间"点对点"打通的方式实现不同系统间的集成，ESB的出现很好地解决了这种系统集成带来的各种弊端，新的"去中心化"服务框架在某种程度上是否是一种倒退？其实忽略了"去中心化"服务框架一般是运行在企业内部网络环境中（即不会出现跨内外网的服务交互），基于统一的技术接口标准、网络协议、规范进行交互，已使服务的交互效率最高，又因为是以服务契约先行的方式进行了服务接口功能的约定，在某种程度上很好地保障了服务接口和稳定性，所以大大降低了因为服务接口发生变化给服务调用者带来的影响；同时"去中心化"服务框架中辅以多版本支持、负载均衡的支持，从本质上屏蔽掉了之前"点对点"模式下的各种系统稳定性问题。更多关于"去中心化"服务框架的运行原理和主要特性将在下一节详细描述。

那么为什么"中心化"服务框架不适合于互联网场景呢？接下来我们抛开这两种架构所提供的平台功能，仅从当企业的业务进行了服务化之后，两种架构给业务带来的影响进行对比。

1. 服务调用方式的不同带来业务的响应和扩展成本

传统ESB的服务调用方式是，每一次服务的调用者要向服务提供者进行服务交互请求时都必须通过中心的ESB来进行路由，如图3-3所示。

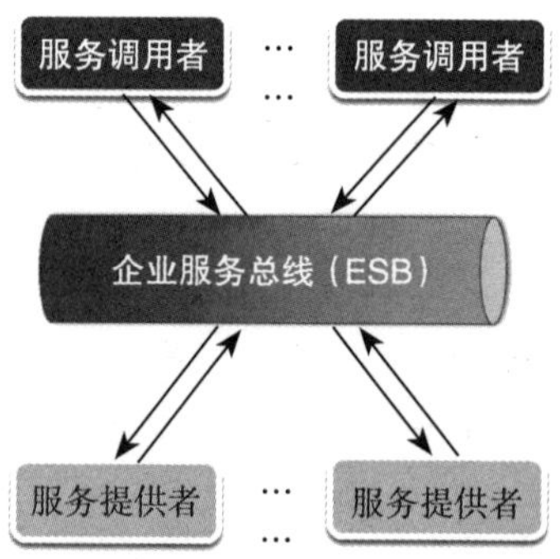

图3-3　传统企业服务总线下的服务交互方式

每一次服务交互的路线如下所示：

①服务调用者→② ESB（接受服务请求）→③服务提供者（服务处理）→④ ESB（服务提供返回结果）→⑤服务调用者（服务返回）

经过服务总线路由过的服务交互，共出现4次网络会话创建和数据传输，而“去中心化”服务架构中的服务交互，一次服务的调用只有两次网路会话创建和数据传输，在网络上的开销整整减少了一半，如图3-4所示。

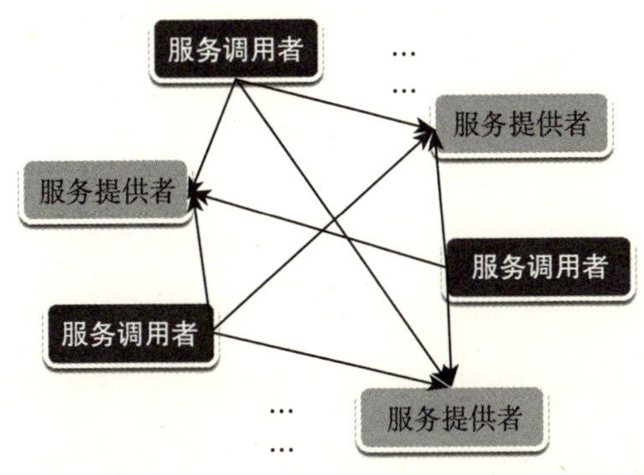

图3-4 分布式服务架构中的服务交互方式

当整个平台或企业内的应用都是基于服务化架构建设的时候，一次网页上的点击请求就不会像之前那样，所有的代码逻辑都在一个应用实例中就能完全处理，而需要通过调用多个远程的服务来完成整个业务请求的处理。拿大家熟知的淘宝订单创建举例，在淘宝上点击“立即下单”或“结算”按钮进行下订单的请求时，后端调用了200多个服务，也就是一次页面的请求产生了后端上百台不同服务器间的服务交互。试想一下，如果是采用服务总线的方式，每次服务请求都比直接交互的方式有一倍的网络开销，那我们可能很难体验到平均在200 ~ 300毫秒就能看到订单页面创建成功，如果用几秒、甚至更长时间创建订单，后果不堪设想。

从逻辑上看，所有服务调用都通过服务总线，服务总线的访问和计算压力都会非常大。所有的企业服务总线产品也都可采用集群部署的方式进行压力的分担，实现服务路由能力的线性扩展，因为一般企业服务总线包含的功能非常多，比如服务发现、注册、路由、协议转换、接口监听等功能，使得企业服务总线一般对服务器的要求都比较高，所以每一次企业服务总线的扩容升级都会带来在软件授权和硬件资源上的不小投入。

另外一点，企业所有的业务都是通过服务总线的方式，则服务调用量比较大，所需的网络带宽要求非常高，甚至会出现超过目前网络设备的能力范围，企业需要在网络上投入更大的成本。如果按如今淘宝每天达到几千亿次的服务调用，采用服务总线的方式，那在网络设备上的资源投入将会是一个天文数字。

2.“雪崩”效应束缚了“中心化”服务框架的扩展能力

上面只是从用户的体验、平台的扩展以及网络成本来讨论“去中心化”相比于“中心化”服务框架的优势，但这还不是今天很多企业客户或互联网企业不选择“中心化”服务框架的最重要原因，根本原因则是“中心化”架构可能给平台带来灾难性的“雪崩”效应。

基于企业服务总线构建的服务体系，会成为企业服务调度的核心枢纽，当前很多企业还只是将企业服务总线用于企业内部系统间的互联，但随着互联网转型浪潮的到来，会有越来越多的业务是面向互联网公众开放的，带来更多的服务调用和交互。简单说，不管是因为企业业务规模自身的发展还是外部环境的变化，一旦有更多的服务调用和交互的场景，传统企业服务总线的架构就暴露出“硬伤”。

更多的服务调用给企业服务总线带来了更多的服务路由压力，这时必然会采用集群部署的方式，对这些服务请求提供负载均衡和高可用性的保障。但是在这个表面看来万无一失的架构中，却隐藏着巨大的风险。

假设按服务访问的峰值（虽然在面向互联网的场景中，对于访问峰值其实是很难估算的，不经意间的某个事件可能带来意外的访问洪流）100 估算出了所需的企业服务总线的集群数量是 10 台。当达到访问峰值时，每个企业服务总线的负载水位会达到 80%。按照理论，日常运行中不会有太大的问题。但在现实世界中，当访问峰值来临时，有可能因为某一个应用对某个服务产生了不规范的服务调用，或有问题的服务提供造成服务所在的企业服务总线实例出现异常，也有可能是一台服务器的操作系统或硬件出现了故障，会导致 10 台企业服务总线的实例中有一台实例出现了问题，无法正常提供服务路由的能力。

此时，服务路由压力就落在了剩下的 9 台 ESB 服务器上，原本由出问题的那台服务器提供的服务路由职能就分摊到了剩下的 9 台上，每台的负载水位就超过 88%，个别服务器可能更高（因为不能确保分摊的服务负载完全平均），在服务器处于高水位运行的时候，出现问题的概率会大增。

糟糕的事还是发生了，9 台中的一台也因为不堪重负而“罢工”后，你会看到后面的 8 台服务器在访问峰值下就不是像之前一样一台一台出问题，而是在瞬间被访问洪流给冲垮，整个企业服务总线集群全军覆没。这就是典型的“雪崩”效应，因为一个小问题会给整个平台带来灾难性的后果。

而且企业服务总线架构一旦遇到上面所提到的“雪崩”事故后，故障恢复的时间和成本都非常高昂。因为传统的一台一台重启服务器已经不能进行故障的恢复，因为一旦服务启动起来，前端的访问洪流会立即再次压垮启动后的服务器，唯一正确的方式则是首先切断前端应用对企业服务总线的服务请求，让这 10 台服务器全部启动后，再开放服务请求，这样才能恢复系统的运行。但因为着急恢复系统，没有来得及定位之前造成开始服务实例出问题的根本原因，这样的系统恢复运行其实处于一个“脆弱”的状态，之前造成服务实例宕机的问题可能让“雪崩”事故再次上演。

而“去中心化”服务框架则可以避免因为个别问题波及整个平台的业务受影响，最多也只是部分服务出现问题，就算出现问题时也更容易定位问题和故障恢复。

综上所述，正因为“雪崩”效应的隐患存在，在某种程度上其实是束缚了“中心化”服务框架的平台扩展能力，也就是说，增加“中心”点企业服务总线实例的节点数量，并不能线性扩展平台的服务能力。正因为如此，当时的淘宝以及今天越来越多的企业最终选择“去中心化”服务框架作为企业或平台分布式服务框架。

3.3 阿里巴巴分布式服务框架 HSF

阿里巴巴集团内部使用的分布式服务框架 HSF（High Speed Framework，也有人戏称“好舒服”）已经被很多技术爱好者所熟知，目前已经支撑着近 2000 多个应用的运行，早期还有一个对应的开源项目 Dubbo，因为某些原因，在 2012 年年底，阿里巴巴停止了对此开源项目的更新。

本书不对这两个平台的具体使用和开发做详细的介绍，接下来会通过对 HSF 服务框架的介绍，让大家能对这类分布式服务框架架构的设计、运行原理，以及如何实现有一个清晰的认识。

HSF 服务框架包含以下主要组件：

- **服务提供者**。在服务框架中真正提供服务功能实现的应用实例，为了保障服务提供的高可用性，一般均是集群部署。每一个 HSF 的应用均是以 War 包的形式存在，运行在阿里巴巴优化定制后的 Tomcat 容器中，在 Tomcat 容器层已经集成了 HSF 服务框架对服务提供者或服务调用者进行配置服务器发现、服务注册、订阅、失效转移等相关功能，所以不管是在服务提供者还是调用者开发时，只需要进行服务相关的配置操作，应用中无需引入任何 HSF 相关的 Jar 依赖包。

考虑到应用故障的隔离、更方便的服务管控，目前淘宝内部大部分应用的部署方式还是一个虚拟机（对应一个操作系统）运行一个 Tomcat 容器，每个 Tomcat 运行一个服务应用，随着近几年以 Docker 为首的容器技术的发展和流行，现在阿里巴巴内部也正在进行应用容器化部署的工作，让服务器的资源利用更加科学和高效。

- **服务调用者**。作为服务的消费者，大多数也是以 WAR 应用包的方式运行在 Tomcat 容器中，在阿里巴巴集团内部也有一部分是基于 C/C++、PHP、Node.js 等语言开发的服务调用者。
- **地址服务器**。在 HSF 服务框架中肩负着给服务提供者和服务调用者提供部署环境中所有配置服务器和 Diamond 服务器的服务器列表信息，是由 Nginx（是一个高性能的 HTTP 和反向代理服务器）提供该服务能力。在部署 HSF 服务环境时，会将整个环境中的配置服务器集群（服务器 IP 列表）和 Diamond 服务器集群信息设置在地址服务器上，在实际生产部署中，也会部署多台地址服务器提供负载均衡和高可用性的服务，服务提供者和调用者通过统一域名（比如“xxx.tbsite.net”）的方式访问这些地址服务器，通过 DNS 轮询，实现地址服务器访问的高可用性。

- **配置服务器**。配置服务器主要负责记录环境内所有服务发布（服务提供者的 IP 地址和服务端口信息）和服务订阅（服务调用者的 IP 地址和服务端口信息）信息，并将服务相关信息推送到服务节点上。为了追求服务发布和订阅的推送效率，所有的服务发布和订阅信息均是保存在内存中。

配置服务器与所有服务者提供者和调用者均是长连接，采用心跳的方式可监控到各服务运行节点的状况，一旦出现服务提供者服务节点出现故障时，会自动推送更新后（将出问题的服务提供者服务节点信息从列表中删除）的服务提供者列表给相关的服务调用者端。

在生产环境中，会部署多台配置服务器用于服务发布、订阅、推送的负载均衡，在多台配置服务器间会进行实时的数据同步，保证服务发布和订阅信息尽快能同步到各服务节点上。

在某种程度上，配置服务器在 HSF 框架中扮演了服务调用调度的指挥官，通过给服务调用者端推送不同的服务提供者列表就可以轻易地调整服务调用的路由，这一特性在淘宝平台实现单元化（即某一客户在访问淘宝时，访问请求一旦路由到某一个淘宝机房后，在淘宝上进行的所有业务的操作均可以在该机房完成，而无需访问其他机房的服务）、异地多活起到了至关重要的作用。

- **Diamond 服务器**。本质上，Diamond 服务器是一个通用的统一配置管理服务（类似于 Zookeeper），给应用提供统一的配置设置和推送服务，使用场景非常广泛，在阿里巴巴内部有很多产品在需要进行配置的保存和获取时都会使用 Diamond 服务器。

在 HSF 服务框架中，Diamond 服务器主要承担了服务调用过程中对于服务调用安全管控的规则、服务路由权重、服务 QPS 阀值等配置规则的保存，所有的信息均是持久化保存到了后端的 MySQL 服务器中，在生产环境中，会有多台 Diamond 服务器提供负载均衡的服务。使用 Diamond 服务器进行服务相关设置的典型场景如下：

- 通过设置白名单（服务调用者所在服务节点 IP 地址）的方式设置某些服务或服务中的方法只能让特定 IP 地址的服务器调用。

- 通过用户认证的方式控制服务是否能够调用。
- 按照不同的服务器权重设置服务调用者对多个服务提供者服务节点的访问;
- 设置某些服务的 QPS 能力上限值，一旦该服务的 QPS 达到该阀值，则拒绝服务的继续调用，这也是实现服务限流的技术实现，在平台进行大促或秒杀场景时，保障平台稳定性的重要屏障。

通过这样的规则设置，Diamond 服务器除了将这些规则保存在自身的数据库中外，会自动将这些规则推送到相关的服务节点上（实际实现上是服务节点会定时从 Diamond 服务器上同步相关配置信息），使这些规则能立即在服务运行环境中生效。

如图 3-5 所示是 HSF 服务框架的工作原理，说明了 HSF 服务框架中每个组件在整个框架中所扮演的角色。下面分别介绍。

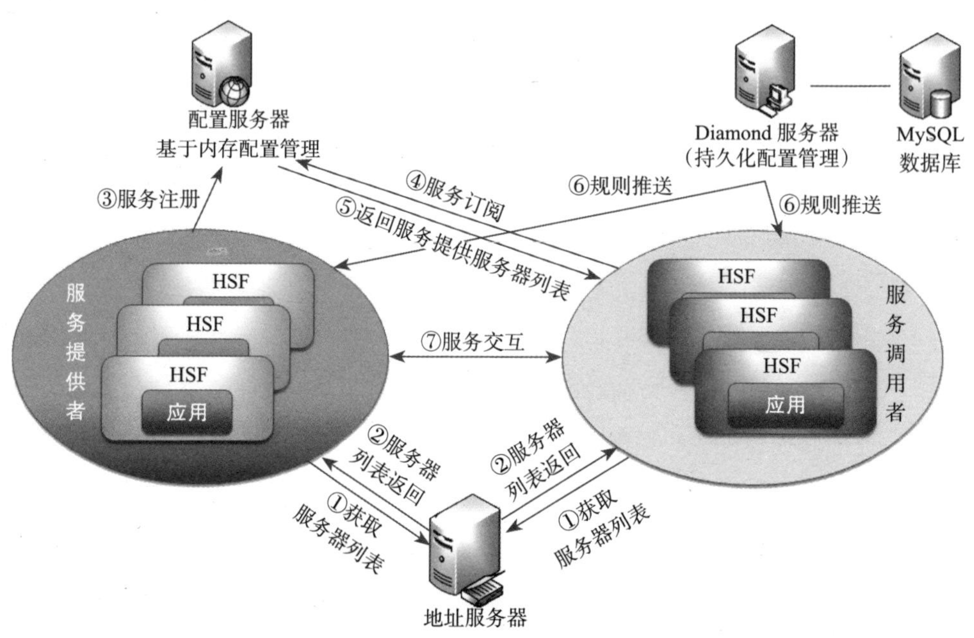

图 3-5　HSF 服务框架工作原理示意图

- **服务节点对配置服务器列表的获取**。服务调用者和服务提供者在随着 Tomcat 容器启动后，会以域名（比如“ xxx.tbsite.net”）的方式获取到可用的地址服务器，通过向地址服务器分别发送获取服务器列表的方式，在容器启动完成后，就已经在该服务节点上获取到了配置服务器和 Diamond 服务器的 IP 列表信息。整个过程如图 3-5 中的步骤①②。

- **服务的注册发布**。作为服务提供者，当获取到配置服务器的服务器列表后，则向配置服务器发送当前应用中包含的服务提供者相关信息（这些信息均是从应用的配置文件中获取到的，比如服务的接口类全名、服务版本、所属服务组等信息），连同当前服务器的 IP 地址、服务端口等信息进行服务注册发布，如图 3-5 中的步骤③。这个步骤在每一个有服务提供的应用启动时都会自动执行，比如现在有 5 个提供同一服务的应用启动后，此时在配置服务器上就已经保存了提供这一服务的 5 个服务器相关信息。
- **服务的订阅**。当作为服务调用者的应用启动时，同样在获取配置服务器列表后，就进行与配置服务器的交互，发送服务消费者相关信息（同样包含了服务的接口全名，服务版本、所属服务组）到配置服务器进行服务的订阅，此时在配置服务器上会通过“服务接口全名 + 服务版本”作为匹配条件在当前配置服务器的内存中进行搜索，一旦获取到对应的服务注册信息，则将对应的服务提供者的服务器组 IP 地址及端口返回给服务调用者所在的应用节点上，此时也就完成了服务调用者端对于它所需要调用的服务提供者服务器列表信息，用于在服务真正交互时使用。服务订阅过程如图 3-5 中的步骤④⑤。
- **服务规则的推送（如果需要）**。如果没有上文提到对于服务安全管控、流量控制等需求的时候，对于 Diamond 服务器的使用并不是必需的，在有这样的需求场景时，可通过 Diamond 服务器提供的规则设置界面，对指定服务的服务提供者和调用者设置相关的规则，一旦保存规则后，则此规则配置将会在 5 秒内推送到与所设置服务相关的服务节点上。如图 3-5 中的步骤⑥。
- **服务交互**。在应用进行业务请求处理过程中，出现了服务调用者对服务提供者的调用时，服务调用者会从已经保存在该应用节点上的服务提供者服务器列表中选择（阿里巴巴内部使用随机模式）其中一台进行服务请求的发送，服务交互期间完全是服务调用者和服务提供者间两台服务器间的操作，无需通过中间服务器的中转。这就是，称为“去中心化”的主要原因，如图 3-5 中的步骤⑦。

阿里巴巴的分布式服务框架核心是以服务化的方式构建整个应用体系的同时，保证在高并发的情况下，服务具备高效交互、高可用性和扩展能力。接下来具体介绍 HSF 框架如何给服务提供以上能力。

1. HSF 框架采用 Netty+Hession 数据序列化协议实现服务交互

HSF 框架中采用如今流行的网络通信框架 Netty 加上 Hession 数据序列化协议实现 HSF 服务间的交互，主要考虑点是在大并发量时，服务交互性能达到最佳。这类 RPC 协议采用多路复用的 TCP 长连接方式，在服务提供者和调用者间有多个服务请求同时调用时会共用同一个长连接，即一个连接交替传输不同请求的字节块。它既避免了反复建立连接开销，也避免了连接的等待闲置从而减少了系统连接总数，同时还避免了 TCP 顺序传输中的线头阻塞（head-of-line blocking）问题。

Hessian 是 HSF 框架中默认使用的数据序列化协议，在数据量较小时性能表现出众，Hessian 的优点是精简、高效，同时可以跨语言使用，目前支持 Java、C++、.Net、Python、Ruby 等语言。另外 Hessian 可以充分利用 Web 容器的成熟功能，在处理大量用户访问时很有优势，在资源分配、线程排队、异常处理等方面都可以由 Web 容器保证。HSF 框架同时也支持切换使用 Java 序列化，Hession 相比 JDK 标准的序列化方式（即基于 Serializable 接口的标准序列化），在典型场景中，其序列化时间开销可能缩短 20 倍。虽然 Hessian 不是最快的序列化协议，但它对于复杂业务对象的序列化正确率、准确性相较于最稳定的 Java 序列化并不逊色太多；业界还有一些比 Hessian 更快的序列化协议，但它们相对于 Hessian 在复杂场景下的处理能力还是会差一些；所以 Hessian 是在同时考虑性能和稳定性的情况下最优的序列化协议。

阿里巴巴当时在对多种通信协议和数据序列化组件等测试中，Netty+Hession 的组合在互联网高并发量的场景下，特别是在 TPS 上达到 10w 以上时，性能和效率远比 REST 或者 Web Service 高。

2. HSF 框架的容错机制

因为要保证服务的高可用性，所以在生产环境部署中一定会有多个应用实例作为服务提供者提供某一相同服务，基于之前所提到的服务框架的运行原理的说明，在进行服务调用时，服务调用者端已经保存了它所需要调用的服务提供者的服务器列表信息（以图 3-6 中为例，图中保存了三台服务提供者所在服务器的列表），当采用随机方式获取其中一台进行服务交互时（如图 3-6 步骤①），不管是第一台服务器已经发生故障造成了服务请求无法响应，还是该服务器已经接收了服务请求，在进行服务请求处理过程中出现了服务器故障（比如宕机、网络问题），造成该服务器没有在规定的时间（一般服务调用会设置到期时间）返回服务处理的结果，服务调用者端则会获取到服务调用失败的反馈（如图 3-6 步骤②），会立即从剩下的服务提供者服务器列表中选择另外一个服务器再次进行服务请求（如图 3-6 步骤③），这一次这个服务提供者实例正常提供了此次服务的请求（如图 3-6 步骤④），从而保证了在个别服务提供者出现故障时，完全不会影响该服务正常提供服务。

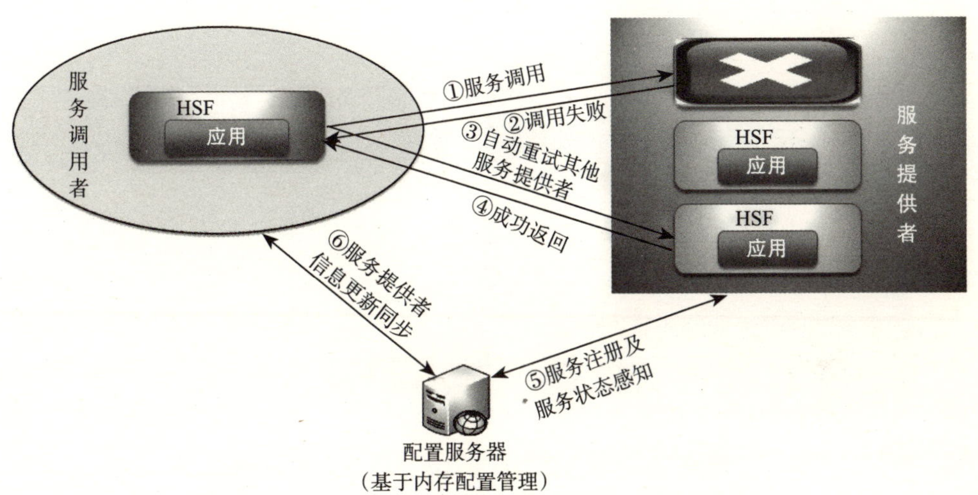

图 3-6　HSF 服务框架实现服务高可用性原理示意图

因为配置服务器是采用长连接的方式与服务节点进行网络通信，一旦发现有服务提供者实例出现故障，配置服务器在秒级就会感知到（如图 3-6 步骤⑤），此时会将出问题的这台服务提供者的信息从该服务的服务器列表中删除，并将更新后的服务器列表采用推送的方式同步给予该服务相关的所有服务调用者端（如图 3-6 步骤⑥），这样当下次服务调用者再进行此服务的调用时，就不会因为随机的方式再次对已经停止服务提供的服务器发起服务的调用。

3. HSF 框架的线性扩展支持

HSF 框架最为重要的一个特性就是服务能力的可扩展性，也就是真正做到某个服务的业务处理能力能随着服务器资源的增加得到线性的增长。其实在传统架构中一直也会强调平台的扩展能力，但均会程度不一地出现服务节点数量到达一定量后，出现阻碍平台服务能力扩展的问题。有的是出现网络传输的瓶颈。也有的是服务节点接入数量上的限制，前面所描述的 ESB 框架带来的“雪崩”效应也均是这类架构的扩展能力导致的。

如图 3-7 中所描述的场景，当服务面对较大的服务调用压力或将要面临如双 11 大促、秒杀等活动前，已有的服务提供者各服务器水位（CPU、内存、IO 等）处于比较高的情况或现有服务能力满足不了业务访问量的要求时，则需要通过增加服务节点数量的方式提升该服务的服务处理能力。

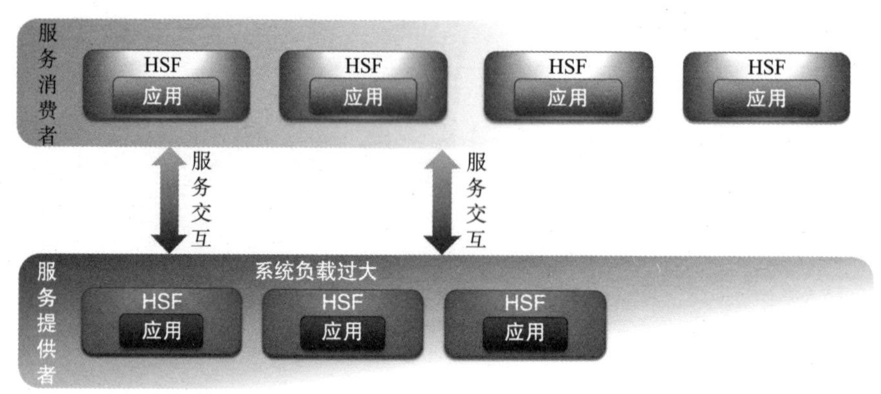

图 3-7　HSF 服务框架对服务能力线性扩展支持 1

此时，只需要通过增加该服务的服务提供者实例（如图 3-8 所示，增加了一台服务器），基于 HSF 框架的运行机制，新增加的服务提供者实例一旦应用启动完成后，可在几秒内（主要完成服务注册发布、更新后服务列表推送到服务调用者端）开始进行服务请求的处理，从而达到分担其他服务器实例压力的作用，实现服务能力整体水位恢复到正常的状态（如图 3-9 所示）。

正是基于 HSF 框架这一特性，从而真正实现了只要增加服务实例就能实现该服务能力扩展的目标，目前在阿里巴巴共享服务事业部中多个服务中心在双 11 那天各自所部署的服务实例节点数量均超过 2000，即同一个服务由超过 2000 个服务实例同时提供负载均衡的服务。

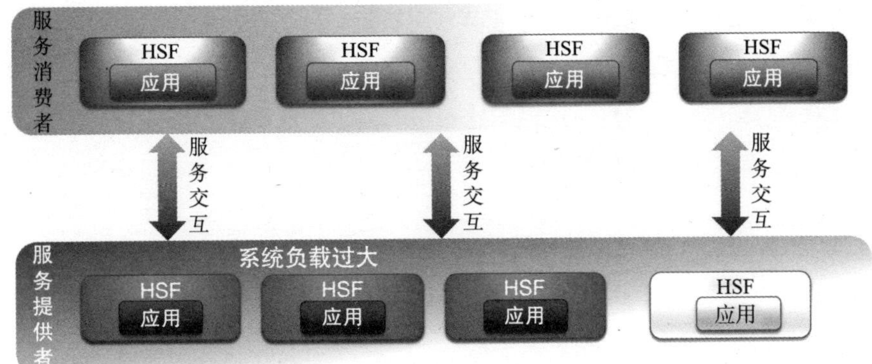

图 3-8 HSF 服务框架对服务能力线性扩展支持 2

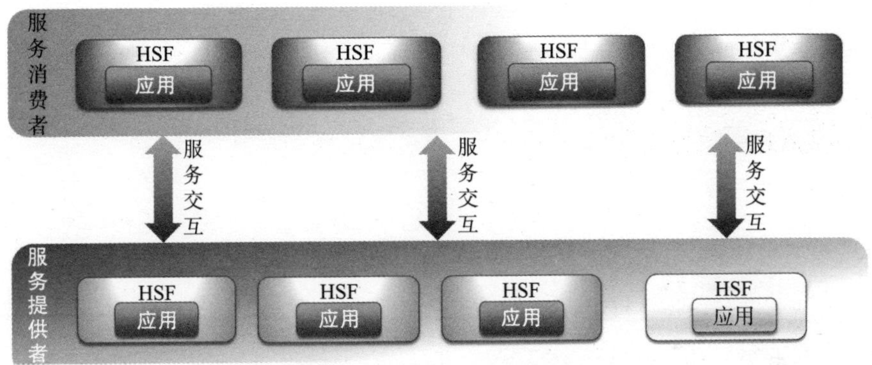

图 3-9 HSF 服务框架对服务能力线性扩展支持 3

3.4 关于微服务

谈到分布式服务框架，不得不提到近两年越来越热门的“微服务”。如今关于“微服务”的文章和讨论越来越多，随着越来越多的互联网公司基于“微服务”架构构建了自身核心业务平台后，“微服务”也获得了越来越多技术人员的肯定。反观阿里巴巴的共享服务体系建设的过程以及现状，会发现整个过程和目前运行的机制与微服务典型特征不谋而合，所以说 2009 年阿里巴巴开始构建的共享服务体系应该算得上是微服务实践的先驱，经过 7 年多的实践探索和演变，绝对称得上是“微服务”架构在大型互联网公司中的最佳实践。

但随着“微服务”理念的越来越深入人心，加上最近几年基于容器化技术

Docker 的不断盛行，笔者看到一些文章和媒体将这两个热点的领域关联到了一起，甚至划上了等号，这就很有点误导的嫌疑。在本章节中让我们一起基于微服务架构的典型特征逐一进行剖析，让更多计划构建微服务应用或架构的读者能更清晰、准确地看到“微服务”建设的本质。

对于微服务每个人都有自己不同的理解，我个人比较赞同 Martin Fowler ㊀对于微服务架构的典型特征的描述：

- 分布式服务组成的系统。
- 按照业务而不是技术来划分组织。
- 做有生命的产品而不是项目。
- 智能化服务端点与傻瓜式服务编排。
- 自动化运维。
- 系统容错。
- 服务快速演化。

从本质上来说，“微服务”是 SOA 的一种演变后的形态，与 SOA 的方法和原则没有本质上的差别。将传统 SOA 与微服务的典型特征做一个对比解读，会发现其中鲜明的差异：

- **分布式服务组成的系统**。意味着各个系统都将会是有多个分布式的服务组成，而不是传统 SOA 架构中基于“中心化”企业服务总线（ESB）的方式构建服务架构，更多是采用系统提供服务的方式实现系统间的打通和交互。
- **按照业务而不是技术来划分组织以及做有生命的产品而不是项目**。前文所提及的，传统 SOA 实施的方式是以项目的方式实施，而不是以做产品的方式让服务在业务发展过程中快速演化。
- **智能化服务端点与傻瓜式服务编排**。更加强调了能力向服务端的迁移，而不是像传统 ESB 的方式，将整体服务架构中的所有核心能力都运行在 ESB 上。
- **自动化运维和系统容错**。这两点则是在微服务架构建设后，对于整体服务的运维管控和平台高可用性和稳定性方面提出了更高的要求。

㊀ Martin Fowler 是国际著名的 OO 专家，敏捷开发方法的创始人之一，现为 Thoughtworks 公司的首席科学家。

不得不承认，随着 Docker 容器技术的不断成熟和完善，相比于虚拟机，容器技术的主要差异化优势在于，能够包装，便于移植，为适合用途而随需创建，因此减少了资源占用空间，缩短了启动时间，具有可重复性，提高了服务器的资源利用率，更好地集成到整个开发生态系统（比如持续集成 / 持续交付生命周期）。所以在企业的应用达到一定规模后，通过容器化技术，确实能大大提升运维效率，减少服务器资源的浪费，所以也看到越来越多应用集群规模比较大的互联网公司采用 Docker 的容器技术逐步改造原来基于虚拟机模式的基础架构，包括阿里巴巴近两年也投入了大量的资源进行这方面的改造。

笔者认为“微服务”中的这个“微”字给很多人带来了很多误解。从字面意思上，“微”会让人联想到一个微服务就应该是功能足够单一，甚至出现一个服务的实现可能只需要几十或者上百行代码的说法，这应该是最误导人的观点。从技术角度出发，确实可以通过简短的代码实现功能单一的服务，但从一个整体架构考虑，如果是以这样的方式实现各个微服务，则在整个服务体系范畴当中包含太多功能边界，那么对于服务运营的分工和边界就很难界定，给服务接下来的持续运营和维护带来困扰；另外，拆分过于细化的服务，势必将带来大量无谓的分布式事务调用，给业务的实现带来额外的工作量和风险。

回到 Docker 这个问题，正因为有了“微服务”中所谓“微”的概念，那么，如何对这些微服务进行快速的部署、发布，更高效地利用服务计算资源，就给了容器技术爱好者借题发挥的空间，开始宣传 Docker 是实现微服务的解决方案。

从技术角度，Docker 完全有能力而且适合微服务体系中给服务提供实际的运行容器以及进行部署运维的平台，但 Docker 本身提供的核心能力还只是在计算资源层面，对于微服务架构所需的应用服务层面还存在着不小的空缺。构建企业微服务架构的建设过程中一定会遇到本书中阿里巴巴构建共享服务体系过程中所遇到的以下一系列问题，而这些远不是只用 Docker 平台就能解决的问题：

- **微服务化的应用架构如何进行有效的服务管控**。在分布式服务体系下，服务链路跟踪、链路分析、实时业务指标的监控等问题，也都是实现微服务架构时一定会面临的问题，扩大到更大范围就是整体服务平台的管控能力。简单说，微服务架构的落地将会给企业的运维团队带来前所未有的挑战，原有的运维方式和工具可能在今天微服务的时代都显得力不从心。

- ❑ **分布式事务难题**。服务化后的应用如何解决随之而来的分布式事务问题，一定需要针对业务的需求在事务一致性和性能间做好平衡，一套稳定、成熟的分布式事务解决方案也是构建微服务架构首先要思考好的技术方向问题。
- ❑ **自动化运维和平台稳定性**。微服务架构相比之前独立应用的部署方式，从服务器的数量以及服务交互复杂程度都上升到一个新的等级，原有运维平台和工具是否能高效支撑微服务架构的运维也需要好好斟酌。

  微服务带来了服务间错综复杂的调用关系，如何能在大促、秒杀、机器故障时，这些服务都能稳定提供服务？这对于整个平台的高可用性和稳定性提出了非常高的要求。

- ❑ **微服务的服务设计**。微服务中服务边界的划分一定是从业务的维度，以什么样的服务颗粒度定义服务？以什么样的数据模型支撑服务能力的线性扩展？如何保持设计出的服务具有很好的业务前瞻性？在高效满足现有业务需求的前提下，是否能保持整个服务能力的通用性，为接下来其他业务的服务接入提供业务的扩展能力？这些问题都是微服务架构在落地过程中，实施团队都将面临的问题。
- ❑ **原有组织架构是否满足微服务架构持续发展的需要**。服务强调持续的演变，需要组建对应的组织或者对现有的组织架构进行调整，围绕以服务为中心的持续运营，这对于很多企业原有的信息中心架构是一个不大的冲击和改变。

总结来说，微服务不是“免费的午餐”，当越来越多人意识到这种架构给业务响应和创新带来高效助推能力的时候，也需要深刻了解微服务架构建设中和建设后所将面临的一系列问题，这需要一个专业的团队和平台来保障微服务架构的成功落地。阿里巴巴过去几年从原有传统应用架构转变为今天共享服务体系的架构，本质上是微服务架构建设的过程，这不仅仅是技术上的改变，也是业务不断演变的结果。正所谓“罗马不是一天建成的”，企业如果要构建微服务体系架构，不要期望靠一个项目就能建立起来，需要多一份耐心，通过服务能力在业务发展过程中的不断沉淀，当业务的能力沉淀到一个阶段后，才能真正感受到微服务架构给企业的业务发展带来的长远价值，而这份价值体现出来时，会给企业带来业务高速发展的翅膀，真正让企业的业务发展飞得更快、飞得更远。

Chapter4 第 4 章

共享服务中心建设原则

本章将介绍阿里巴巴共享服务中心的架构，以及在架构转变的过程中，技术团队对如何建设共享服务中心的思考，包括在过去几年建设历程中，我们沉淀出的一些建设原则。

在阿里巴巴集团的中台战略中，共享服务中心是中台架构的基石，如何构建稳定可靠、最高效地支撑上层业务快速创新的共享服务能力是中台战略成功落地的关键。

一般来说，服务能力包括两个层次，一个层次是底层 PaaS 的能力，PaaS 层解决大型架构在分布式、可靠性、可用性、容错、监控以及运维层面上的通用需求；第二个层次是业务能力，业务服务能力提供云化的核心业务支撑能力，这层能力建设的好与坏，直接决定了是否能真正支持上层业务达到敏捷、稳定、高效。

对于如何建设共享服务中心，很多人经常提出以下问题：

- 淘宝的各个服务中心是怎么建设的？
- 我需要几个服务中心，服务中心的边界是什么？有没有一些划分的原则和标准？
- 服务中心应该多大合适？对应的组织团队和流程应该怎么保障？

- 服务中心里面的服务数量应该有多少？粒度应该多大？

下面通过淘宝共享服务中心建设的历程对这些问题做一部分的解答。

4.1 淘宝的共享服务中心概貌

淘宝的共享服务中心包括多个服务中心。最初有四大服务中心：用户中心（UIC）、商品中心（IC）、交易中心（TC）、店铺中心（SC）。随着业务的不断发展，越来越多的服务能力沉淀到了共享服务中心，比如后期的物流中心、营销中心、数据服务中心等。接下来就对历史最为“悠久”的四大服务中心做一个介绍，使读者快速了解服务中心的概貌。

1. 用户中心

用户中心是淘宝进行业务服务化历程中所构建的第一个服务中心，它统一了淘宝原来的各个业务线分散的用户体系，统一了用户数据、存储和服务接口。选择用户中心作为第一个建设的服务中心主要的原因是，跟用户相关的服务是被上层业务调用最频繁的服务，最大效率节省开发和维护成本的同时，也最能验证出服务化后和系统解耦后给业务快速响应带来的效果。另一个原因则是用户中心相比于商品、交易中心在业务复杂程度和重要性上都要小一些，所以对于采用新架构进行的重构尝试，能将服务化改造的风险降到比较低的水准。

用户中心构建了整个阿里巴巴集团统一的用户体系，用户中心服务提供了统一的服务接口，即简化了上层业务的使用，也方便了接下来对用户的大数据分析。同时成立了专门负责用户中心运营的团队后，显著提升了对业务需求的响应效率；系统在实现解耦后，服务的稳定性和可扩展性都得到了极大的提高。事实证明，建立用户中心是淘宝在进行服务化尝试过程中一个具有里程碑意义的事件。

2. 商品中心

淘宝的商品中心建设非常有代表意义，淘宝是平台型的电商，商品管理其实是最复杂的业务场景之一。原因有以下几个。

首先，商品数据量大，淘宝有十几亿的商品，每天新增的商品量可能比有些电商商品的总量还大。其次，卖家众多，卖家的电脑技能、对电商的认识以及全国不同地域卖家对同一件商品的叫法都可能有很大差异，这导致了商品发布是个很大麻烦，一套统一的商品发布体系很难同时满足各种卖家（B和C）的需求。第三，商品数据是电商导购的入口，对数据质量有很高的要求，而且这些数据商品搜索的数据源，可以想象，如果搜索出来的商品数据杂乱无章，用户怎么可能下单，所以建设高质量的商品数据库是商品管理的重要课题。第四，类目运营小二要根据商品的分析数据来优化商品的前端类目结构。所有这些都是淘宝的商品体系面对的难题。而且随着业务的发展，还有更多更艰巨的挑战需要面对。

因此，建立淘宝的商品中心从一开始就注定了是一条不平凡之路。商品库的数据库管理难度最大，商品中心需要对上层提供的服务能力包括以下几个方面：

- **商品描述能力**。商品描述能力主要包括三方面，一是商品的描述数据模型，具体就是类目属性体系、SPU、SKU等，这用于为整个商品建立一个统一的、灵活的、易于使用的商品数据模型；二是商品的存储模型，就是商品数据在数据库中的存储结构；三是对外提供的服务接口，上层业务通过服务接口操作商品数据。这一部分的能力屏蔽了商品内部的实现细节，简化了上层业务操作商品数据。
- **商品发布能力**。对上层业务来说，商品发布能力其实是一个个性化需求比较大的能力，比如B端商家需要通过Open API直接对接现在企业的商品进销存系统；C端小商家直接使用浏览器能进行发布；C端大商家可能更喜欢使用C/S客户端的方式发布；无线端用户可能更喜欢轻量级的发布，用APP或者手机扫码就能发布。所以发布能力在商品中心是提供通用的发布服务接口和标准的发布工具，业务层自己会根据业务需求提供满足业务需求的发布工具。从这个场景大家可以感受到服务与业务的边界，“服务中心一定是实现通用的能力，个性化尽量在业务层实现”。
- **商品管理能力**。管理一个超过10多亿数量的商品库绝对是一个非常有难度的事，淘宝的商品是个百科全书，号称“只有你想不到，没有你找不到”，这个商品库的组织管理比世界上最大的图书馆管理难度还要大。第 ，商品数据每天都在更新，而且量很大；第二，商品的类目总是在跟着时代变化，比如原来商品主要就是实体百货类，后来增加了汽车类，再后来又有了服务类商品，再后来又有了智能设备类，商品的类目以及描述都在随着每天新进入的商品和市场的变化在改变。

淘宝有全世界最大的商品库，所以商品 SPU 数据必须自己建设。因为任何一个机构都不能提供这么全面的 SPU 数据，而且不同行业，不同商家提供的这种数据也千差万别，所以这个 SPU 库也只能自己建设，自己维护。

- **商品巡检的能力**。商品都是有生命周期的，用户发布的商品如果太长时间没有管理，用户本身也长时间没有登录，那这种非活跃卖家可能本身就不再经营店铺了。要能识别这种商品，从活跃商品库中剔除，否则不但浪费大量的计算和存储资源，还给买家带来极其糟糕的用户体验。

  有些卖家为了利用淘宝商品的搜索引擎排序规则，会为商品加上一些热门的搜索词，这些词严重干扰搜索的准确率，要能发现这类违规的描述；有些卖家描述商品使用比较随意的文字，与淘宝的商品描述体系中其他用户的认知不一致，系统要能发现并纠正用户的这种随意行为。
- **商品数据数据分析的能力**。运营小二要进行日常运营、营销活动、类目调整，都需要数据的支持，商品中心能自动聚合推荐的类目数据并提供调整的决策支持。在淘宝这种平台型的电商体系下，针对商品的大数据能力是必须要求的。
- **商品评价的能力**。成功交易的订单，淘宝引入了商品评价体系可以评论商品和卖家，评价中心的职责就是要识别正常的评价，剔除恶意的差评与好评，从而建立更公平的商品评价体系。

前期的淘宝商品中心就由这 5 大领域的能力构成，虽然名字只是一个商品中心，但是整个商品中心团队聚合了一大批运营、产品、研发、大数据方面的业务专家。

3. 交易中心

交易中心是电商的交易业务领域的服务中心，包含交易相关的服务信息，比如购物车、交易流程、订单管理、支持、结算、营销等。初期，淘宝的交易中心聚合了很多相关的业务服务，后来随着业务的发展，交易中心有了相应的调整，比如后来拆分出来了营销中心。服务中心都是这样动态发展进化的过程，比如由于天猫业务的发展，对库存有了更高的要求，所以后来从商品中心独立出来了库存中心。

4. 店铺中心

店铺中心承担了卖家店铺管理、店铺装修、店铺生命周期管理、店铺日常管理等业务，在店铺体系下，发展了淘宝最具活力的第三方店铺装修市场，这是平台化的最好实践。

4.2 什么是服务中心

从传统架构的角度来看，很多人对服务中心的认识很容易形成一个固化的静态概念，认为服务中心就是一个提供服务的模块，做好了就一劳永逸，以后只要躺在服务中心上可以睡安稳觉，这是对服务中心一个最大的误解。

服务中心更应该是一个充满生命力的个体，在整个体系中承担自己专门的职能，跟随整个体系一起发展进化。不过这个个体有很强的自我意识，有更大的发展自由度。

我们从下面几个角度澄清一下服务中心的概念。

1. 服务中心一定是不断发展的

服务和服务中心都是伴随业务发展变化的，淘宝的共享服务体系的发展如图 4-1 所示。

从图中可以看到，淘宝的服务化架构也是逐步推进的，从最开始尝到服务化的甜头，到第二阶段全面推进服务化架构，建立共享业务事业部，再到第三阶段，由于上层业务的需求多样化以及对服务层提出更多定制化以及业务快速反应的需求，部分服务中心就逐步向平台化的方面演进。注意，这里的平台化还是基于服务体系，不过是为了更好地快速支持上层个性化业务以及原来业务的变化。

从淘宝共享服务中心演变的过程，我们可以看出业务架构是能反映业务变化的，服务中心作为共享架构的核心元素一定也会体现出这种变化，所以不做过于超前的设计，也不做过于理想化的架构。

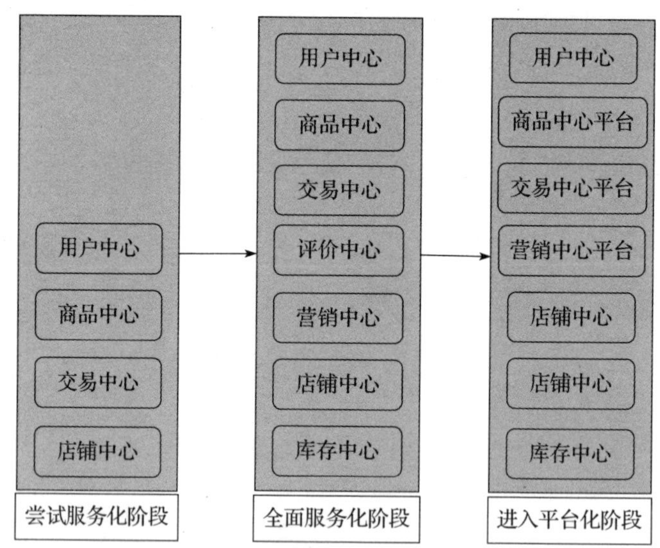

图 4-1 淘宝共享服务中心建设历程

2. 服务中心中的服务形态多样性

有些人理解的服务中心是狭义的接口服务，这比较片面化，接口是服务最主要的形式。如果服务中心的服务都完全拘泥于接口这种形式，那又大大局限了服务中心的服务能力，或者会增加上层业务的使用成本。

淘宝商品中心的商品发布能直接提供用户操作界面，商品的类目管理也会有淘宝小二操作的界面，类似的交易中心、营销中心都提供界面形式的服务能力。

服务中心提供的服务能力不拘泥于形式，从大类来看，可以分成以下三类：

- **依赖于接口的服务**：这类服务是上层应用提供编程接口，接口可以是 RPC，也可以是基于 Web API 的，从整体上来看，这里尽量统一会带来整体结构的简化。
- **依赖于工具的服务**：这类服务有两类，一类用于提供定制的配置服务，比如淘宝商品中心要设置前台类目体系，交易中心要配置业务的交易流程；另二类是运营管理类的工具，比如商品巡检服务。
- **依赖于数据的服务**：这里的服务主要是指对大数据的分析能力，实时交易型的数据能力一定要通过接口服务对外暴露。

3. 一个服务中心可以进一步划分吗

回答是肯定的，服务中心是业务领域的概念，落地到业务架构上并不需要一一对应。服务中心是根据业务和数据的完整性与独立性来设立的，服务中心包含的子模块更多是从系统设计和业务架构层面来考虑的。我们认为，现实的业务往往不是那么简单，往往需要多个子服务模块协作配合才能更好地实现服务中心对外服务效率的最大化。所以在真实的服务中心场景中，以下两种形态都是正常的：单个服务模块、多个服务模块，参见图 4-2。

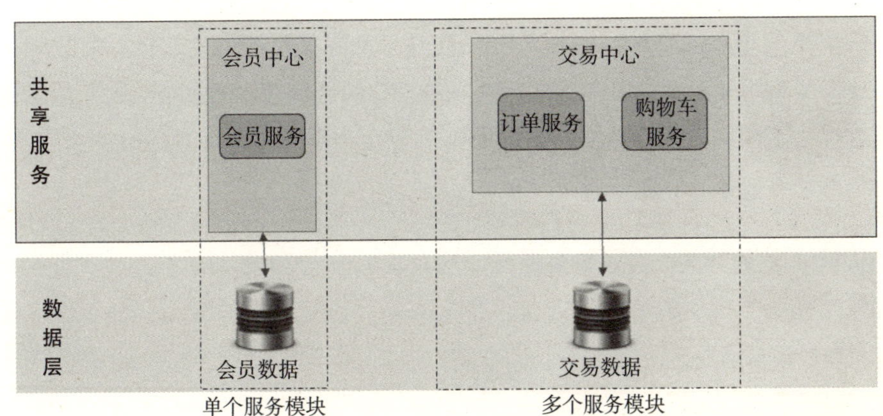

图 4-2 服务中心的不同组成形式

4.3 服务中心的划分原则

确切地说，服务中心的划分原则更多的是架构设计经验总结，我们很难对一些具体的问题给一个精确的量化指标，但有一点，我很反对现在微服务中的 LOC（Line Of Code）这种指标，即用代码的行数来衡量一个微服务落地的标准。架构本来就是一个追求平衡的艺术，不仅是设计原则上的平衡，还要在技术、成本、资源、性能、团队等各方面进行平衡，以最高效地解决主要问题。我认为这也是一名优秀架构师的必备特质，偏执地追求一个维度的完美肯定会在其他方面付出代价。

从服务中心设计来看，一定要兼顾三个方面的需求，如图 4-3 所示。如果不能兼得，就抓住需要解决的主要矛盾。

图 4-3　服务中心建设要考量的三个重要方面

共享服务中心的架构目的是通过业务拆分来降低系统的复杂性；通过服务共享来提供可重用性；通过服务化来达到业务支持的敏捷性；通过统一的数据架构来消除数据交互的屏障。所以，所有的原则和方法都是为了这些目标服务的，“以终为始”再来看服务中心建设的原则和方法就会明确很多。

从**设计**层面来看，主要是要遵循面向对象的分析和设计的方法，即业务和系统建模遵循面向对象的基本原则，这些是多年软件工程学的沉淀，服务化不是开创一套新的设计方法，而是一个指路的明灯。

从**运营**层面来看，服务中心应该是一个完整的业务模型，要有数据运营和业务整合的价值，前面在介绍淘宝的服务中心时，一直在强调服务中心的发展变化性和可运营性，比如淘宝的商品中心，绝对不只是简单的商品增删改查的服务接口，而是建立一个全球最大的商品库，同时提供该商品库的管理运营的方法和配套工具服务。当然淘宝的商品中心建立成这样是淘宝的电商业务决定的，并不意味着其他业务系统也要按这样的标准去建立自己的商品中心，一切要根据业务来做判断。

从**工程**层面来看，共享服务的架构是基于分布式架构，分布式架构解决了一体化架构在大规模应用上的问题，但是也引入了分布式事务、问题排查等方面的一些难题，所以在规划服务中心的时候，一定要综合评估业务层对服务中心在数据库、业务以及运营方面的需求和技术上需要的投入。不能图一时之快把业务拆得非常彻底，到最后却不得不用很大资源投入来解决技术上面对的问题。

总体上，我们从这三个维度出发来决定服务中心的设计和评估。下面我们具体介绍在实际项目中总结的一些基本原则。

1. 高内聚、低耦合原则

这是系统设计一开始就会强调的一个基本原则，不过很多时候在实践中我们都在不知不觉中就违背了这个原则。高内聚是从服务中心的业务界域来说的，在一个服务中心内的业务应该是相关性很高、依赖性很高的；而服务中心之间应该是业务隔离性比较大的，即追求尽可能的低耦合。注意这里的业务隔离性是从应用场景来说的。

举一个例子，很多应用一般都有一个会员中心。在会员的业务中，会用营销手段来保持会员的忠诚度和活跃度，有些用户会倾向于把积分独立出来建立一个独立的积分中心或者放到营销中心；有些用户会觉得积分直接放在会员中心和会员等级挂钩。如果是你的系统，你会选择怎么做？其实，从之前的项目实践来看，一般建议用户先不要独立成立积分中心，因为拆分出一个积分中心，意味着你把会员服务的粒度缩小了，但是你的积分业务还不足够丰富的时候其实就只剩下增、删、改查的服务需求，对这种服务，不建议一开始就独立出来一个服务中心，还是等积分相关业务发展到足够丰富或者对其他业务中心的影响已经不可忽略的时候再去拆分，也不迟。

2. 数据完整性原则

这个原则其实和上面的“高内聚、低耦合”一脉相承，是把这个思想穿透到数据模型层面，因为服务化架构一个很重要的业务价值就是数据模型统一。这里特别想强调大数据的思维，不光只是业务逻辑的关键数据，还要考虑到业务的相关性数据；不光是实时在线数据，还要考虑到离线计算的数据。

3. 业务可运营性原则

服务中心首先是从业务出发，单纯的技术层面抽象出来的服务框架一般不作为一个可运营的服务中心。单纯的技术型的服务中心可以存在，但不是这里讨论的重点，我们期望服务中心是承载业务逻辑、沉淀业务数据、产生业务价值的业务单元。

业务的运营性有两个层面含义，一是指业务本身的活力，当业务处于快速生长期，这时候的运营目标是满足上层的业务需求，这个时候属于沉淀阶段；第二个层面的运营是指业务内部的孕育出来的创新想法，比如淘宝基于大数据分析技术生长起来的商品巡检技术、前台类目自动聚合推荐技术等。数据模型统一之后，可用很低成本把大数据技术引入到服务中心的架构中，让数据来源、数据分析、业务生产可以自然形成闭环。所以能否用大数据能力提升运营水平是服务中心原则之一。

4. 渐进性的建设原则

渐进性的建设原则是从降低风险和实施难度这个角度出发，服务化架构本来就是一种敏捷的实践，我们推荐小步快跑的方式逐步推进，不是轰轰烈烈地推翻重来。其实在分布式架构体系下，在企业互联网架构体系下，试错的成本已经降到足够低，渐进式的建设也是服务中心建设的一个重要原则。

有些人会觉得服务中心是基础服务，应该是非常稳定的，所以一开始规划设计的时候应用了太多的设计原则，最后从设计上看的确很清晰，但是在实施阶段，可能会碰到拆得过细导致延时太长的问题，数据过于分散导致数据库性能的问题、分布式事务的问题、服务接口过于庞大的问题。实践证明这些都不是好的服务化实践。我们推荐服务化设计从简单开始，只有真实的业务需求才会锤炼出稳定可靠的共享服务。

Chapter5 第 5 章

数据拆分实现数据库能力线性扩展

服务中心将在很长一段时间内承载着整个企业对该服务领域所有服务请求的支持，如何保证建设的服务中心的服务能力能很好地支撑将来任何业务场景的访问性能的要求？这是服务中心建设过程中首先需要考虑的问题，而数据库则是最容易产生性能瓶颈的服务组件。本章详细介绍淘宝如何基于数据库分库分表的方式，利用分布式数据库平台解决数据库瓶颈问题，包括在进行数据库改造的过程中如何进行数据分库分表设计的最佳实践。

5.1 数据库瓶颈阻碍业务的持续发展

在淘宝平台向共享服务体系改造的过程中，通过各个服务中心拥有各自独立数据库的方式，即采用数据垂直分区的方式对业务数据进行分区，确实在很大程度上缓解了当时数据库连接数资源捉襟见肘和数据库因为表多、数据多造成的性能等问题。从当时淘宝业务突飞猛进式的发展势头来看，单一服务中心的数据访问压力也必然很快会达到单机数据库的承载上限，所以在进行服务化改造的同一时间段内，淘宝技术团队也开始了对数据库能力扩展的工作。

首先实施的是数据库的读写分离（如图 5-1 所示）。读写分离基本原理是让主数据库处理事务性增、改、删（INSERT、UPDATE、DELETE）操作，而从数据库专门负责处理查询（SELECT）操作，在数据库的后台会把事务性操作导致的主数据库中的数据变更同步到集群中的从数据库。

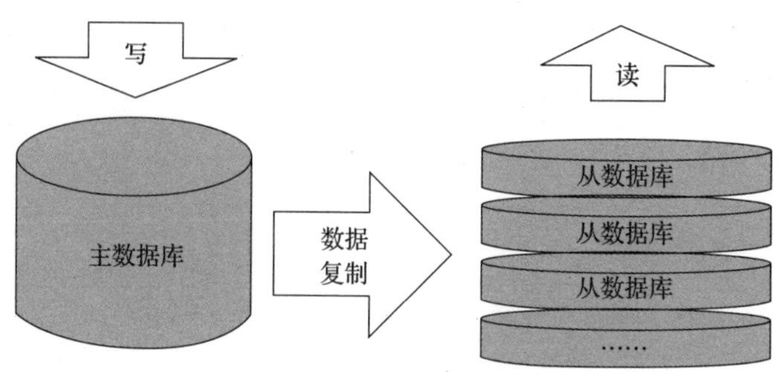

图 5-1 采用读写分离方式扩展数据库读写能力

采用读写分离的方式，拓展了数据库对数据读的处理能力，整体上也大大提升了数据库的读写能力。但这样的架构在主数据库的数据写入能力依然没法扩展，一旦数据库写压力比较大时，则对整个平台带来非常大的影响。而且数据库单表的数据量是有限制的，当单表数据量达到一定数量后数据库性能会出现显著下降的情况，所以简单的读写分离方案并不能满足淘宝业务发展的要求。

基于数据库分区的思路，当出现单个表的数据量很大的情况，则需要采用水平分区的方式对数据进行拆分，即将同一个表中的不同数据拆分到不同的数据库中，以用户中心的应用为例（如图 5-2 所示），淘宝平台的用户量已接近 6 亿，将所有用户的信息保存到 MySQL 数据库上，如果不采用数据水平拆分的方式，这 6 亿条数据且不说数据的读写访问性能，就连存到一个数据库的单表中都是不可能的一件事。在图 5-2 中，示意了对用户数据按照用户 ID 进行 hash 取模的方式实现用户数据平均分布在 8 个（对 6 亿数据进行拆分的数据库数量会远大于 8 个，在此只为示意）数据库中，确保了单个数据库中保存的数据量在单机数据库能提供良好读写性能的范围之内。

单单对数据进行拆分的操作本身不复杂，但在很多实际的业务场景中，不可避免会出现跨库的表 join、事务操作，以及数据的统计、排序等情况，而且数据进行了拆分后，对于数据库的运维管控也提出了更高的要求。为了更好地在数据库层面支持好淘宝的业务，在 2008 年，阿里巴巴内部开始了分布式数据库的研发工作，相关的平台和工具陆续登上了淘宝技术发展史的历史舞台。

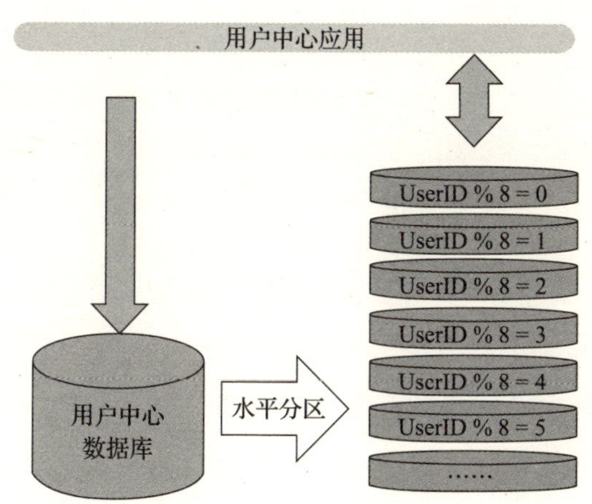

图 5-2 用户数据按用户 ID 取模进行数据均衡拆分

5.2 数据库分库分表的实践

1. 阿里巴巴分布式数据层平台发展和演变

业务数据从原来的单库单表模式变成了数据被拆分到多个数据库，甚至多个表中，如果在数据访问层做一下功能的封装和管控，所有分库分表的逻辑和数据的跨库操作都交给应用的开发人员来实现，则对开发人员的要求变得相对高一点，稍有不慎，可能会对平台的业务包括数据带来较大的影响。

在 2006 年阿里巴巴 B2B 团队以开源方式研发了 Cobar 这一关系型数据的分布式处理系统。该系统在很大程度上解决了最初使用 Oracle 数据库因为存储数据变得越来越大带来的扩展性问题，并且为开发人员提供了一个使用相对简单的用户体验，在当时 Cobar 平均每天处理近 50 亿次的 SQL 操作。但随着阿里巴巴业务场景越来越复杂，Cobar 平台功能上的约束对满足某些业务场景显得力不从心，例如：

1）不支持跨库情况下的连接、分页、排序、子查询操作。

2）SET 语句执行会被忽略，处理事务和字符集设置除外。

3）分库情况下，insert 语句必须包含拆分字段列名。

4）分库情况下，update 语句不能更新拆分字段的值。

5）不支持 SAVEPOINT 操作。

6）使用 JDBC 时，不支持 rewriteBatchedStatements=true 参数设置（默认为

false）。

7）使用 JDBC 时，不支持 useServerPrepStmts=true 参数设置（默认为 false）。

8）使用 JDBC 时，BLOB、BINARY、VARBINARY 字段不能使用 setBlob() 或 setBinaryStream() 方法设置参数。

2008 年阿里巴巴内部基于淘宝业务发展的需要，在 Cobar 的基础上重新研发了分布式数据层框架 TDDL（Taobao Distributed Data Layer，外号：头都大了），针对分库分表场景，提供了对各种业务场景的支持更加完善，开发人员体验更加友好，管控能力大幅提升。

目前 TDDL 已经成为阿里巴巴集团内部业务默认使用的分布式数据层中间件，支撑着今天阿里巴巴上千个应用，平均每天 SQL 调用超千亿次。从架构角度（如图 5-3 所示），TDDL 沿袭了 Cobar 之前在应用和后端数据库之间的定位，通过增加对 SQL 的解析实现了更为精准的路由控制，以及对跨库 join、统计等计算的支持，弥补了之前 Cobar 在功能上的约束和限制，成为一个完整支持 SQL 语法兼容的平台。

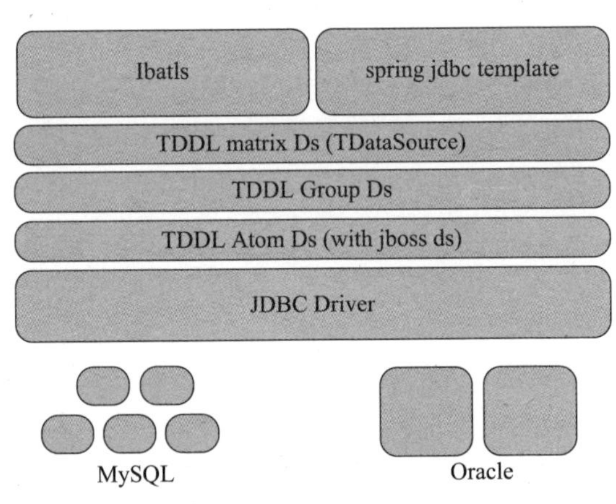

图 5-3 TDDL 架构示意图

- 三层数据源每层都按 JDBC 规范实现，使得对前端应用没有任何代码侵入。
- Matrix 层（TDataSource）实现分库分表逻辑，底下持有多个 GroupDs 实例。
- Group 层（TGroupDataSource）实现数据库的主备 / 读写分离逻辑，底下持有多个 AtomDs 实例。

- ❑ Atom 层（TAtomDataSource）实现数据库连接（ip、port、password、connectionProperties）等信息的动态推送，持有原子的数据源。

通过 TDDL 实现一次来自应用的 SQL 请求，完整的交互流程（如图 5-4 所示）中体现了各个服务组件所起到的作用。

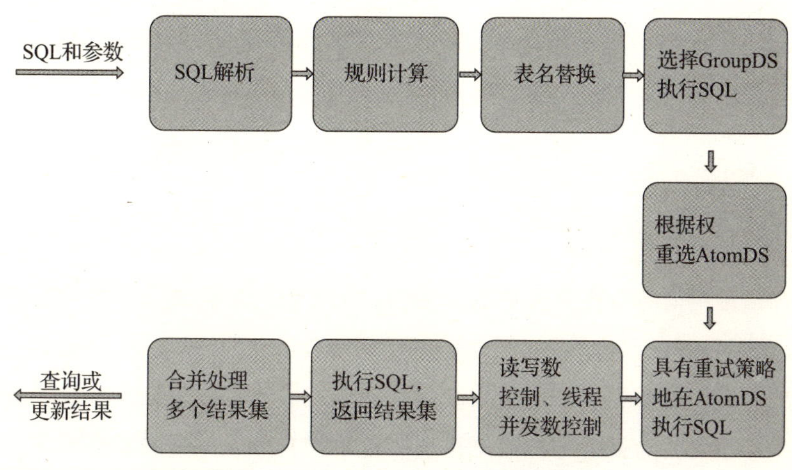

图 5-4　TDDL 针对一次 SQL 请求完整处理流程

正是因为有了这样的架构和设计，特别是增加了对 SQL 语义的解析，使得 TDDL 相比之前的 Cobar 在功能上提升了一个新的层级，对于 Cobar 不支持的跨库数据聚合、子查询、group by、order by 等特性都有了很好的支持，从而成为在分库分表技术业界被很多技术同仁认可的一套分布式数据层框架，总结来说，TDDL 提供了以下功能：

- ❑ 数据库主备和动态切换。
- ❑ 带权重的读写分离。
- ❑ 单线程读重试。
- ❑ 集中式数据源信息管理和动态变更。
- ❑ 支持 MySQL 和 Oracle 数据库。
- ❑ 基于 JDBC 规范，很容易扩展支持实现 JDBC 规范的数据源。
- ❑ 无 Server、client-jar 形式存在，应用直连数据库。

- ❑ 读写次数，并发度流程控制，动态变更。
- ❑ 可分析的日志打印，日志流控，动态变更。

随着阿里巴巴集团业务的多元化，特别是对于除电商领域以外业务的不断扩展和并购，TDDL 这种无 Server 的模式对于故障的定位和对运行环境的要求（必须是阿里巴巴内部服务环境），支持这些新兴业务有了不少困难，所以在 2014 年，阿里巴巴已经研发出新一代分布式数据库产品 DRDS（Distributed Relational Database Service），该产品相比 TDDL 在业务场景的支持、故障的定位、运维管控等方面又有了一个全面的提升，今天 DRDS 已经成为阿里云上用于解决关系型数据库线性扩展问题的标准云产品，服务了几百家阿里巴巴集团外部的客户。

2. 数据尽可能平均拆分

不管是采用何种分库分表框架或平台，其核心的思路都是将原本保存在单表中太大的数据进行拆分，将这些数据分散保存到多个数据库的多个表中，避免因为单表数据太大给数据的访问带来读写性能的问题。所以在分库分表场景下，最重要的一个原则就是被拆分的数据尽可能地平均拆分到后端的数据库中，如果拆分得不均匀，还会产生数据访问热点，同样存在热点数据因为增长过快而又面临数据单表数据过大的问题。

而对于数据以什么样的维度进行拆分，大家看到很多场景中都是对业务数据的 ID（大部分场景此 ID 是以自增的方式）进行哈希取模的方式将数据进行平均拆分，这个简单的方式确实在很多场景下都是非常合适的拆分方法，但并不是在所有的场景中这样拆分的方式都是最优选择。也就是说数据如何拆分并没有所谓的金科玉律，更多的是需要结合业务数据的结构和业务场景来决定。

下面以大家最熟悉的电商订单数据拆分为例，订单是任何一个电商平台中都会有的业务数据，每个淘宝或天猫用户在平台上提交订单后都会在平台后端生成订单相关的数据，一般记录一条订单数据的数据库表结构如图 5-5 所示。

订单数据主要由三张数据库表组成，主订单表对应的就是用户的一个订单，每提交一次都会生成一个主订单表的数据。在有些情况下，用户可能在一个订单中选择不同卖家的商品，而每个卖家又会按照该订单中是自己提供的商品计算相关的商品优惠（比如满 88 元免快递费）以及安排相关的物流配送，所以会出现子订单的概念，即一个主订单会由多个子订单组成，而真正对应到具体每个商品的订单信息，则是保存在订单详情表中。

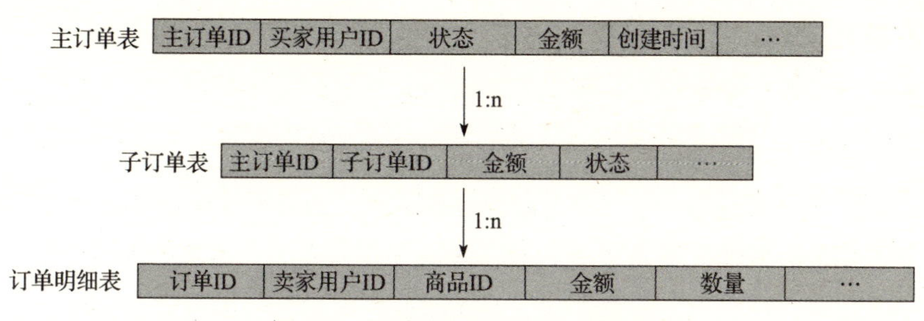

图 5-5　订单相关数据表结构示意

如果一个电商平台的业务发展健康的话，订单数据就比较容易出现因为单个数据库表中的数据太大而造成的性能瓶颈，所以需要对它进行数据库的拆分。此时从理论上对订单拆分是可以由两个维度进行的，一个维度是通过订单 ID（一般为自增 ID）取模的方式，即以订单 ID 为分库分表键；一个是通过买家用户 ID 的维度进行哈希取模，即以买家用户 ID 为分库分表键。

两种方案做一下对比：

- 如果是按照订单 ID 取模的方式，比如按 64 取模，则可以保证主订单数据以及相关的子订单、订单详情数据平均落入到后端的 64 个数据库中，原则上很好地满足了数据尽可能平均拆分的原则。
- 通过采用买家用户 ID 哈希取模的方式，比如也是按 64 取模，技术上则也能保证订单数据拆分到后端的 64 个数据库中，但这里就会出现一个业务场景中带来的一个问题，就是如果有些卖家是交易量非常大的（这样的群体不在少数），那这些卖家产生的订单数据量（特别是订单详情表的数据量）会比其他卖家要多出不少，也就是会出现数据不平均的现象，最终导致这些卖家的订单数据所在的数据库会相对其他数据库提早进入到数据归档（为了避免在线交易数据库的数据的增大带来数据库性能问题，淘宝将 3 个月内的订单数据保存进在线交易数据库中，超过 3 个月的订单会归档到后端专门的归档数据库）。

所以从对“数据尽可能平均拆分”这条原则来看，按照订单ID取模的方式看起来是更能保证订单数据进行平均拆分，但我们暂且不要这么快下结论，让我们继续从下面几条原则和最佳实践角度多思考不同的拆分维度带来的优缺点。

3. 尽量减少事务边界

不管是TDDL平台还是DRDS，采用分库分表的方式将业务数据拆分后，如果每一条SQL语句中都能带有分库分表键，如图5-6所示是以自增的订单ID以8取模，将订单平均分布到8个数据库的订单表中，通过分布式服务层在对于SQL解析后都能精准地将这条SQL语句推送到该数据所在的数据库上执行，数据库将执行的结果再返回给分布式服务层，分布式服务层再将结果返回给应用，整个数据库访问的过程跟之前的单机数据库操作没有任何差别。这个是在数据进行了分库分表拆分后，SQL语句执行效率最高的方式。

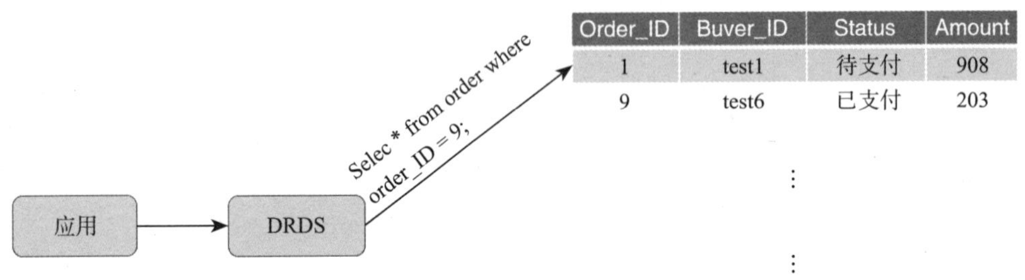

图5-6 DRDS对带分库分表键的SQL请求处理

但不是所有的业务场景在进行数据库访问时每次都能带分库分表键的。比如在买家中心的界面中，要显示买家test1过去三个月的订单列表信息，因为该买家test1的订单按订单ID取模的方式分布到了不同的数据库中，此时SQL语句中就没有了分库分表键值，则出现了如图5-7所示的情况，分布式数据层会将获取test1订单的SQL语句推送到后端所有数据库中执行，然后将后端数据库返回的结果在分布式数据层进行聚合后再返回给前端应用。

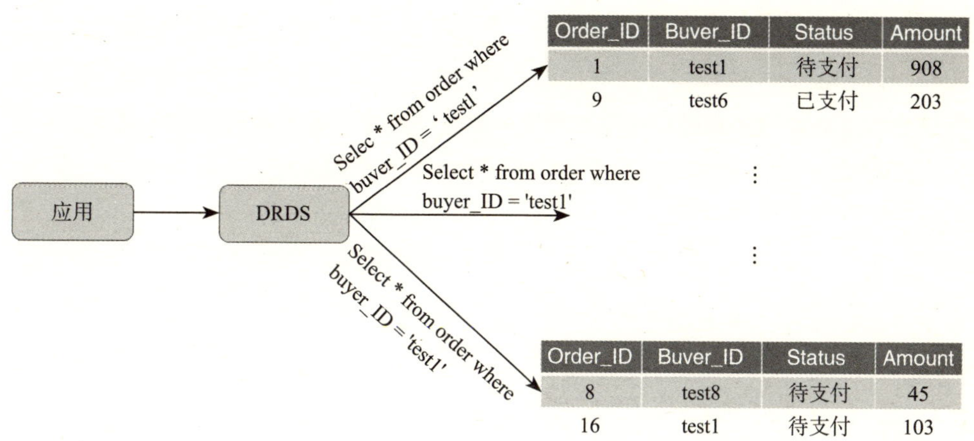

图 5-7　DRDS 对不带分库分表键的 SQL 请求进行全表扫描处理

此时就出现了我们所说的全表扫描。此时我们来解释一下这里“事务边界”的定义，所谓的事务边界即是指单个 SQL 语句在后端数据库上同时执行的数量，上面示例中就是事务边界大的典型示例，即一条 SQL 语句同时被推送到后端所有数据库中运行。事务边界的数量越大，会给系统带来以下弊端：

- **系统的锁冲突概率越高**。如果事务边界大的 SQL 请求比较多，在一次 SQL 请求处理过程中自然对于后端的数据库操作的数据库记录覆盖比较广，当有多个类似的 SQL 请求并行执行时，则出现数据锁造成的资源访问互斥的概率会大大增加。
- **系统越难以扩展**。如果有大量的 SQL 请求都是这样全表扫描，或者从极端角度说明这个问题，如果每一次的 SQL 请求都需要全表扫描执行，你会发现整个平台的数据库连接数量是取决于后端单个数据库的连接能力，也就意味着整个数据库的能力是无法通过增加后端数据库实例来扩展的。所以如果有大量的全表扫描的 SQL 请求对于系统的扩展能力会带来不小的影响。
- **整体性能越低**。对于性能，这里想强调的是对系统整体性能的影响，而不是单次 SQL 的性能。应用发送获取买家 test1 订单列表 SQL 的请求（如图 5-8 步骤①）时，分布式数据层会并行的将这条 SQL 语句推送（如图 5-8 步骤②）到后端 8 台数据库上运行，因为订单数据进行了平均的拆分，单个数据库订单表的数据量大小都使得数据库处于最佳性能表现的状态，所以意味着每一个数据库返回的计算结果都是在一个可期望的时间内（比如 100 毫秒），将结果返回到分布式数据层（如图 5-8 步骤③），分布式数据层将从各个数据库返回来的结果在内存中进行聚合或排序等操作（如图 5-8 步骤④），最后返回订单列表给应用（如图 5-8 步骤⑤）。

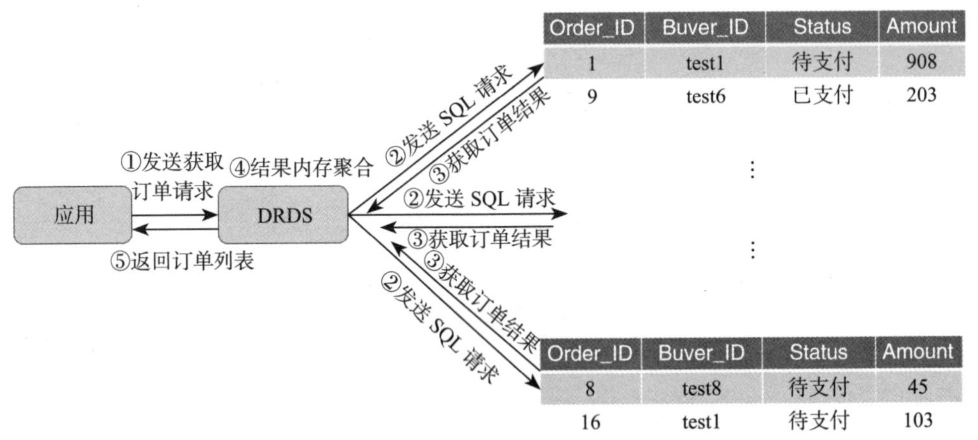

图 5-8　DRDS 对需全表扫描操作的 SQL 请求处理流程

整个 SQL 执行的过程包含了 5 个步骤，仔细看看，你会发现一次带分库分表键执行的 SQL 过程也会经历这 5 个步骤，区别只是在②③步骤是并行的方式同时跟多个后端数据库进行交互，但在时间上带来的影响几乎是毫秒级的；而第④个步骤是可能造成差异的一个点，如果像示例中一个用户的订单信息可能最多几千条，对于几千条数据的内存聚合操作，处理时间也是毫秒级的，所以这样一次全表扫描的操作，用户的体验是完全无感知的，跟访问单机数据库的体验是没有差异的。但如果在第④个步骤中确实遇到对大数据量（比如几十万、几百万条数据）的聚合、排序、分组等计算时，则会占用较大的内存和 CPU 计算资源，如果这样类型的 SQL 请求比较频繁的话，就会给分布式数据层带来较大的资源占用，从而导致整体分布式服务的处理性能受到影响。

很多人对于全表扫描会有一些误解，甚至认为出现全表扫描对于系统来说是完全不能接受的。其实全表扫描在真实的业务场景中很难完全避免（也可以做到完全避免，但会带来其他方面的问题，后面会有说明），对于在分布式数据层的内存中进行数据量不大的聚合这类的 SQL 请求，如果不是高并发同时请求的情况下，比如对订单进行复杂的条件检索，如图 5-9 所示，就一定需要采用全表扫描的方式，将查询语句同时推送到后端的数据库中才能实现该场景的要求，但因为调用不会特别频繁，而且计算的数据量不会太大，所以整体不会给数据库整体性能带来太大的影响。

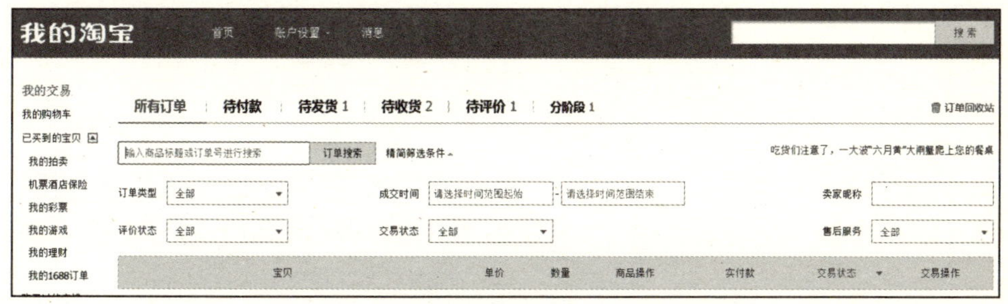

图 5-9　订单搜索是典型的多条件查询场景

如果是高并发情况下同时请求的话，为了数据库整体的扩展能力，则要考虑下面描述的异构索引手段来避免这样的情况发生。对于在内存中要进行大数据量聚合操作和计算的 SQL 请求，如果这类 SQL 的不是大量并发或频繁调用的话，平台本身的性能影响也不会太大，如果这类 SQL 请求有并发或频繁访问的要求，则要考虑采用其他的平台来满足这一类场景的要求，比如 Hadoop 这类做大数据量离线分析的产品，如果应用对请求的实时性要求比较高，则可采用如内存数据库或 HBase 这类平台，这一部分的内容不在本书中讨论。

4. 异构索引表尽量降低全表扫描频率

还是基于订单数据的分库分表场景，按照订单 ID 取模虽然很好地满足了订单数据均匀地保存在后端数据库中，但在买家查看自己订单的业务场景中，就出现了全表扫描的情况，而且买家查看自己订单的请求是非常频繁的，必然给数据库带来扩展或性能的问题，有违"尽量减少事务边界"这一原则。其实这类场景还有很多，比如卖家要查看与自己店铺相关的订单信息，同样也会出现上述所说的大量进行全表扫描的 SQL 请求。

针对这类场景问题，最常用的是采用"异构索引表"的方式解决，即采用异步机制将原表内的每一次创建或更新，都换另一个维度保存一份完整的数据表或索引表。本质上这是互联网公司很多时候都采用的一个解决思路："拿空间换时间"。

也就是应用在创建或更新一条按照订单 ID 为分库分表键的订单数据时，也会再保存一份按照买家 ID 为分库分表键的订单索引数据，如图 5-10 所示，其结果就是同一买家的所有订单索引表都保存在同一数据库中，这就是给订单创建了异构索引表。

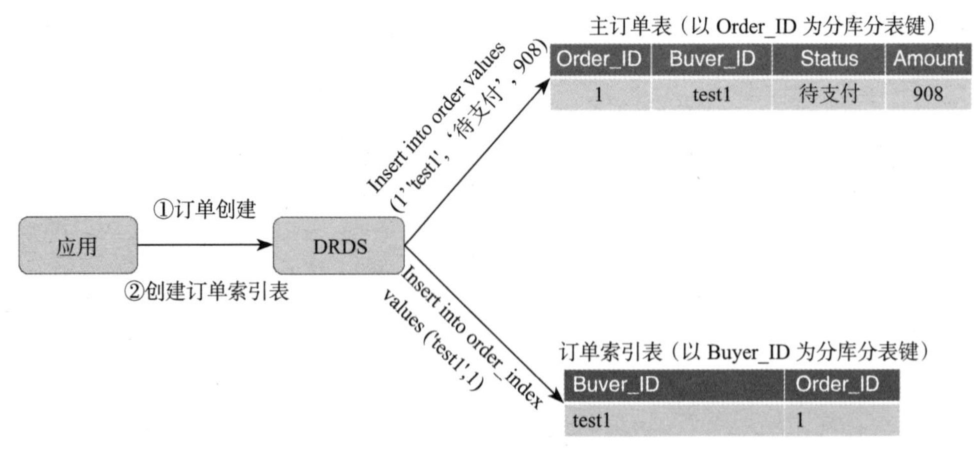

图 5-10 订单异构索引表

这时再来看看买家 test1 在获取订单信息进行页面展现时，应用对于数据库的访问流程就发生了如图的 5-11 变化。

在有了订单索引表后，应用首先会通过当前买家 ID（以图示中 test1 为例），首先到订单索引表中搜索出 test1 的所有订单索引表（步骤①），因为步骤② SQL 请求中带了以 buyer_ID 的分库分表键，所以一次是效率最高的单库访问，获取到了买家 test1 的所有订单索引表列表并由 DRDS 返回到了前端应用（步骤③和④），应用在拿到返回的索引列表后，获取到订单的 ID 列表（1，5，8），在发送一次获取真正订单列表的请求（步骤⑤），同样在步骤⑥的 SQL 语句的条件中带了分库分表键 order_ID 的列表值，所以 DRDS 可以精确地将此 SQL 请求发送到后端包含 in 列表值中订单 ID 的数据库，而不会出现全表扫描的情况，最终通过两次访问效率最高的 SQL 请求代替了之前需要进行全表扫描的问题。

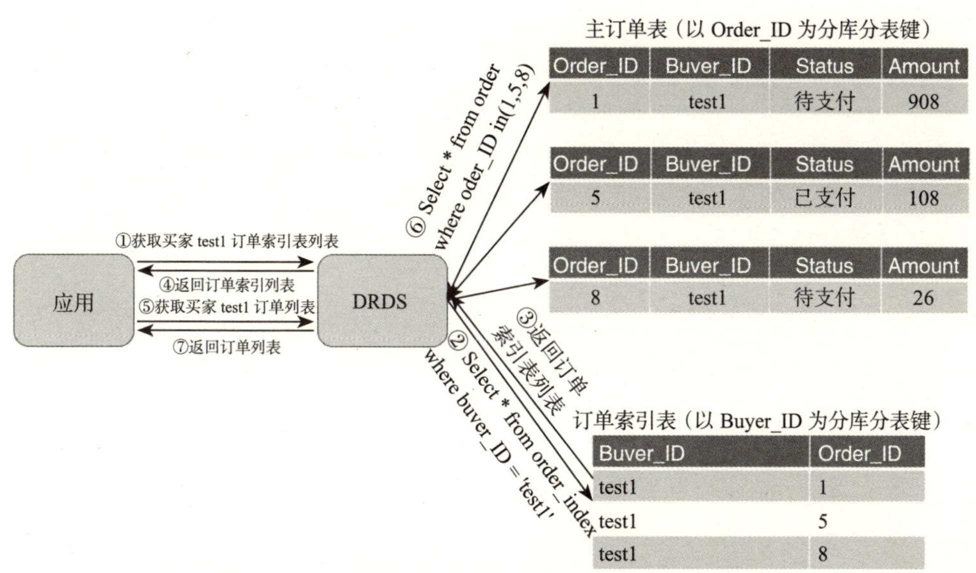

图 5-11 基于订单索引表实现买家订单列表查看流程示意

这时你可能会指出，为什么不是将订单的完整数据按照买家 ID 维度进行一次分库保存，这样就只需要进行一次按买家 ID 维度进行数据库的访问就获取到订单的信息？这是一个好问题，其实淘宝的订单数据就是在异构索引表中全复制的，即订单按照买家 ID 维度进行分库分表的订单索引表跟以订单 ID 维度进行分库分表的订单表中的字段完全一样，这样确实避免了多一次的数据库访问。但一般来说，应用可能会按照多个维度创建多个异构索引表，比如为了避免买家查看自己的订单时频繁进行全表扫描，实际中还会以买家 ID 的维度进行异构索引表的建立，所以采用这样数据全复制的方法会带来大量的数据冗余，从而增加不少数据库存储成本。

另外，在某些场景中，在获取主业务表的列表时，可能需要依赖此业务表所在数据库的子业务表信息，比如订单示例中的主、子订单，因为是以订单 ID 的维度进行了分库分表，所以该订单相关的子订单、订单明细表都会保存在同一个数据库中，如果我们仅仅是对主订单信息做了数据全复制的异构保存，还是通过一次对这张异构表的数据进行查询获取包含了子订单信息的订单列表时，就会出现跨库 join 的问题，其对分布式数据层带来的不良影响其实跟之前所说的全表扫描是一样的。所以我们还是建议采用仅仅做异构索引表，而不是数据全复制，同时采用两次 SQL 请求的方式解决出现全表扫描的问题。

实现对数据的异步索引创建有多种实现方式，一种是从数据库层采用数据复制的方式实现；另一种是如图 5-12 所示在应用层实现，在这一层实现异构索引数据的创建，就必然会带来分布式事务的问题。

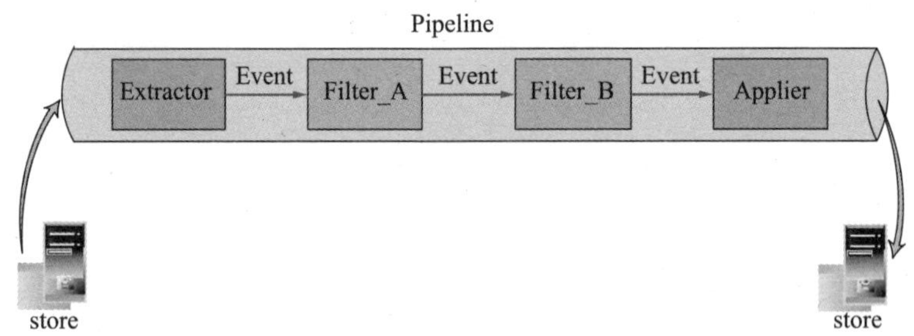

图 5-12 精卫实现数据同步的流程图

这里给大家介绍的是在数据库层实现异构索引的方式，也是阿里巴巴内部目前采用的方式，通过一款名为精卫填海（简称精卫）的产品实现了数据的异构复制。本质上精卫是一个基于 MySQL 的实时数据复制框架，可以通过图形界面配置的方式就可以实现异构数据复制的需求。除了在同步异构索引数据的场景外，可以认为精卫是一个 MySQL 的数据触发器 + 分发管道。

数据从源数据库向目标数据库的过程中，可能需要对数据进行一些过滤和转换，精卫本身的结构分为抽取器（Extractor）、管道（Pipeline）、分发器（Applier），数据从抽取器流入管道，管道中有过滤器可以执行对数据的一些过滤的操作，然后再交由分发器写入到目标，如图 5-12 所示。

精卫平台通过抽取器（Extractor）获取到订单数据创建在 MySQL 数据库中产生的 binlog 日志（binlog 日志会记录对数据发生或潜在发生更改的 SQL 语句，并以二进制的形式保存在磁盘中），并转换为 event 对象，用户可通过精卫自带的过滤器（Filter）（比如字段过滤、转换等）或基于接口自定义开发的过滤器对 event 对象中的数据进行处理，最终通过分发器（Applier）将结果转换为发送给 DRDS 的 SQL 语句，通过精卫实现异构索引数据的过程如图 5-13 所示。

虽然精卫平台在系统设计和提供的功能不算复杂，但其实但凡跟数据相关的平台就不会简单。这里不会对精卫核心的组件和机制做更详细的介绍，只是将精卫多年来能力演变后，目前提供的核心功能做一下介绍，为有志在该领域深耕细作的技术同仁多一些思路和借鉴。

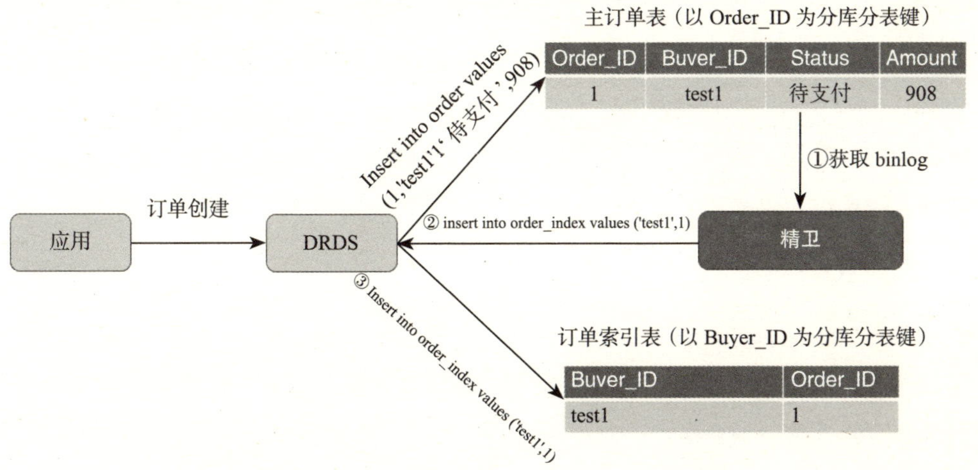

图 5-13　采用精卫平台实现异构索引表流程示意

（1）多线程管道实现

在精卫平台应用的早期，数据的同步均是采用单线程管道任务模式，即如图 5-12 中对 binlog 进行单线程的处理。随着业务的发展，需要同步的数据量越来越大，单纯的单线程管道任务已经成为系统的瓶颈，后来开发了对多线程管道任务的支持（如图 5-14 所示）。

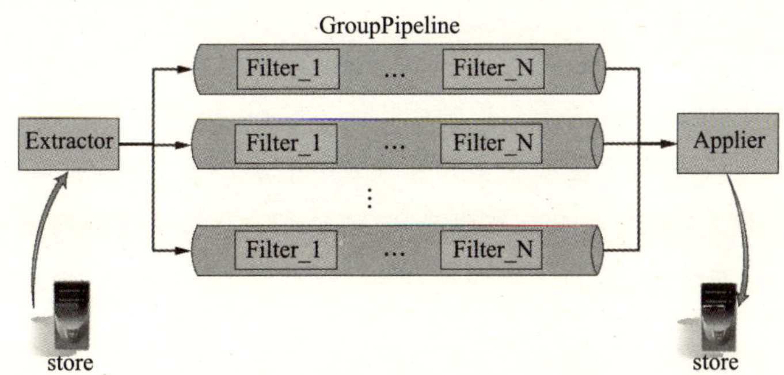

图 5-14　精卫支持多线程管道数据同步

但多线程管道就会带来数据同步的顺序问题。在对 binlog 数据进行多线程并行处理后，就不能保证在源数据库中执行的SQL语句在目标数据库的顺序一致，这样在某些业务场景中一定会出现数据不一致性的问题。对于这个问题，目前精卫中提供的解决思路是保证同一条记录或针对同一分库表发生的数据同步按照顺序执行。

如果最后发送到分布式数据层的SQL语句中没有分库键，则通过对“库名+表名+主键值”哈希后对线程数取模，这样就能让同一条记录的数据同步事件处理都会在同一线程中顺序执行，保证了该记录多次变更的顺序性，但是不保证不同记录间的顺序。如果SQL语句中有分库键，则通过“库名+分库键值”哈希后对线程数取模，效果是保证不同逻辑表针对相同分库逻辑的记录变化顺序。

（2）数据的安全

凡是牵涉数据的操作，数据的安全一定是最重要的。如何保证在分布式环境下同步任务效率最大化，同时保证服务的稳定和数据的安全，是很多此类平台精益求精、力求突破的方向。

平台稳定性保障。为了保证同步任务执行的效率最大化，同时互相不会因为资源会抢占或某些同步任务的异常对其他任务造成影响，在精卫的系统设计中，支持多个服务节点作为任务执行的集群，通过统一的任务调度系统（Zookeeper集群），将任务分配到集群中的各节点并行执行。

为了保证任务间不会因为同步任务性能或异常造成互相的干扰，采用了每个同步任务都是独立Java进程的方式运行，出现异常该任务自动终止。任务调度系统会定期轮询任务列表，发现任务缺少立即抢占式启动该任务。

心跳+报警。运行集群与ZooKeeper采用定时心跳的方式，将集群节点的运行状态以及任务完成的位点（即目前同步任务处理binlog的进度信息）信息同步到Zookeeper上，如果心跳信息异常或位点时间落后过大则立即报警。在抽取器和分发器发生任何错误复制任务立即转变成STANDBY状态，集群中其他机器上的服务在感知后会立即将自己启动，继续执行前一复制任务。

MySQL主备切换。利用比对主备数据库的状态信息，通过以下顺序，采用手工的方式处理MySQL出现主备切换时进行同步任务的恢复：

1）查看新主库的当前位点Show master status，获取到PA状态。

2）查看老主库拉去新主库的位置 Show slave status，获取到 PR 状态。

3）如果 PR>PA，直接用新主库的位点 PA 切换到新主库上读取。

如果希望通过自动化的方式，实现的思路则可利用 binlog 里的 serverId 和时间戳，发现 dump 的 binlog 中的 serverId 发生变化记录变化时间戳，然后在给定的 MySQL 服务器中查找到有同样变化的数据库，根据探测到的 serverId 发生变化的时间戳进行回溯，在新的机器符合条件的位点进行 dump。

MySQL 异常挂掉。利用数据库上 binlog 文件修改时间，按照以下顺序采取手工的方式进行整个文件回溯：

1）在数据库所在的服务器上找到服务挂掉的时间点。

2）到新的主机上查看找到服务挂掉时间点之前最近的 binlog 文件。

3）从这个文件的位点开始进行回溯。

如果希望通过自动化的方式自动进行恢复，可同样借鉴 MySQL 主备切换中提到的自动化实现思路。

（3）友好的用户自服务接入体验

精卫平台是整个电商业务实现数据实时同步复制的统一平台，负责来自上千个不同应用的需求，如果每一个应用的接入都需要平台的技术人员给予入门的培训和支持都是非常大的工作量，也会影响到前端应用的用户体验。所以提供一个用户体验友好，自带常用功能的平台，能针对大部分的业务需求可以让应用方在界面上通过配置的方式就能实现，大大降低接入开发成本。

如图 5-15 所示，精卫平台给应用方客户提供了 Web 的配置界面，可让用户针对需要同步的数据源进行设置，并对数据同步的事件类型（增、删、改）和是否进行分表以及分库分表键列等进行设置。

精卫平台的数据库分发器支持一些高级功能，如字段过滤、字段映射、action 转换等，如果自带功能不满足需求，可以上传包含自己的业务逻辑的过滤代码。这些功能的使用也提供了界面的方式，让用户对源数据库表中的字段如何映射到目标数据库表进行设置（如图 5-16 所示）。

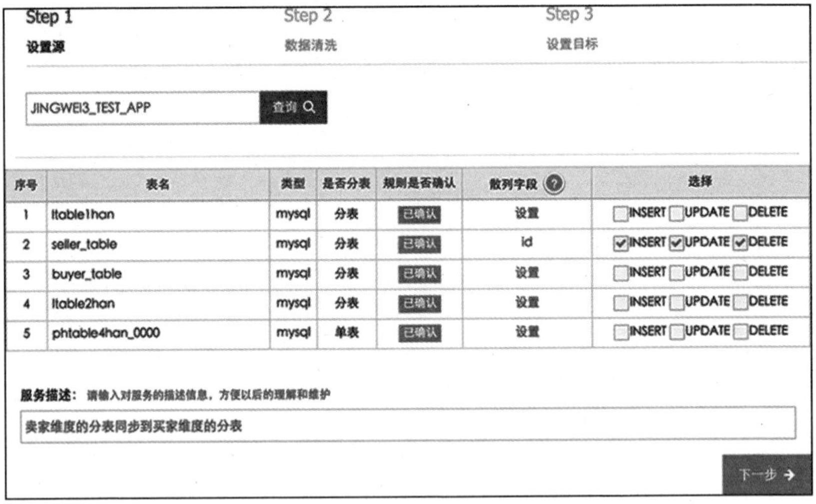

Step 1 设置源　Step 2 数据清洗　Step 3 设置目标

JINGWEI3_TEST_APP 查询

序号	表名	类型	是否分表	规则是否确认	散列字段	选择
1	ltable1han	mysql	分表	已确认	设置	INSERT UPDATE DELETE
2	seller_table	mysql	分表	已确认	id	☑INSERT ☑UPDATE ☑DELETE
3	buyer_table	mysql	分表	已确认	设置	INSERT UPDATE DELETE
4	ltable2han	mysql	分表	已确认	设置	INSERT UPDATE DELETE
5	phtable4han_0000	mysql	单表	已确认	设置	INSERT UPDATE DELETE

服务描述：请输入对服务的描述信息，方便以后的理解和维护

卖家维度的分表同步到买家维度的分表

下一步 →

图 5-15　精卫支持界面配置不同数据源间的数据同步

Step 1 设置源　Step 2 数据清洗　Step 3 设置目标

源　　目标

appName JINGWEI3_TEST_APP　　appName JINGWEI3_TEST_APP

目标可以指定另外的 appName

seller_table 分表

源表 seller_table　　目标表 buyer_table

字段映射

包含	源表字段	目标表字段	
✔	id（主键）	id	设置映射字段
✖	gmt_modified	gmt_modified	设置映射字段
✔	buyer_id	buyer_id	设置映射字段
✔	seller_id	seller_id	设置映射字段
✔	name	name	设置映射字段

action转换

源表action类型	转换成目标表action类型	
INSERT	INSERT	设置action类型
UPDATE	UPDATE	设置action类型
DELETE	DELETE	设置action类型

← 上一步　完成

图 5-16　精卫提供的自服务体验提升数据同步服务接入效率

正是有了这样简单易用的用户体验，使得精卫平台在应用的接入效率和用户满意度上都有非常不错的表现。

（4）平台管控和统计

在精卫的平台中，每天都运行着上千亿次的数据同步和复制任务，必然需要对这些任务的执行有一个清晰的管控，甚至可以从中找出对业务数据变化的趋势。实现的方法是定时轮询 Zookeeper 集群中对应任务的节点进行监控，如图 5-17 所示。目前提供以下三个方面监控：

- ❑ 心跳监控。
- ❑ 延迟堆积监控。
- ❑ 任务状态、数据监控（TPS、异常）等。

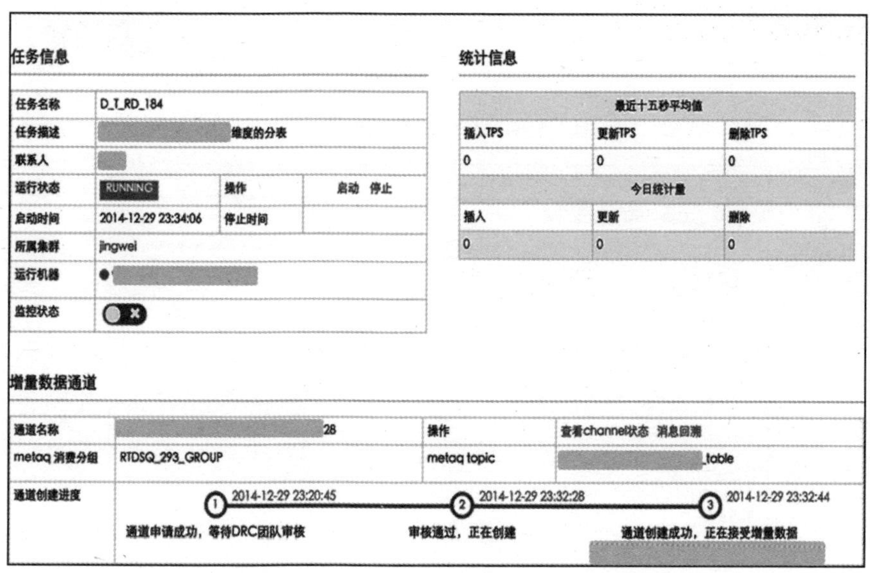

图 5-17　精卫平台提供的数据同步监控

采用类似精卫这样的平台实现数据异构索引的好处是，不需要在各个前端应用层的代码中去实现，只需统一通过精卫平台实现。有了这样专业的平台来实现数据同步的效率、服务高可用性、任务管控、统计等，能提供更好的服务。但设计这样的平台确实需要掌握数据库相关知识，以及任务调度、平台管控等技术，甚至需要在各种复杂场景中逐步打磨和完善技术。所以如果有些企业还没有这样数据同步的专业平台，通常会建议采用通过在应用层实现数据的异构索引，具体实现方式在 6.3 节中重点阐述。

5. 将多条件频繁查询引入搜索引擎平台

采用数据异构索引的方式在实战中基本能解决和避免 90% 以上的跨 join 或全表扫描的情况，是在分布式数据场景下，提升数据库服务性能和处理吞吐能力的最有效技术手段。但在某些场景下，比如淘宝商品的搜索（如图 5-18）和高级搜索（如图 5-19），因为商品搜索几乎是访问淘宝用户都会进行的操作，所以调用非常频繁，如果采用 SQL 语句的方式在商品数据库进行全表扫描的操作，则必然对数据库的整体性能和数据库连接资源带来巨大的压力。

淘宝网
Taobao.com
宝贝
天猫
店铺
千种七夕约会装
搜索
高级
搜索
月饼 牙膏 连衣裙 时尚女包 双肩包 女T恤 男包 妈妈装 拉杆箱 女内裤 行车记录仪 男士内裤 沙发
更多

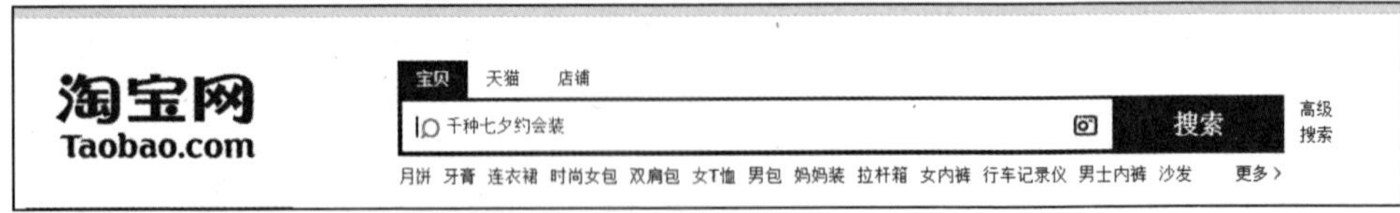

图 5-18　淘宝网商品全文搜索

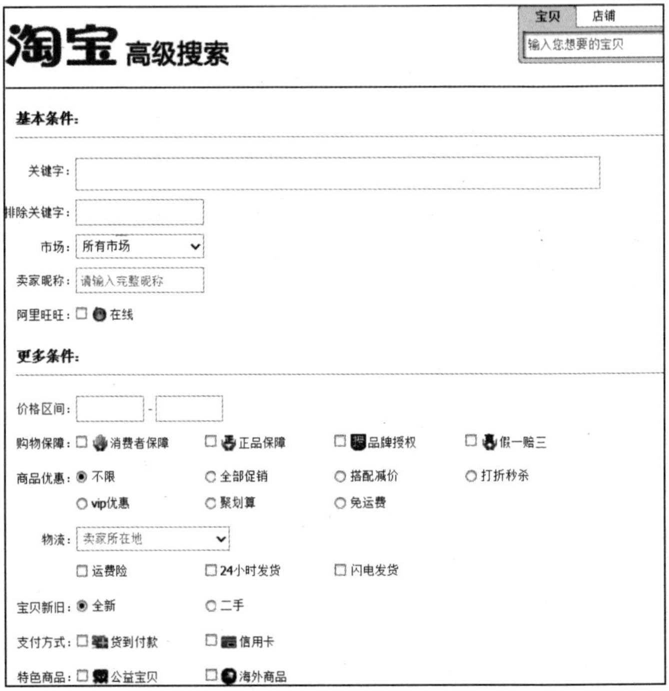

淘宝 高级搜索
宝贝
店铺
输入您想要的宝贝
基本条件:
关键字:
排除关键字:
市场:
所有市场
卖家昵称:
请输入完整昵称
阿里旺旺:
在线
更多条件:
价格区间:
购物保障:
消费者保障
正品保障
品牌授权
假一赔三
商品优惠:
不限
全部促销
搭配减价
打折秒杀
vip优惠
聚划算
免运费
物流:
卖家所在地
运费险
24小时发货
闪电发货
宝贝新旧:
全新
二手
支付方式:
货到付款
信用卡
特色商品:
公益宝贝
海外商品

图 5-19　淘宝网商品高级搜索

所以面对此类场景，我们不建议采用数据库的方式提供这样的搜索服务，而是采用专业的搜索引擎平台来行使这样的职能，实现的架构如图 5-20 所示。

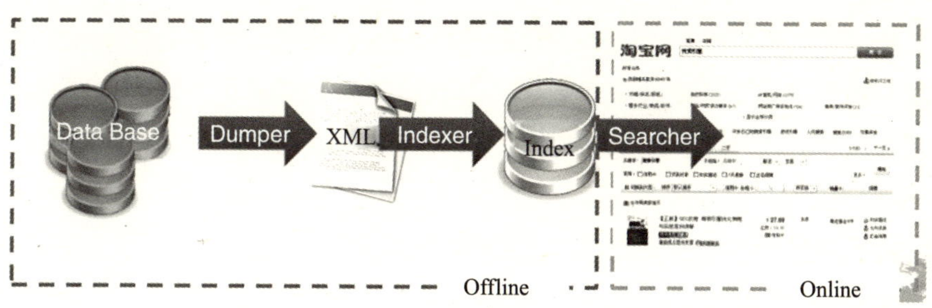

图 5-20　全文搜索实现示意图

阿里巴巴有自身的主搜索平台，该平台承载了淘宝、天猫、一淘、1688、神马搜索等搜索业务，其核心功能跟业界开源工具，如 Iucene、Solr、ElasticSearch 等搜索引擎类似，但在数据同步（从数据库到搜索引擎）、索引创建算法、查询执行计划、排序算法等方面针对商品搜索这样的场景做了相应的调整和功能增强。该搜索平台目前已经以阿里云上 OpenSearch 产品的形态，给有此类搜索需求的客户提供强大的搜索服务，更多关于该平台详细的资料可访问开放搜索服务的官方网站：https://www.aliyun.com/product/opensearch。

6. 简单就是美

在真实的世界中，选择的困难往往是因为充满着各种诱惑，选择 A 方案，有这些好处；而选择 B 方案，也会有另外一些好处。

如果在“尽量减小事务边界”与“数据尽可能平均拆分”两个原则间发生了冲突，那么请选择“数据尽可能平均拆分”作为优先考虑原则，因为事务边界的问题相对来说更好解决，无论是做全表扫描或做异构索引复制都是可以解决的。而写入或单机容量如果出现不均衡，那么处理起来难度就比较大。

尽管复杂的切分规则或数据的异构索引能够给系统的性能和扩展性带来显著的收益，但其后面所带来的系统运维复杂度上升也是不能忽视的一个结果。

如果为每一个存在跨 join 或全表扫描的场景都采用数据异构索引的方式，整个数据库出现大量数据冗余，数据一致性的保障也会带来挑战，同时数据库间的业务逻辑关系也变得非常复杂，给数据库运维带来困难和风险，从而对数据库运维人员的要求和依赖会非常高，所以从系统风险的角度考虑，以 82 法则，在实际中，我们仅针对那些在 80% 情况下访问的那 20% 的场景进行如数据异构索引这样的处理，达到这类场景的性能最优化，而对其他 80% 偶尔出现跨库 join、全表扫描的场景，采用最为简单直接的方式往往是就最有效的方式。

Chapter6 第 6 章

异步化与缓存原则

异步化与缓存两个技术都与系统的性能有很大的关系，当今分布式应用架构中，如果不能很好地掌握这两项技术，所设计出的应用将很难有优质的性能表现。本章将介绍阿里集团是如何使用这两种技术的。

当淘宝平台由原来单一 WAR 应用包方式转换成为以共享服务中心为核心的服务化架构后，对于现有业务的开发实现也产生了不小的影响。原本当后台应用接收到来自淘宝页面上的请求时，所有业务逻辑的处理均在同一个运行容器（对应一个 JVM）中完成执行，现在则需要在多台服务器间进行多次的服务交互才能完成，每一个服务所修改的数据大多还不在一个数据库中。而且后端的数据库由原来的单一数据库集群（即所有数据均在同一数据库中）按照业务的维度进行了划分，对于原来应用中利用数据库事务特性解决的事务性问题在新的技术体系下给应用开发带来了新的挑战。

本章将首先结合淘宝平台中典型的交易场景，描述在分布式服务架构中，如何通过业务流程异步化，即通过服务异步调用的方式让业务流程中业务逻辑上允许同步执行的服务同时被调用，从而解决了大量远程服务线性调用带来的性能问题。接着介绍数据进行分库分表后，数据在进行异步操作的场景下，阿里巴巴采用哪些事务处理方式实现该场景下事务一致性与数据库处理性能的平衡。最后通过对商品秒杀场景技术架构的介绍，来说明缓存技术在此类场景中所扮演的重要角色。

6.1 业务流程异步化

平台进行服务化后，在平台页面上发起的业务请求势必需要将后端不同的服务进行组合调用来实现业务请求的处理。以淘宝的交易订单为例，目前淘宝的订单创建流程需要调用超过 200 个服务（图 6-1 是交易创建流程的示意），如果按照之前所有业务逻辑均是在一个 JVM 中顺序执行的方式，要完成超过 200 次的远程服务调用，就算所有服务的调用时间都控制在 20ms 内返回结果，整个订单创建的时间也会超过 4s，这个时间长度对于今天互联网时代的客户来说已经超过了忍耐极限。

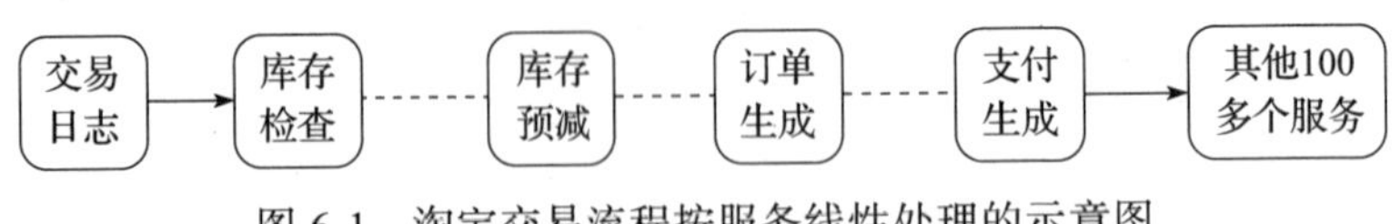

图 6-1 淘宝交易流程按服务线性处理的示意图

另外从资源占用角度来说，这样顺序调用的方式也一定会造成系统处理一次前端请求所花的时间较长，给服务的会话处理线程带来长时间的资源占用，对于服务器整体的系统吞吐量带来巨大的影响。

其实稍微有点设计经验的技术人员都会想到以异步化方式将交易创建过程中，对于有严格先后调用关系的服务保持顺序执行，对于能够同步执行的所有服务均采用异步化方式处理。阿里巴巴内部使用消息中间件的方式实现了业务异步化，异步化后的业务处理流程如图 6-2 所示，提高了服务的并发处理，从而大大减少整个业务请求处理所花的时间。目前淘宝平台从用户点击订单创建到返回订单创建成功的页面平均时间控制在 300ms 左右，让用户有非常好的用户体验，同时整个平台的吞吐量也会得到几何倍数的提升。

应该说这里提到的业务异步化是非常容易理解的一个概念，在非互联网应用场景中也会大量使用，比如在企业公文审批应用场景中，当整个审批流程最后完成时，会自动给当前审批流程中所有的经办人发送系统消息。实现的方式大多数是将发送的消息投递到消息队列中，再由消息队列的消费端程序将消息发送到各办理人，而在执行审批流程完成时无需等到所有消息成功发送后，再给执行审批完结这一步骤的人员返回操作成功的结果。但这样类似的大多数场景，通过异步化被分割的两部分逻辑处理并没有太多事务性的关系，即一般是前面部分的逻辑处理（公文审批示例中完成审批流程的操作）成功后，后面那部分（消息的发送）是否成功执行不会对前一部分的处理结果产生影响，也就是消息发送和审批完结这两个事件没有事务关系。

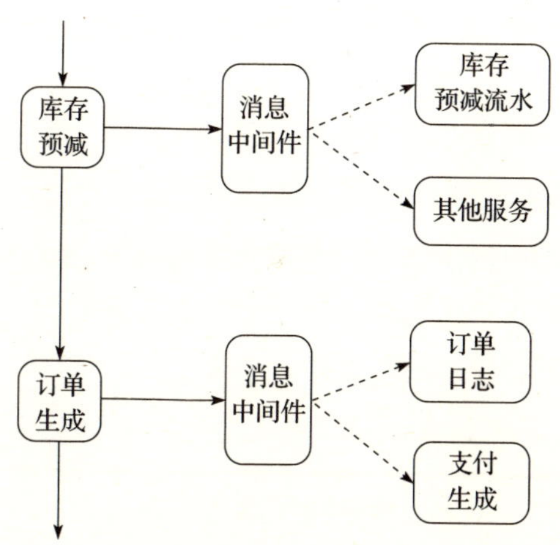

图 6-2 淘宝交易流程异步化后的处理示意图

回到示例中的淘宝订单创建场景，除了调用一些库存检查、用户校验这样一些从数据库读取数据进行业务判断的服务外，还会出现如预减库存、订单生成、支付生成等这些对数据库进行数据修改操作的服务。而订单生成的服务属于交易服务中心的范畴，预减库存则属于商品服务中心提供的服务，支付记录还要调用支付宝所提供的服务接口，那如何保证这些服务在一次订单请求中同时成功或失败？接下来介绍如何解决这类问题。

6.2 数据库事务异步化

关于数据库事务异步化的典型场景，可以以一个互联网金融 P2P 平台进行交易系统改造中的客户还款场景为例。当一名借款人在该平台上成功借款后，例如借款金额为 10 万元，共有 500 人提供了借款，分为 6 期还款，每个月的最后一天为该借款的当月还款日。当一个月的月底到来时，这名借款人会到平台上进行还款操作，即保证自己账号中的金额大于当月所需还款金额 + 利息 + 平台管理费的总额之后，点击“还款”按钮进行真正的还款操作，此时按照业务逻辑的设计，该“还款”操作将包含的步骤如图 6-3 所示。

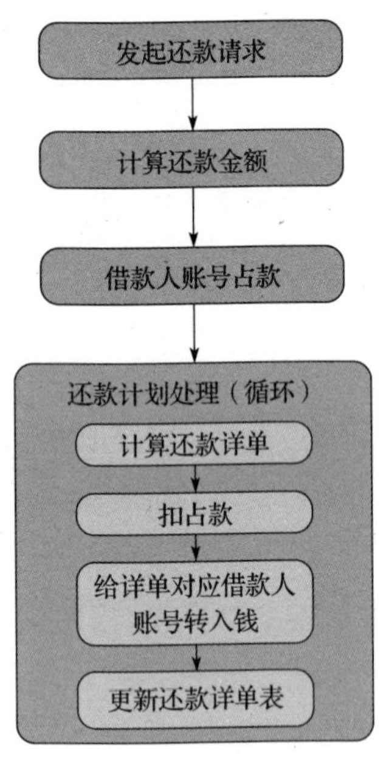

图 6-3　用户还款流程

该步骤中仅仅示意了主要的核心功能，还没有考虑逾期还款、平台管理费、借 / 扣款人相关的积分和会员等级变化等业务逻辑。但从这个步骤大家可以看出扣款是一个要求事务一致性的典型场景，稍微数据不一致带来的后果都可能是成百上千（可能在某些借款项目中达到上百万的金额）的金额差异。所以在传统的实现方式中，整个扣款的逻辑代码都是在一个大的事务中，通过数据库的事务特性来实现这样一个稍显复杂的业务一致性。

以还款为例，这样一个大的数据库事务中，每一位借款人进行的还款操作至少会引起 500 条还款详单（修改详单状态）+ 500 次借款人账户表修改（扣款）+ 500 名收款人账户表修改（收款），共计 1500 条数据表的修改，而平台的扣款日往往又都集中在自然月的最后一天，这样就导致在最后一天的最后几个小时，平台接收到密集的还款请求，使得数据库的压力持续高水位（超过 95%）运行，用户在进行一次还款操作最长要等到 10 分钟后才收到系统返回的结果。这个问题的根本原因就是大的数据库事务对数据库的资源占用、表记录长时间被事务锁住带来的数据库请求排队。

针对这类场景，解决平台性能问题的核心就是数据库事务的异步化。通俗来说，就是将大事务拆分成小事务，降低数据库的资源被长时间事务锁占用而造成的数据库瓶颈，就能大大提升平台的处理吞吐量和事务操作的响应时间。

在实际的改造方案中，同样基于消息服务提供的异步机制，将整个还款流程进行异步化的处理（如图 6-4 所示），在五个主要处理流程间（还款开始、还款计算、还款计划分派、还款计划处理、详单处理）通过消息服务进行下一步业务的触发，执行的步骤如下：

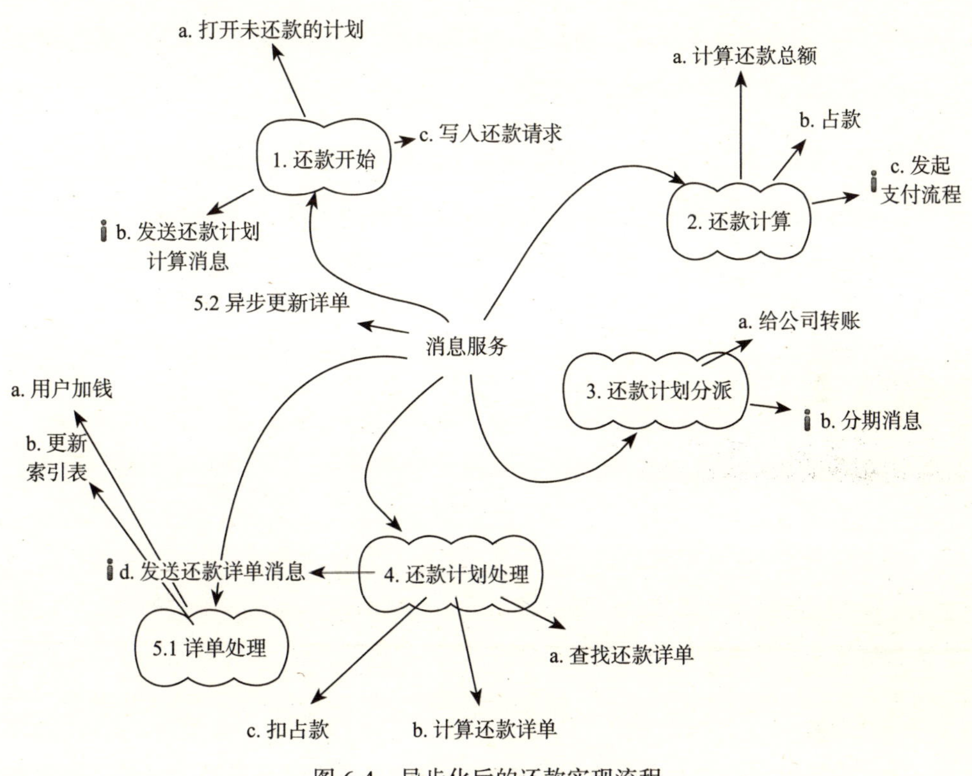

图 6-4 异步化后的还款实现流程

1）当用户在平台上点击了“还款”按钮后，会生成一条还款启动的消息，发送到消息服务上。

2）“还款开始”程序接收到此消息后，首先执行“找到未还款的计划”，并同时进行“写入还款请求”和发送“还款计划计算消息”到消息服务上。

3）“还款计算”接收到还款计划计算消息后，进行还款总额的计算，并同时进行占款和发起支付流程的消息到消息服务上。

4）“还款计划分派”接收到支付流程的消息后，在给平台的账号转账的同时，发送分期支付消息，这里的消息会针对每一位还款详单中对应的还款人生成还款计划处理消息，这个处理是此次改造方案的核心，将之前在一个事务中处理 500 次还款处理的操作拆分为 500 个不同的事务。

5）“还款计划处理”程序在接收到每一个还款详单支付请求的消息后，进行详单查找，计算还款详单，最后同时进行从借款人账户中进行扣占款以及发送还款详单处理的请求消息。

6）最后则是“还款详单”接收到“详单处理”请求的消息后，依次进行给还款人账户加钱，更新详单表信息等操作。

当然，在此过程中，一定要考虑到程序异常时对业务的回滚或重试机制，保障整个还款过程结果的最终一致。通过以上对还款事务异步化的处理，在不影响业务体验的前提下，整个平台对于还款的处理能力相比之前提升了20倍以上，因为大大减少了数据库记录的锁冲突，系统在还款高峰时期时用户体验基本跟平时没有太大的差异。

6.3 事务与柔性事务

在上面两节中不管是业务流程异步化，还是数据库事务异步化，其实都面临一个如何保证业务事务一致性的问题。面对这个问题目前并没有完美的解决方案，本节会介绍淘宝是如何对订单创建场景实现业务一致的实践，以及近一两年来我们在分布式事务上所作出的创新尝试，供各技术同行在解决此类问题时借鉴和参考。

关于数据库事务，相关的文档资料已经非常多，这里不做赘述，核心是体现数据库ACID（原子性、一致性、隔离性和持久性）属性，即作为一个事务中包含的所有逻辑处理操作在作用到数据库上时，只有这个事务中所有的操作都成功，对数据库的修改才会永久更新到数据库中，任何一个操作失败，对于数据库之前的修改都会失效。

传统数据库的事务确实非常好地保证了业务的一致性，但在互联网场景下，比如上文提到淘宝订单和互联网金融P2P场景下，就暴露出数据库性能和处理能力上的瓶颈。所以在分布式领域，基于CAP理论和在其基础上延伸出的BASE理论，有人提出了“柔性事务”的概念。

在结合具体实例对柔性事务进行介绍前，有必要对CAP和BASE理论做一个简单的介绍，这样才能让大家更加清晰地理解互联网场景下解决事务问题的思路和理论出发点。

1. CAP 理论

2000 年 7 月，加州大学伯克利分校的 Eric Brewer 教授在分布式计算原则研讨会议上提出 CAP 猜想。直到 2002 年，由麻省理工学院的 Seth Gilbert 和 Nancy Lynch 从理论上证明了 CAP 理论，从而让 CAP 理论正式成为分布式计算领域的公认定理。

CAP 理论：一个分布式系统最多只能同时满足一致性（Consistency）、可用性（Availability）和分区容错性（Partition tolerance）这三项中的两项。

“一致性” 指更新操作成功并返回客户端完成后，所有节点在同一时间的数据完全一致。一致性指在一个系统中不论数据存放在何处，作为一个整体应是完整和一致的。在分布式系统中，数据通常不会只有一份，用户对数据进行一定的修改操作（增 / 删 / 改）之后，为了保证数据的一致性，那么应该对所有数据进行相同的操作并且这些操作应该是同时成功或者同时失败的。

如果一个存储系统可以保证一致性，那么客户读写的数据完全可以保证是最新的。不会发生两个不同的客户端在不同的存储节点中读取到不同副本的情况。

具体来说，系统中对一个数据的读和写虽然包含多个子步骤并且会持续一段时间才能执行完，但是在调用者看来，读操作和写操作都必须是单个即时完成的操作，感知不到其他调用者对这些数据的访问。对一个写操作，如果系统返回了成功，那么之后到达的读请求都必须读到这个新的数据；如果系统返回失败，那么所有的读，无论是之后发起的，还是和写同时发起的，都不能读到这个数据。

“可用性” 指用户在访问数据时可以得到及时的响应。可用性是关于一个系统能够持续不间断使用的问题，严格的定义是高性能可用性。这意味着一个系统从设计到实施都应该能够提供可持续的操作（如读写操作），无论是操作冲突，还是软硬件部分因为升级而导致失效。但是可用性并不意味着数据的一致性，比如读取到的数据是过期数据或脏数据，但对于用户仍有返回数据的情况下，仍然可以被认为是可用的。

同时可用性的要求包含时效性，对于大多数应用而言，超过一定响应时间的服务是没有价值的或者价值量低的。例如，阿里巴巴和Google这样的公司很细小的响应延迟都会对公司的盈利造成损失。

“分区容错性”指分布式系统在遇到某节点或网络分区故障的时候，仍然能够对外提供满足一致性和可用性的服务。Gilbert和Lynch是这样定义分区容忍性的：除了整个网络的故障外，其他的故障（集）都不能导致整个系统无法正确响应。

一旦针对同一服务的存储系统分布到了多个节点后，整个存储系统就存在分区的可能性。分区不是简单的理解为物理存储节点的分布，而且是节点间网络通信中断或报文丢失等。比如，两个存储节点之间联通的网络断开（无论长时间或者短暂的），就形成了分区，一旦开始将数据和逻辑分布在不同的节点上，就有形成分区的风险。假定网线被切断，分区就形成了，节点A无法和节点B通信。正如数据库的数据在进行了分库分表后，就是典型的分区状态。

举例说明

为了能更直观地了解CAP定理，我们举一个简单的例子。某用户在电商平台上搜索到一件喜欢的衣服，但是用户并没有立即购买，她选择先浏览其他类似商品。与此同时，另一用户也看上了这件衣服并直接下单创建了订单，而恰巧这件衣服的库存仅剩下最后一件，那么当第一个用户在返回页面决定购买该衣服时，由于这件衣服的库存已经为零，理论上她是不能再购买该衣服的。假设网站的数据是以分布式系统的方式存储在多个机房或多个数据库中，那么，一个商品的库存信息就被存储在不同地方，那必然存在数据的同步和一致性问题。如果第一个用户在进行衣服订单的创建时，该请求所访问的数据库没有得到及时更新（在该数据库中，该商品的库存本应该是零），那么第一用户可能也为该衣服进行了成功的订单创建，就出现了商品超卖的情况。这里所讲的就是分布式系统中的数据一致性问题。

在这个例子中，如何解决数据一致性的问题？一个简易的方案就是建立类似操作系统中锁的机制，要求确保所有数据节点的数据均同步之后，才能进行数据的访问操作，也就是在第二个客户对该衣服创建订单时，商品的库存修改为零，接着等到该库存信息在所有数据库上都同步后，再返回给客户告知订单成功创建。在此过程中，系统不接受对该衣服库存数据的修改操作，所以等到第一个客户希望创建订单时，因为所有数据库中该商品的库存信息都已经被同步为零，所以系统会给第一个客户做出库存不足的提示，而无法进行订单的创建。但这引入了一个新问题，就是可用性问题。由于不同数据节点间的数据同步是需要时间的，而且大量采用锁机制会给数据层带来严重的性能瓶颈，从而可能导致平台在业务繁忙时的服务瘫痪或糟糕的用户体验（点击平台上一个业务请求所需要等待的时间过长）。一个客户无法访问的服务对任何人都没有价值，这就是分布式系统中的可用性问题。

另一个做法就是商品的库存数据只保存一份，不做复制，这样就不会存在数据一致性的问题。而因为网站的数据量太大，一个数据节点无法容纳如此大容量的数据，所以把整体数据分割成若干部分，每一部分存储在不同节点上，这也就是典型的数据进行分库分表的操作，这样就能解决可用性的问题。但这样也会有个很明显的问题，假如某一时刻数据节点间的网络阻塞或者切断了，那么会导致网站可能获取不到完整的数据。这就是分区容忍性的问题。所以，三个核心需求之间无法同时得到完全的保证。

CAP 之间的取舍

根据前面的介绍，CAP 理论的核心是：一个分布式系统不可能同时很好地满足一致性、可用性和分区容错性这三个需求，最多只能同时较好地满足两个。

CAP 定理并不意味着所有系统的设计都必须抛弃三个要素之中的一个。CAP 三者可以在一定程度上衡量，并不是非黑即白的，例如可用性从 0% 到 100% 有不同等级。显然我们有几种组合选择问题。

1）**放弃分区容忍性**。为了避免分区问题发生，一种做法是将所有与事务相关的东西都放到一台机器上，但这并不能 100% 地保证，因为在一台机器上还是有可能部分失败的情况发生，虽然这种情况下由分区问题带来的负面效果不易被察觉到。但是，系统从分布式系统退化为单机系统，从根本上失去了可扩展性，这个选择会严重影响系统规模。实践中，大部分人认为位于单一地点的数据中心内部是没有分区的，因此在单一数据中心之内可以选择 CA（一致性，可用性）；CAP 理论出现之前，系统都默认这样的设计思路，包括传统数据库在内。然而在今天互联网时代，各种业务的数据量都出现了爆发式增长的态势，单一数据中心越来越多的出现分区的情况，这就动摇了以 CA 为取向的设计基础。

2）**放弃可用性**。相对于放弃分区容忍性来说，其反面就是放弃可用性。一旦遇到分区事件，受影响的服务需要等待数据一致，因此在等待期间就无法对外提供服务。在多个节点上控制这一点会相当复杂，而且恢复的节点需要处理逻辑，以便平滑地返回服务状态。

3）**放弃一致性**。其实，在互联网应用没有盛行之前，传统应用中出现分区的情况并不多见，系统在大多数情况下是允许完美的 C（一致性）和 A（可用性）。但当分区存在或者可感知其影响的情况下，就要预备一种策略去探知分区并显式处理其影响。这样的策略一般分为三个步骤：探知分区发生，进入显式的分区模式以限制某些操作，启动恢复过程以恢复数据一致性并补偿分区期间发生的错误。分区期间，独立且能自我保证一致性的节点子集合可以继续执行操作，只是无法保证全局范围的不变性约束不受破坏。数据分片就是这样的例子，架构师预先将数据划分到不同的分区节点，分区期间单个数据分片多半可以继续操作。相反，如果被分区的是内在关系密切的状态，或者有某些全局性的不变性约束非保持不可，那么最好的情况是只有分区一侧可以进行操作，最坏情况是操作完全不能进行。

2. BASE 理论

eBay 的架构师 Dan Pritchett 源于对大规模分布式系统的实践总结，在 ACM 上发表文章提出了 BASE 理论。BASE 理论是对 CAP 理论的延伸，核心思想是即使无法做到强一致性（Strong Consistency，CAP 的一致性就是强一致性），但应用可以采用适合的方式达到最终一致性（Eventual Consitency）。

BASE 是指基本可用（Basically Available）、柔性状态（Soft State）、最终一致性（Eventual Consistency）。

- **"基本可用"** 是指分布式系统在出现故障的时候，允许损失部分可用性，即保证核心可用。电商大促时，为了应对访问量激增，部分用户可能会被引导到降级页面，服务层也可能只提供降级服务。这就是损失部分可用性的体现。
- **"柔性状态"** 是指允许系统存在中间状态，而该中间状态不会影响系统整体可用性。分布式存储中一般一份数据至少会有三个副本，允许不同节点间副本同步的延时就是柔性状态的体现。MySQL Replication 的异步复制也是一种柔性状态体现。

- “**最终一致性**”是指系统中的所有数据副本经过一定时间后，最终能够达到一致的状态。弱一致性和强一致性相反，最终一致性是弱一致性的一种特殊情况。

ACID 和 BASE 的区别与联系

ACID 和 BASE 代表了两种截然相反的设计哲学。ACID 是传统数据库常用的设计理念，追求强一致性模型；BASE 支持的是大型分布式系统，提出通过牺牲强一致性获得高可用性。

ACID（英文中是酸的意思）和 BASE（英文中有碱性的意思）在化学的世界中两者（酸和碱）是完全对立的，具有独特而相反的性质。在实际的系统设计中，不同业务场景对一致性要求是不同的，因此一般在系统中又会结合 ACID 和 BASE 使用。那为什么在今天互联网应用中会更广泛采用柔性事务而放弃传统数据库事务来解决业务事务性问题？

刚刚提到，柔性事务是由于互联网应用的需求产生的，那么需要看互联网应用的核心诉求是什么。互联网应用的最核心需求是高可用（也就是 BASE 的 BA）。对于这一点可能很多非互联网企业的读者会产生怀疑，或许是遇到过或看到过很多的互联网平台出现系统崩塌和不可访问的情况，就让人感觉互联网应用出现不可用是一件经常发生的事情，而且看起来对业务的影响并没有多大。而作者所面对的金融、政府职能单位的技术同仁，都会强调自身业务对高可用性的要求要远超互联网企业，我想说这是一个不小的误解。

在今天互联网时代有着上百万的互联网的应用和平台，我认为其中很大一部分的平台所依靠的技术能力和架构都是有明显缺陷和隐患的，这也直接导致有些平台所提供的服务并不是稳定可靠的，所以才给人有了这样的印象：互联网平台出现问题很正常，对业务不会有太大影响。但从专业的角度来说，一个专业的互联网平台一定首先考虑的是系统服务能力的高可用，因为服务不可用意味着就是商业损失。淘宝交易高峰 10 秒钟不可用，可能损失价值千万的交易订单，如果在双

11 这一天，10 秒钟可能影响的是上亿的订单交易。

服务的不可用除了造成金钱上的损失外，更为严重的是造成对平台的伤害。平台的服务不可用一定会给客户带来商业损失或者糟糕的用户体验，同时也会让这些客户失去对平台的信心，如果造成平台客户流失将会给这个互联网平台带来更为可怕的后果。

对于如何实现高可用，我们认为：

高可用 = 系统构建在多机 = 分布式系统

高性能 = 分布式系统的副产品

今天大家都知道淘宝去 IOE 的故事，但当年去 Oracle 排名第一位的需求不是性能，而是因为 Oracle 是系统单点。一旦 Oracle 不可用，整个系统 100% 不可用，而 Oracle 每年总是会出 1 次故障。既然为了高可用采用了分布式系统，那么分布式系统特性决定了柔性事务的第二个特性：最终一致。

分布式系统内通信和单机内通信最大的区别是：单机系统总线不会丢消息，而网络会。

一台向另一台机器通信的结果可能是收到、未收到、不知道收到没收到。消息不可靠带来的副作用是：数据或者状态在多机之间同步的成本很高。

大家都知道 Paxos 协议。在多机间通信不存在伪造或篡改的前提下，可以经由 Paxos 协议达成一致性。成本是发给 Paxos 系统的信息（数据）需要至少同步发送到一半以上多数（Quorum）的机器确认后，才能认为是成功。这样大幅增加了信息更新的延迟，因此分布式系统的首选不是这种强同步而是最终一致。

而采用最终一致，一定会产生柔性状态。

3. 传统分布式事务

上面提到数据在按照业务领域（用户中心、交易中心）的不同被拆分到不同的数据库后，在某些业务场景（比如订单创建）下，就必然会出现同一个事务上下文中，需要协调多个资源（数据库）以保证业务的事务一致性，对于这样的场景，业界早就有基于两阶段提交方式实现的分布式事务（如图6-5所示），两阶段提交协议包含了两个阶段：第一阶段（也称准备阶段）和第二阶段（也称提交阶段）。一个描述两阶段提交很好的类比是典型的结婚仪式，每个参与者（结婚典礼中的新郎和新娘）都必须服从安排，在正式步入婚姻生活之前说“我愿意”。一旦其中一位“参与者”在做出承诺前的最后一刻反悔，则这场婚礼就演变为一个悲剧。两阶段提交之于此的结果也成立，虽然不具备如婚礼上那么大的破坏性。

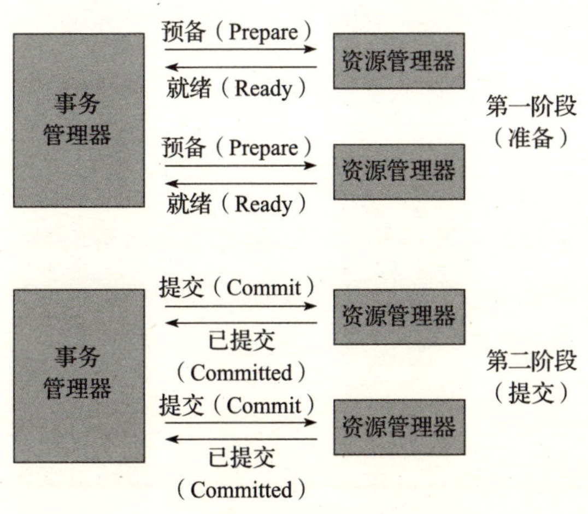

图6-5 传统两阶段提交分布式事务

当commit请求从客户端向事务管理器发出，事务管理器开始两阶段提交过程。在第一阶段，所有的资源被轮询到，问它们是否准备好了提交作业。每个参与者可能回答“就绪”（READY）、“只读”（READ_ONLY）或“未准备好”（NOT_READY）。如果有任意一个参与者在第一阶段响应“未准备好”（NOT_READY），则整个事务回滚。如果所有参与者都回答“就绪”（READY），那这些资源就在第二阶段提交。回答“只读”（READ_ONLY）的资源，则在协议的第二阶段处理中被排除掉。

两阶段提交协议要求分布式事务参与者实现一个特别的“准备”操作，无论在资源管理器（如数据库）还是在业务服务中实现该操作都存在效率与复杂性的挑战。因此，两阶段提交协议有一个重要的优化，称为“最末参与者优化”（Last Participant Optimization，LPO），允许两阶段提交协议中有一个参与者不实现“准备”操作（称为单阶段参与者）。最末参与者优化的原理如图 6-6 所示。

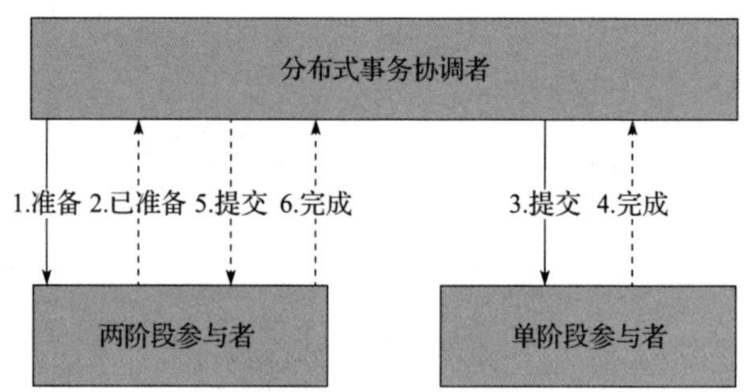

图 6-6 最末参与者优化（LPO）示例

从图 6-5 中可见，LPO 中单阶段参与者不需要实现准备操作，只需要提供标准的提交操作即可。分布式事务协调者必须等其余两阶段参与者都准备好之后，再请求单阶段参与者提交，单阶段参与者的提交结果将决定整个分布式事务的结果。本质上，LPO 是将最后一个参与者的准备操作与提交 / 放弃操作合并成一个提交操作。

X/Open 组织为基于两阶段协议的分布式事务处理系统提出了标准的系统参考模型（X/Open 事务模型）以及不同组件间与事务协调相关的接口，使不同厂商的产品能够互操作。X/Open 事务模型如图 6-7 所示。

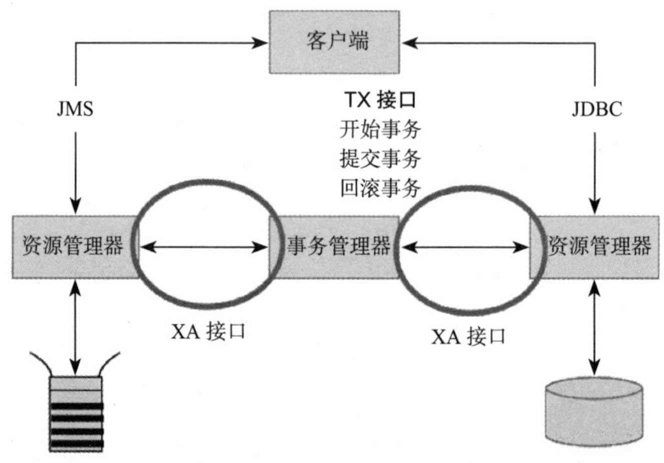

图 6-7 X/Open 事务模型

从图中可以看出，X/Open 模型定义了两个标准接口：TX 接口用于应用程序向事务管理器发起事务、提交事务和回滚事务（即确定事务的边界和结果）；XA 接口形成了事务管理器和资源管理器之间的通信桥梁，用于事务管理器将资源管理器（如数据库、消息队列等）加入事务、并控制两阶段提交。

事务管理器一般由专门的中间件提供，或者在应用服务器中作为一个重要的组件提供。资源管理器如数据库、消息队列等产品一般也会提供对 XA 接口的支持，通过使用符合 X/Open 标准的分布式事务处理，能够简化分布式事务类应用的开发。

从图 6-5 中可见，两阶段提交协议的关键在于“预备”操作。分布式事务协调者在第一阶段通过对所有的分布式事务参与者请求“预备”操作，达成关于分布式事务一致性的共识。分布式事务参与者在预备阶段必须完成所有的约束检查，并且确保后续提交或放弃时所需要的数据已持久化。在第二队段，分布式事务协调者根据之前达到的提交或放弃的共识，请求所有的分布式事务参与者完成相应的操作。很显然，在提交事务的过程中需要在多个资源节点之间进行协调，而各节点对锁资源的释放必须等到事务最终提交时，这样，比起一阶段提交，两阶段提交在执行同样的事务时会消耗更多时间：

- 单机锁 = 时间消耗（**微秒级**）
- 跨多机的锁 = 时间消耗（**毫秒级**）= 1000 倍单机时间消耗

事务执行时间的延长意味着锁资源发生冲突的概率增加，当事务的并发量达到一定数量的时候，就会出现大量事务积压甚至出现死锁，系统性能和处理吞吐率就会严重下滑，也就是系统处理的吞吐率与资源上的时间消耗成反比（参考阿姆达尔定理）。这就是为什么今天在互联网应用场景中鲜有人会选择这样传统的分布式事务方式，而选择柔性事务处理业务事务的主要原因。

4. 柔性事务如何解决分布式事务问题

（1）引入日志和补偿机制

类似于传统数据库，柔性事务的原子性主要由日志保证。事务日志记录事务的开始、结束状态，可能还包括事务参与者信息。参与者节点也需要根据重做或回滚需求记录 REDO/UNDO 日志。当事务重试、回滚时，可以根据这些日志最终将数据恢复到一致状态。

为避免单点，事务日志是记录在分布式节点上的，数据 REDO/UNDO 日志一般记录在业务数据库上，可以保证日志与业务操作同时成功 / 失败。通常柔性事务能通过日志记录找回事务的当前执行状态，并根据状态决定是重试异常步骤（正向补偿），还是回滚前序步骤（反向补偿）。

在互联网业界采用日志方式实现柔性事务的比例非常大，但因为这部分的技术实现并没有如 XA 这样的技术标准和规范，看到很多互联网应用对这部分的实现非常的粗糙，只是简单的采用数据库进行了分布式事务过程中的状态记录，对于事务中异常处理和补偿回滚支持是明显不够的，并不能完全意义上的满足业务的最终一致性，而且一旦出现问题，所投入的人力维护成本也非常高昂。

（2）**可靠消息传递**

在分布式环境下，由于“**网络通信危险期**”（见下面阅读框中内容）的存在，节点间的消息传递会有“成功”、“失败”、“不知道成功还是失败”三种状态。这也给进行分布式事务处理时提出了更多的考虑点和要求。可靠消息投递就是为了解决这类问题产生的服务平台。

根据“不知道成功还是失败”状态的处理，消息投递只有两种模式：1）消息仅投递一次，但是可能会没有收到；2）消息至少投递一次，但可能会投递多次。在业务一致性的高优先级下，第一种投递方式肯定是无法接受的，因此只能选择第二种投递方式。

由于消息可能会重复投递，这就要求消息处理程序必须实现幂等（幂等 = 同一操作反复执行多次结果不变），这一要求跟传统应用开发相比是非常具有互联网特征的一种模式，在很多的应用场景下，都会要求程序实现幂等。

每种业务场景不同，实现幂等的方法也会有所不同，最简单的幂等实现方式是根据业务流水号写日志，阿里内部一般把这种日志叫做排重表。在接下来的场景示例中会有更加详细的介绍。

关于网络通信的危险期

由于网络通信故障随时可能发生，任何发出请求后等待回应的程序都会有失去联系的危险。这种危险发生在发出请求之后，服务器返回应答之前，如果在这个期间网络通信发生故障，发出请求一方无法收到回应，于是无法判断服务器是否已经成功地处理请求，因为收不到回应可能是请求没有成功地发送到服务器，也可能是服务器处理完成后的回应无法传回请求方。这段时间称为网络通信的危险期（In-doubt Time）。很显然，网络通信的危险期是分布式系统除单点可靠性之外需要考虑的另一个问题。

（3）**实现无锁**

现在大家都知道造成数据库性能和吞吐率瓶颈往往是因为强事务带来的资源锁。如何很好地解决数据库锁问题是实现高性能的关键所在。所以选择放弃锁是一个解决问题的思路，但是放弃锁并不意味着放弃隔离性，如果隔离性没有保障，则必然带来大量的数据脏读、幻读等问题，最终导致业务不可控地不一致。

实现事务隔离的方法有很多，在实际的业务场景中可灵活选择以下几种典型的实现方式。

- **避免事务进入回滚**。如果事务在出现异常时，可以不回滚也能满足业务的要求，也就是要求业务不管出现任何情况，只能继续朝事务处理流程的顺向继续处理，这样中间状态即使对外可见，由于事务不会回滚，也不会导致脏读。
- **辅助业务变化明细表**。比如对资金或商品库存进行增减处理时，可采用记录这些增减变化的明细表的方式，避免所有事务均对同一数据表进行更新操作，造成数据访问热点，同时使得不同事务中处理的数据互不干扰，实现对资金或库存信息处理的隔离。比如在用户进行订单创建操作时，需要对商品的库存进行减扣，如果是在秒杀和大促场景下，大量订单都是对同一商品进行下单操作，如果所有订单创建事务中都是修改商品表中商品数据的库存的信息，则必然会出现该条商品记录访问热点，而且很容易出现锁抢占的情况，避免锁的方式就是在订单创建事务中只是在“库存预减明细表”中添加一条对应商品的库存预减记录（见图 6-8），而无需对原商品数据表进行库存修改的操作，一旦用户成功付款，则真正地将商品数据表中的库存减除。在付款之前当应用要获取该商品的库存信息时，则是通过以下公式获得：

商品当前库存数量 = 商品表中的库存数量 - 预减明细表中该商品对应明细表中库存数量之和

商品表

商品ID	商品名称	品牌	库存	…
101	iPhone 6手机	苹果	56	

1:N

库存预减明细表

商品ID	买家ID	预减库存数量
101	test1	2
101	test6	2

图 6-8 扣减库存场景下的业务变化明细表示意

- **乐观锁**。数据库的悲观锁对数据访问具有极强的排他性，也是产生数据库处理瓶颈的重要原因，采用乐观锁则在一定程度上解决了这个问题。乐观锁大多是基于数据版本（Version）记录机制实现。例如通过在商品表中增加记录版本号的字段，在事务开始前获取到该商品记录的版本号，在事务处理最后对该商品数据进行数据更新时，可通过在执行最后的修改 update 语句时进行之前获取版本号的比对，如果版本号一致，则 update 更新数据成功，修改该数据到新的版本号；如果版本号不一致，则表示数据已经被其他事务修改了，则重试或放弃当前事务。如图 6-9 所示，当两个事务同时要对商品数据表进行更新操作时，通过版本号的方式实现乐观锁机制的示意。

从以上示例可以看出乐观锁机制避免了长事务中的数据库加锁开销。大大提升了大并发量下的系统整体性能表现。需要注意的是，乐观锁机制往往基于系统中的数据存储逻辑，因此也具备一定的局限性，如在上例中，由于乐观锁机制是在应用中实现的，如果有另一个应用也对商品数据进行更新操作时则不一定会遵循乐观锁机制，因此可能会造成脏数据被更新到数据库中。这也就是为什么在构建共享服务体系时，对于数据的操作都会要求统一到该数据库对应的服务中心层，而不允许其他应用再对该数据库进行单独访问和操作。

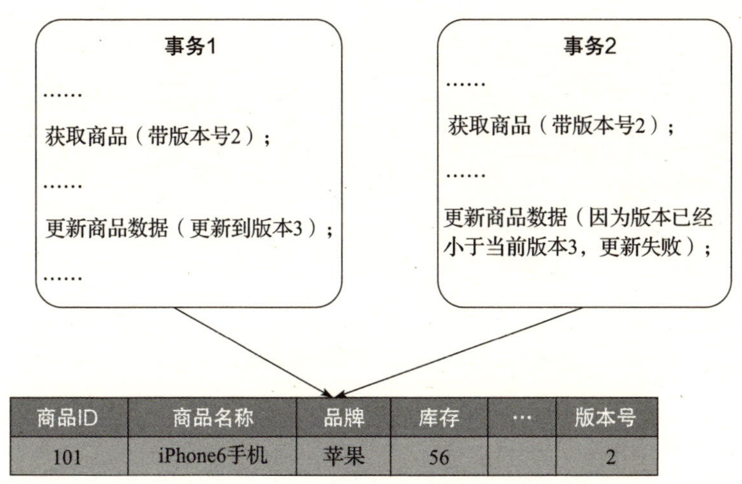

图 6-9　通过版本实现乐观锁示意

5. 柔性事务在阿里巴巴内部的几种实现

基于以上柔性事务实现分布式事务的思路以及从多年对互联网业务场景特性的深度剖析，从阿里巴巴内部共发展和演变出三套成熟的分布式事务解决方案，下面分别介绍。

（1）消息分布式事务

在淘宝平台中，被广泛用来解决分布式事务场景的方案就是基于消息分布式事务，通过 MQ 事务消息功能特性达到分布式事务的最终一致。

实现原理及流程。图 6-10 是基于 MQ 提供的事务消息功能实现分别对两个不同数据库进行事务处理的流程示意。

步骤的①②是在 MQ 发送方（即整个分布式事务的发起方）执行第一个本地事务前，会向 MQ 服务端发送一条消息，但这条消息不同于 MQ 上的普通消息，而是一条事务消息（事务消息功能是阿里巴巴 MQ 平台特有的一个功能特性），事务消息在 MQ 的服务端处于一个特殊的状态，此时该消息已经保存到 MQ 服务端，但 MQ 订阅方是无法感知到该消息的，更无法对该消息进行消费，否则就可能出现第一个本地事务并没有执行成功，而后面一个本地事务执行的业务不一致问题。

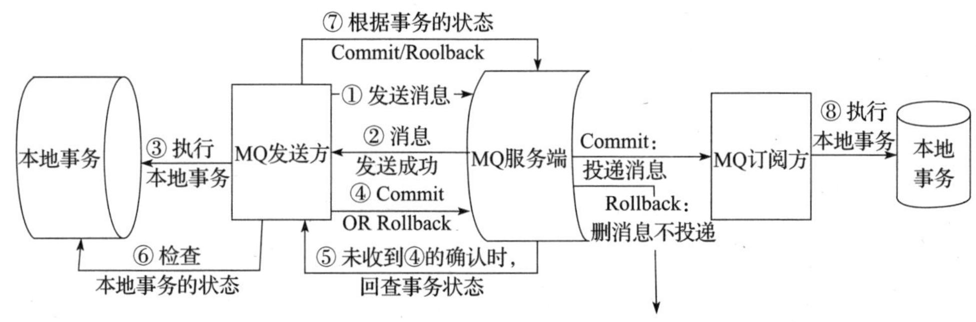

图 6-10　MQ 实现分布式事务流程示意

完成了事务消息的发送后，步骤③才正在开始执行对第一个数据库进行单机事务的操作。此时本地事务执行的情况决定了后面几个步骤的各自目的：

a）当本地事务执行成功后，会执行步骤④将原本保存在 MQ 服务端的事务消息的状态更新为正常的消息状态。

b）当本地事务执行时，如果因为某些原因（网络或当前运行机器宕机）造成程序没有及时给 MQ 服务端相应的反馈，则之前发送到 MQ 服务端的事务消息会一直保存在 MQ 服务端，为了保证事务继续执行，MQ 服务端提供了对服务器上保存在事务消息堆栈中的事务消息进行定时扫描，如果发现一段有事务消息在该堆栈的保存时间超过了一段时间（比如 5 分钟），此时 MQ 服务端会执行步骤⑤，发起一个请求发送到具有跟之前 MQ 发送方具有同样生产者 ID 的 MQ 发送方（与前一发送方具有同一应用代码）其中的一个实例上（因为有可能之前运行的那个实例已经宕机了），该请求的目的是让 MQ 发送方去检查之前执行的本地事务到底是执行成功还是失败。

c）步骤⑥在对数据库进行了之前本地事务执行结果的确认后，如果发现本地事务根本没有执行，则给 MQ 服务端返回结果，告知 MQ 服务端可扔弃该事务消息；如果检查发现之前执行的本地事务实际上已经成功执行了，只是因为各种原因没能及时到 MQ 服务端更新事务消息的状态，此时只需更新服务端上事务消息的状态为正常状态即可。所以在前面这部分步骤中，核心是让第一个本地事务的执行和 MQ 服务端的消息能否被投递和消费同时成功或者同时失败，而不会出现本地事务并没有被成功执行，但消息已经被消息的消费者消费，进行了下一个本地事务的执行。这在某种程度上保证了本地事务和消息发送的事务性，所以我们称该类消息为事务消息。

步骤⑧则是在消息订阅方获取到由事务消息置为正常状态的消息后，通过消息里的事务和业务信息执行第二个本地事务的执行。如果第二个本地事务执行成功，则最终实现了两个不同数据库上的事务同时成功；如果第二个本地事务执行失败，则还可通过消息的方式通知MQ发送方，对第一个本地事务进行业务的回滚操作。

总体来看，通过消息进行事务异步的方式，保证了前后两个数据库事务同时执行成功或失败，保持了事务的一致性，同时因为避免了传统两阶段提交事务方式对数据长时间的资源锁定，所以数据库整体的吞吐率和性能大大超过传统的分布式事务方式。

从本质上来说，对比柔性事务解决分布式事务的思路，消息服务在其中扮演了事务日志的职能，对全局事务有一个统一的记录和调度能力；事务的参与者通过对消息订阅关系建立了事务间的关联。在采用消息服务实现分布式事务的场景如果出现异常时，一般会采用正向补偿的方式，即不会像传统事务方式出现异常时依次进行回滚，会通过消息的不断重试或人工干预的方式让该事务链路继续朝前执行，而避免出现事务回滚。

正如以上对消息实现分布式事务的流程描述，在事务发起方要实现事务消息的发送，本地事务的执行，同时对出现事务消息没有及时收到发起方更新反馈信息的时候，还要实现本地事务状态检查的代码实现，以及如果出现异常时，业务的回滚控制。也就是原本通过数据库的事务特性实现的事务执行检查和回滚都需要靠开发人员来实现，这对于开发人员提供了额外更高的要求，这种情况在淘宝提供了规范的技术培训和开发人员不错的开发素养情况下，还能较好的应付，但对于阿里巴巴外部的开发人员来说，要完整的考虑业务回滚和事务检查等开发习惯，其实是有一定难度的，所以为了给开发人员提供更好的开发体验，降低因为开发人员的原因导致业务不一致现象的发生，才有了后面要介绍的新一代分布式事务平台TXC的诞生。

典型应用场景。在淘宝平台中，使用消息服务实现分布式事务的场景众多，其中淘宝的订单交易则是对这一分布式事务方式体现最为典型的一个场景。

图 6-11 分别示意了在淘宝下单和付款两个操作时几个主要业务步骤的执行示意，其中在下单这个分布式事务操作中包含了库存预减、创建交易订单、创建支付订单几个主要操作，核心就是通过 MQ 消息服务的方式实现了这几个操作的事务最终一致性。在付款事务中，对扣款、创建扣款流水、实减库存、修改订单状态等进行了事务操作，其中也都是有 MQ 服务实现了整个分布式事务的事务一致性。

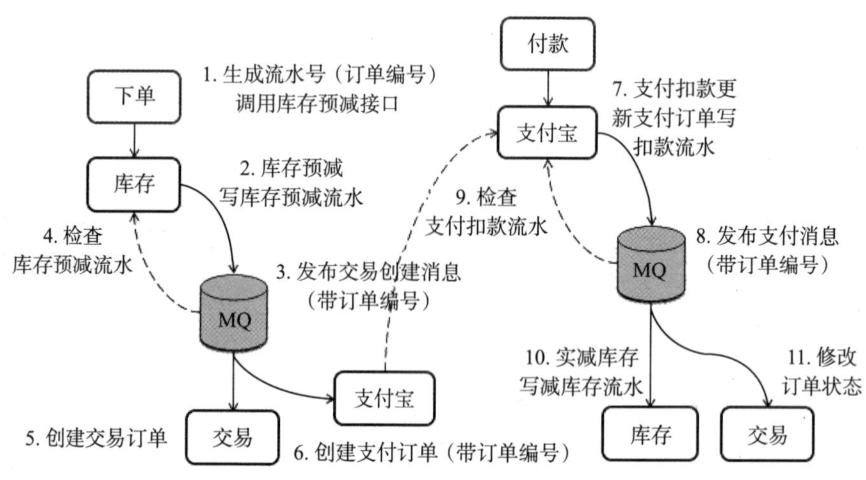

图 6-11 淘宝交易流程采用 MQ 实现分布式事务

在订单创建或付款出现异常，比如实减库存失败、付款超时时，同样也会通过消息服务的方式，通知相关的服务进行订单状态的修改、支付宝中支付订单状态的更新及退款操作、预减库存回撤等相关操作，所有的这些操作可能由不同的服务完成相应操作，但整体保持事务性。整个过程如图 6-12 所示。

除了淘宝的订单场景之外，比如上文提到的异构索引数据的同步等类似跨库数据更新的场景均是采用消息的方式实现的。

总之，采用消息服务实现的分布式事务很好地实现了应用服务化后业务处理流程的异步化，大大提升了整个业务处理的吞吐率和响应时间。但你会发现采用消息事务的方式，在两个事务间实现分布式事务时，可以很好地满足事务最终一致性以及事务的回滚，但如果一个事务上下文中超过两个事务操作后，因为事务的回滚逻辑变得非常复杂而不可控，所以在这样的场景下只能进行正向的事务补偿，在某些业务场景下会给带给客户不同的体验。

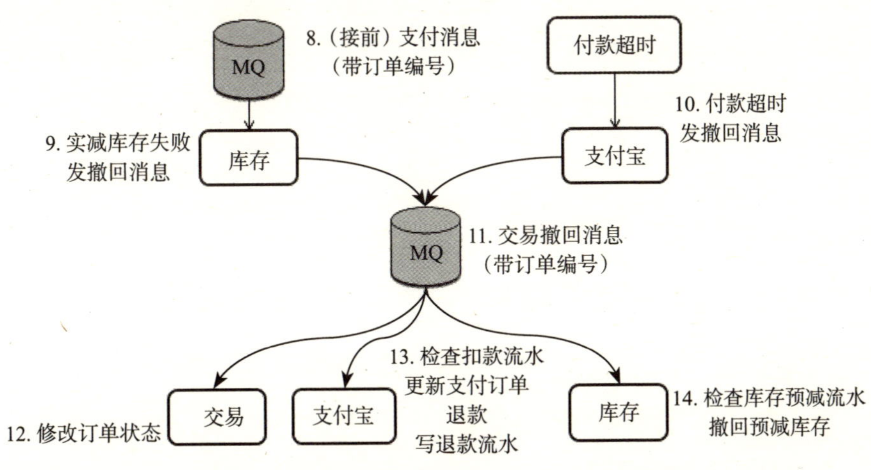

图 6-12 淘宝交易出现异常时的业务回滚实现

（2）支付宝 XTS 框架

支付宝的 XTS 分布式事务框架是基于 BASE 的思想实现的一套类似两阶段提交的分布式事务方案，用来保障在分布式环境下高可用性、高可靠性的同时兼顾数据一致性的要求。与上面介绍的基于消息实现的分布式事务仅支持正向补偿，XTS 可同时支持正向和反向补偿。

XTS 是 TCC（Try/Confirm/Cancel）型事务（如图 6-13 所示），属于典型的补偿型事务。

- Try 阶段主要是对业务系统做检测及资源预留。
- Confirm 阶段主要是对业务系统做确认提交，Try 阶段执行成功并开始执行 Confirm 阶段时，默认 Confirm 阶段是不会出错的。即：只要 Try 成功，Confirm 一定成功。
- Cancel 阶段主要是在业务执行错误需要回滚的状态下，执行业务取消，预留资源释放。

典型业务处理模式。支付宝的主体业务基本都会在一次业务处理中进行一次或多次账务处理。典型的业务处理模式如图 6-14 所示。

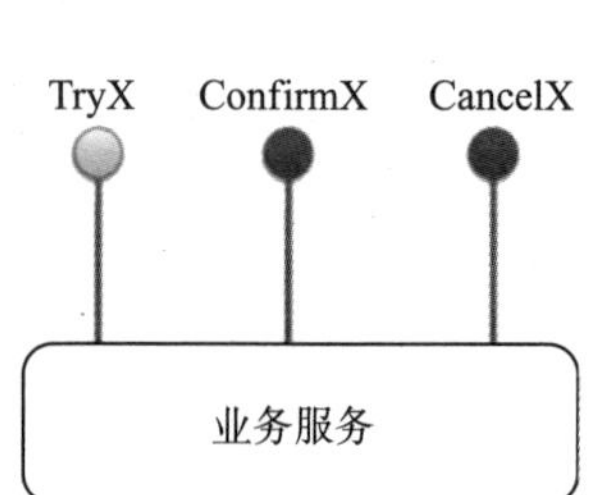

Try：尝试执行业务
➢完成所有业务检查（一致性）
➢预留必须业务资源（准隔离性）

Confirm：确认执行业务
➢真正执行业务
➢不作任何业务检查
➢只使用 Try 阶段预留的业务资源
➢Confirm 操作满足幂等性

Cancel：取消执行业务
➢释放 Try 阶段预留的业务资源
➢Cancel 操作满足幂等性

图 6-13　TCC 型事务模型

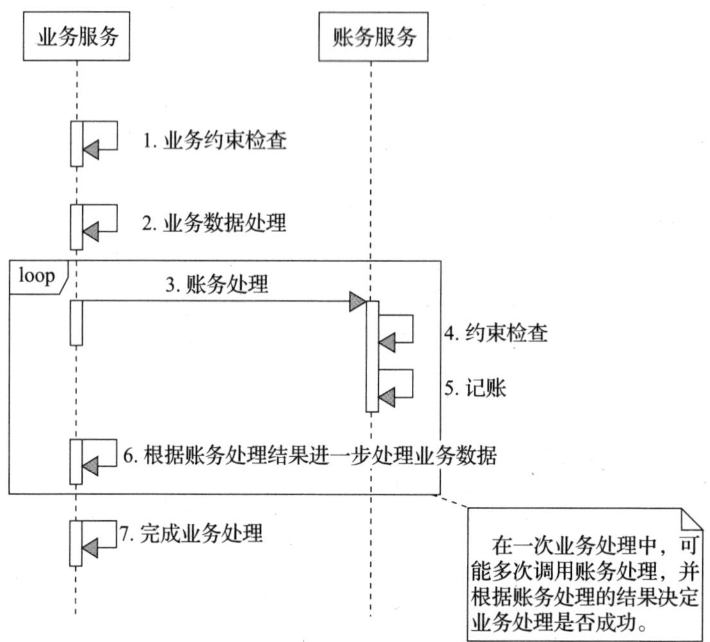

图 6-14　TCC 处理账务的处理流程

这种模式可以概括如下：

1）支付宝的主体业务服务在执行过程中一般都会涉及一次或者多次的账务处理。

2）业务服务与账务服务对业务处理的最终结果有同等的决定权，两者都能够使业务处理失败。

3）当一次业务处理中涉及超过两个参与者时，附加的参与者一般对业务处理的最终结果没有决定权，但它们会根据业务处理的最终结果完成自己的处理。例如，很多业务在完成之后都涉及收费的处理，但一般收费不成功不会影响业务处理本身的结果。

根据两参与者的特点，以及账务服务的中心地位，我们可以根据“两阶段提交协议”以及“最末参与者优化”原理，设计支付宝分布式事务处理的基础模型。

如图 6-15 所示，XTS 各个主要组件的职责如下：

- “业务服务”负责具体业务处理，如交易服务、红包服务等等。
- “账务前置”负责接收、检查并缓冲从业务服务发起的账务请求。
- “账务核心”负责记账并更新分户余额。
- “主事务管理器”与“业务服务”位于同一个“本地事务域”，负责主事务的启动、提交与回滚。

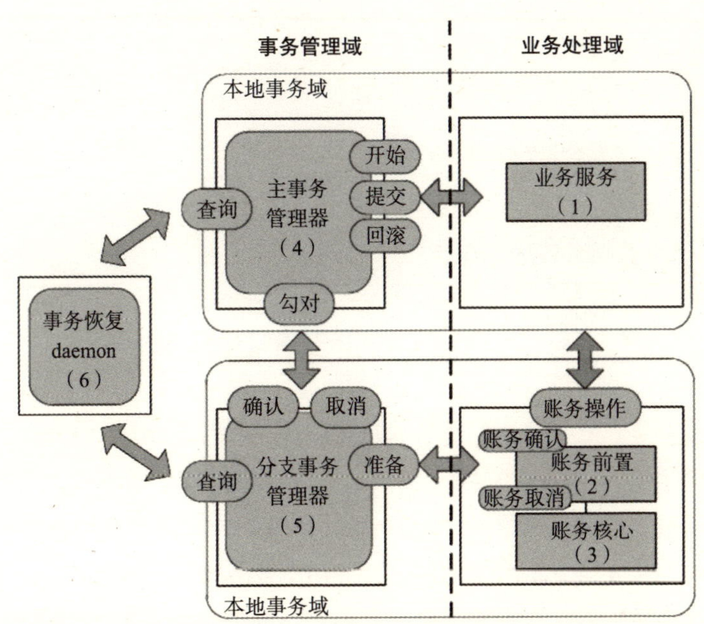

图 6-15 XTS 分布式事务架构

- “分支事务管理器”与账务服务操作位于同一个本地事务域，负责分支事务的准备，确认与取消。
- “事务恢复 daemon”定时运行，负责恢复处于已准备状态，但在指定时间阈值内尚未确认或者取消的事务。

下面我们介绍上述组件如何通过协作完成一次包含账务的业务处理。

准备阶段。图 6-16 显示在“准备”阶段各个组件之间的交互过程。

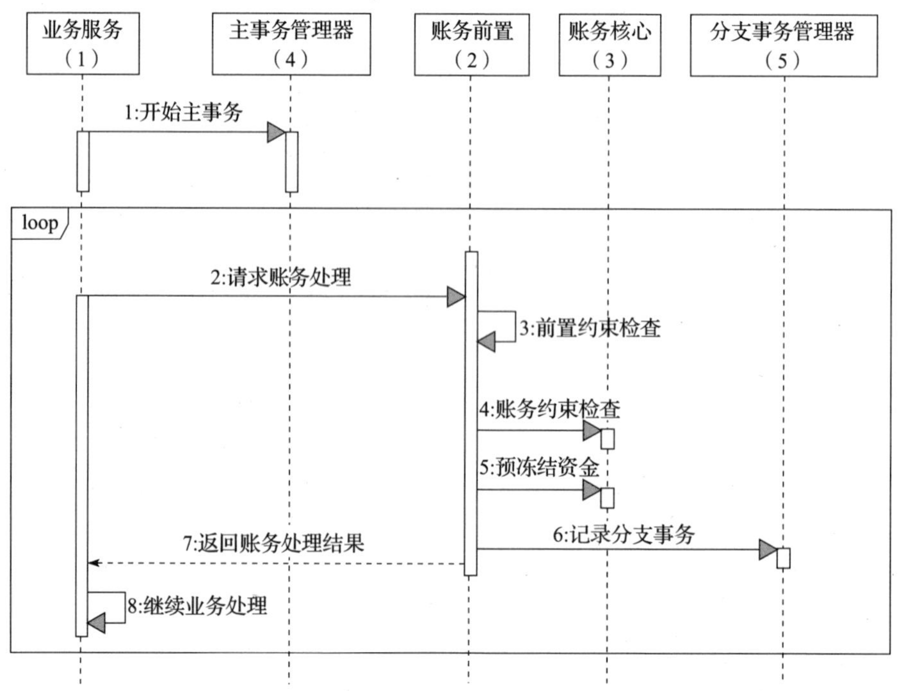

图 6-16　XTS 组件在准备阶段的交互流程

1）“业务服务（1）”首先向主事务管理器请求开始主事务，此时，主事务管理器启动本地事务，按照一定规则生成一个对本次处理唯一的 txId，记录主事务日志，并在事务上下文中记录 txId，这个 txId 在整个分布式事务的生命周期中用于建立主事务与分支事务之间的对应关系，并用于业务重复性检查。

2）“业务服务”向账务前置发送账务处理请求。主事务管理器能够拦截本次请求，并将主事务 ID（txId）附加到账务处理请求的上下文中，一起发送给账务前置。

3）“账务前置”进行前置约束检查。前置约束检查至少要保证：a）事务 Id 有效；b）业务不重复。前置约束检查前，相关账户必须锁定（除特定账户外、如中间账户等）。

4）“账务前置”调用账务核心进行账务约束检查。账务约束检查至少要保证：a）账户状态正确；b）账户资金足够；c）其他账务约束满足。账务约束检查时必须考虑到在本事务中尚未到达的资金，因此这是检查中比较特殊的地方，需要恰当处理。

5）“账务前置”调用“账务核心”进行资金冻结。对于完成本次账务处理需要的资金，需要一种特殊的方式冻结起来，但这种冻结没有业务含义，因此，不应该记录资金冻结日志，只是在 freeze_amount 中增加这笔冻结资金，确保账务确认阶段能够使用这笔资金。如果本次账务处理所需要的资金尚未到达，则不需要冻结。

6）“账务前置”调用“分支事务管理器”记录分支事务日志。分支事务日志中记录了本次账务处理的内容以及冻结的金额，在确认阶段，“分支事务管理器”会根据分支事务日志中记录的内容驱动账务系统完成预冻结金额的解冻与实际的账务处理。

7）“账务前置”向业务服务返回账务处理的结果。

8）“业务服务”根据账务处理的结果继续进行业务处理。

确认阶段。图 6-17 显示在“确认”阶段各个组件的交互过程。

1）“业务服务”请求“主事务管理器”提交事务。

2）“主事务管理器”首先完成本地事务的提交。

3）“主事务管理器”向“业务系统”返回事务提交的结果。

4）“主事务管理器”向“分支事务管理器”确认分支事务结果。

5）“分支事务管理器”顺序处理对应于本次分布式事务的每一条分支事务日志，对每一条分支事务日志，调用账务前置确认该次处理。

6）“账务前置”首先请求账务核心解冻预冻结的资金。

7）“账务前置”请求账务核心进行账务处理。

8）“账务核心”对本次账务处理进行约束检查。对于特定的检查（比如账户状态是否有效等）是否需要做，视业务而定。

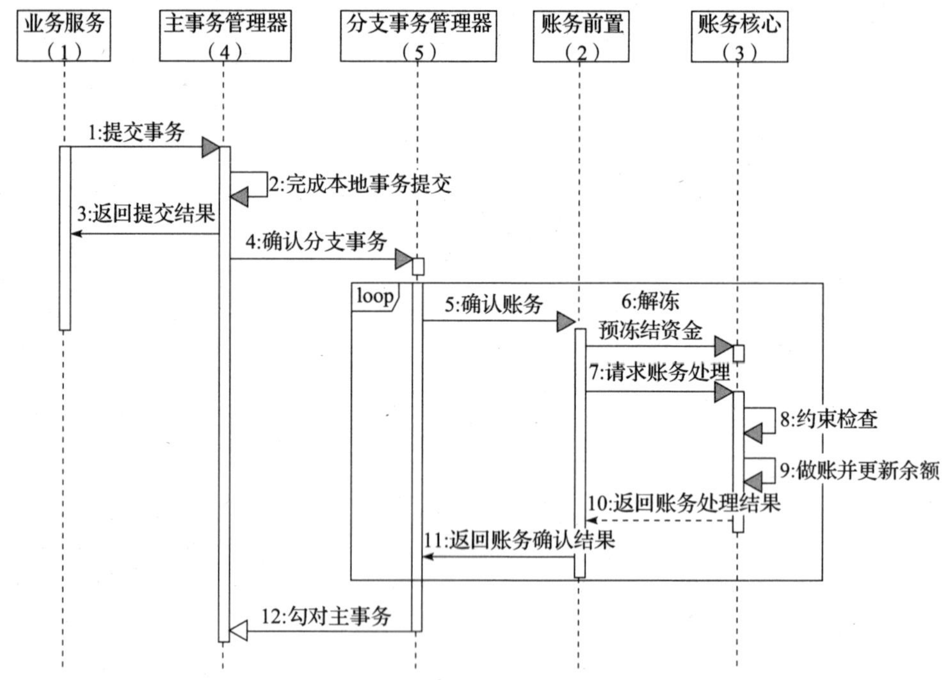

图 6-17　XTS 组件在确认阶段的交互流程

9）“账务核心”进行账务处理，包含记录账务日志并更新账户余额等。其他正常账务处理中需要执行的工作也同样需要做。

10）“账务核心”向账务前置返回账务处理的结果。

11）“账务前置”向“分支事务管理器”返回账务确认的结果，分支事务管理器提交本地事务。

12）“分支事务管理器”请求主事务管理器勾对主事务。勾对的方式可以是删除主事务记录，也可以是为主事务记录打上标志。

回滚阶段。图 6-18 是回滚阶段的步骤。

1）“业务服务”请求“主事务管理器”回滚事务。

2）“主事务管理器”回滚本地事务。

3）“主事务管理器”向业务系统返回回滚结果。

4）“主事务管理器”向“分支事务管理器”请求取消分支事务。

5）“分支事务管理器”针对每一条分支事务明细，向“账务前置”请求取消账务处理。

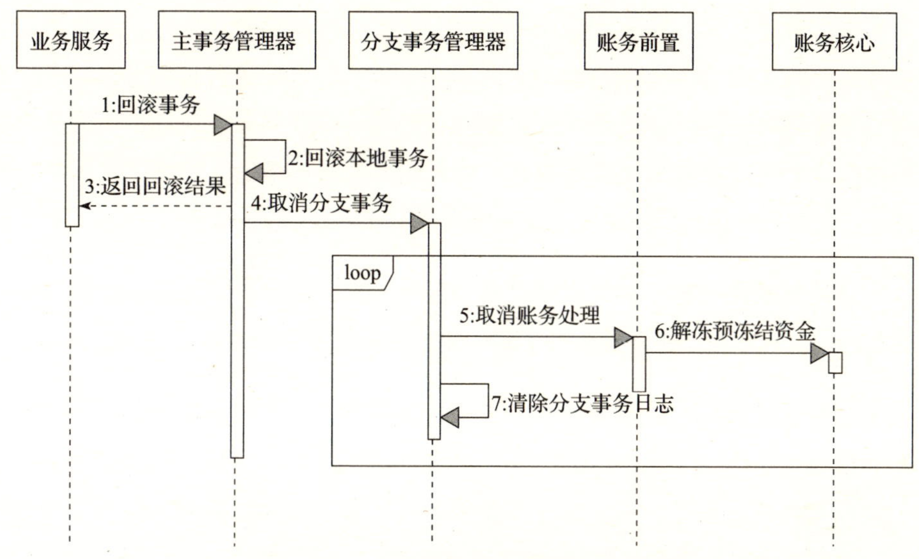

图 6-18　XTS 组件在回滚阶段的交互流程

6）“账务前置”向“账务核心”请求解冻预冻结资金。

7）“分支事务管理器”清除分支事务日志。

总结。本质上支付宝的 XTS 给开发人员提供了一个实现分布式事务的事务框架，主要负责事务日志的记录，事务的参与者需要实现 XTS 提供的接口，以实现 XTS 框架对事务参与者的事务协调和控制。通过 Try 实现业务的软隔离，避免了耗时的真正数据锁，从而在整体上相比于传统的分布式事务有更好的性能和处理吞吐率。但总体来说，因为需要开发人员实现事务的补偿机制，对于开发人员的心智负担过于沉重。所以只能依赖 TCC 服务器的失败重试机制，如果失败重试机制不能处理，只能人肉去处理（建议对重试次数需要限定，因为同时进行失败重试和人肉的话，如果失败重试和人肉操作都在操作同一条数据，还需要考虑这种竞争的场景）。

为了真正将开发人员从自己实现事务补偿的重心智的负担中解脱出来，才有了接下来给大家介绍的阿里巴巴新一代分布式事务平台 TXC。

6. 阿里巴巴 AliWare TXC 事务服务

产品研发背景。因为阿里巴巴使用的 TDDL 或 DRDS 分布式数据层平台均不支持分布式事务，而在整个阿里巴巴的服务化体系中，分布式事务几乎成为每个业务实现的必然需求。那不管是淘宝平台广泛使用的基于消息分布式事务还是支付宝体系中的 XTS 分布式事务框架，都要求开发人员在业务出现异常时，自行实现事务的补偿或回滚，这对于开发人员的心智确实很有挑战。在现实中的多个项目中均出现了开发人员因为对事务回滚的逻辑考虑不够全面，导致了比较严重的数据不一致问题，也给后期的人工处理带来了更多的复杂度。

在通过对业界现有分布式事务平台的深入研究，围绕着开发人员使用这些平台的各种优点和弊端，研发设计出了新一代分布式事务平台 TXC，其功能如下：

- TXC 完全能满足之前分布式事务平台所提供的对于事务服务高可用和事务最终一致性的基本业务要求。
- 标准模式下无需开发人员自行进行事务回滚或补偿的代码，平台支持自动按事务中事务操作的顺序依次回滚和补偿。
- 易用性是 TXC 的主要目标，在保证事务完整性的前提下，标准模式可不修改应用的代码，同时也提供之前平台中所提供的事务重试以及自定义事务模式。

TXC 架构概览。TXC 同样也是基于两阶段提交的理论实现的分布式事务框架，全面支持分布式数据库事务、多库事务、消息事务、服务链路调用事务及其各种组合场景下的事务，架构图如图 6-19 所示。

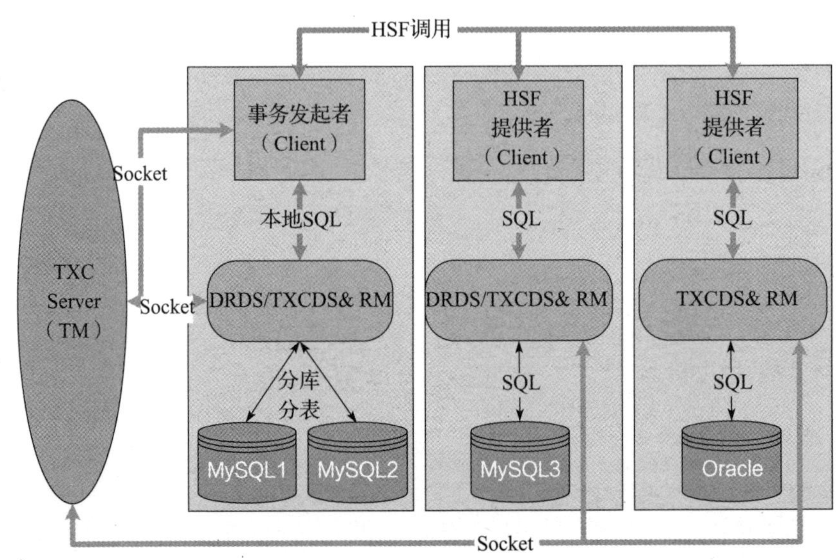

图 6-19　TXC 架构示意图

架构图中，Client 是与 Server 进行交互的客户端，其中某一类客户端称为事务发起者，事务的创建提交必须由事务发起者发起，在代码层界定事务边界，即整个事务上下文中对于各事务操作按业务需求进行组装，另一类客户端则是在事务中调用的服务提供者。在出现业务异常时，会由 TXC 的客户端发起事务的回滚。

TXC Server 扮演了事务协调者的角色，负责对整个事务上下文的日志的记录以及在事务处理过程中全局的协调和控制。具体包含对事务以及分支事务的注册，对事务的提交和回滚进行统一的管控。同时平台对异常情况进行捕捉并发起对应的事务回滚或提交操作，参见表 6-1。

表 6-1 异常的捕捉

异常情况	事务协调器发起的动作
事务发起者在调用全局事务 Begin 操作时因为网络原因造成 RPC 调用失败	事务失败，直接抛出异常
TXC 客户端在进行分支注册时出现异常	事务回滚
TXC 客户端在进行分支上报状态时出现异常	事务回滚
事务发起者在执行全局事务 commit 操作时出现异常	提交或回滚
事务发起者在执行全局事务 rollback 操作时出现异常	事务回滚
事务超时	事务回滚

架构图中的 RM（Resource Manager）为资源管理器，一般管理多个 TXC 数据源，负责在 TXC 客户端进行数据源访问时，与 TXC 服务器进行事务的注册和状态更新。TXC 数据源是在原有的数据源基础上做了一层较薄的封装，因为 TXC 需要拦截和捕捉到所有 TXC 客户端对于数据库进行的数据修改，从而为事务的自动回滚提供数据的原始值。

相比于传统的两阶段提交方式，最大的区别在于 XA 在准备阶段是没有提交本地事务的，而 TXC 则是立即执行并可见，在隔离性级别上实现的是读未提交（read uncommitted），所以避免了在分布式事务中对于数据的长时间锁占用。也就是说，TXC 在允许数据脏读的业务场景中，能充分发挥性能上的优势。比如商品在大促秒杀场景下，允许商品的库存在事务没有提交前给前端应用提供查询，只不过在最后订单扣减库存时进行控制，避免商品超卖现场的发生。如果业务场景不允许数据的脏读，TXC 平台也支持 select for update 以及提供 @hint 的功能临时提升事务的隔离级别。

同时，TXC 服务器端会记录当前处理事务对数据库中进行了修改数据的信息（行信息），当有其他事务也要对这些数据进行修改操作时，TXC 服务端会协调两个事务间的执行，避免在第一个事务没有提交前，同样的数据会被另一个事务对该数据进行修改。从本质来说，将原来传统事务场景下，由数据库提供的锁机制提升到了 TXC 服务端进行了实现，这样相比于数据库锁的实现成本更加轻量，加上 TXC 本身服务能力的扩展能力，最终在同样实现事务隔离性的前提下，大大提升了整体的数据库处理吞吐率。

TXC 两阶段提交实现。TXC 也是基于两阶段提交理论实现，由 TXC 服务器负责整体的事务协调和管理，由部署在 TXC 客户端上的资源管理器组件实现各客户端与 TXC 服务器的事务注册、状态更新、提交等操作，一个标准的两阶段提交事务处理时序图如图 6-20 所示。

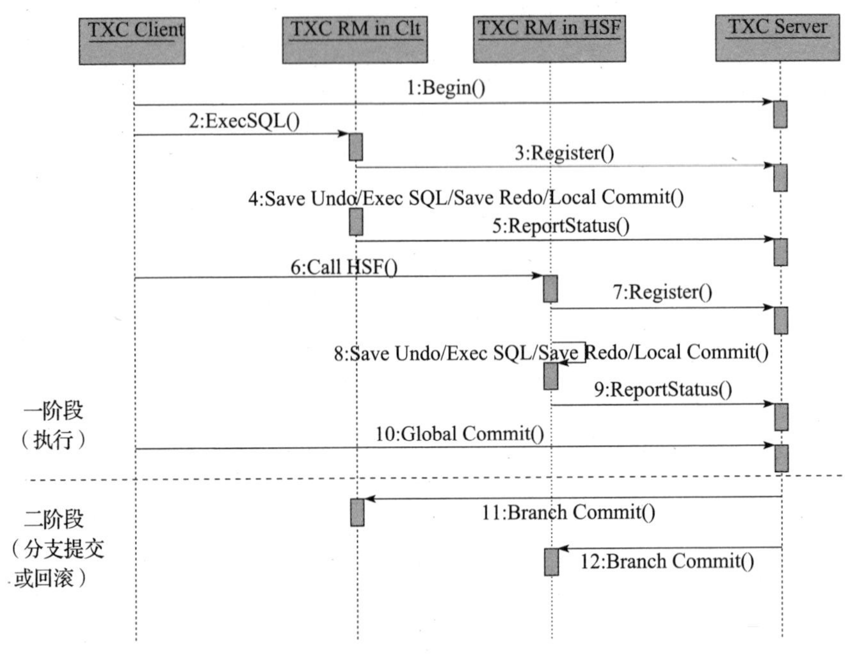

图 6-20　TXC 实现两阶段事务的流程示意图

1）在图 6-20 中，实现了两个事务通过 TXC 实现整体事务性的流程，第一个事务是对某个数据库的数据修改操作；第二个事务是调用远程服务的 RPC 调用，在该 RPC 服务中也会实现对另外一个数据库进行数据的修改。

2）步骤1）是事务发起者在执行这两个事务前，首先会在TXC服务器上对该事务进行注册。

3）步骤2）是事务发起者首先发送一条SQL请求进行数据修改操作，该SQL请求被TXC感知到后，会向TXC服务器对该分支事务进行注册（步骤3））。

4）步骤4）则是对在实际的数据库上执行SQL操作，同时进行undo和Redo日志的生成，在执行了这些一系列的数据库本地事务操作并提交后，会向TXC服务器更新该分支事务的状态（步骤5）。

5）步骤6是从事务发起者在完成了第一个数据库本地事务的操作后，进行远程的RPC调用，同样，在RPC服务调用过程中，一旦出现对数据库修改的操作，则会再次注册该分支事务到TXC服务器上（步骤7）。

6）在步骤8中完成了如步骤4同样的数据库本地事务操作并提交后，更新该分支事务状态到TXC服务器上。

7）最后当两个事务都完成并没有异常出现的情况下，事务发起者会发起整体事务更新的请求，此时会依次对之前的两个分支事务进行状态的提交；当在整个事务过程中出现代码异常或网络异常时，则会依次对两个事务中进行的数据修改进行自动的回滚操作，将数据恢复到该事务执行前的状态，从而实现了整个事务操作的业务一致性。

TXC如何实现事务自动回滚。TXC平台提供了对事务的自动回滚，使得开发人员不会像前两种方案中要实现业务的正向补偿或回滚，大大降低了开发人员对业务逻辑深度理解和额外开发方面的要求。这也是TXC相比于今天业界其他分布式事务框架中最大的一个特点，接下来通过TXC实现事务自动回滚的流程介绍一下这一关键功能的实现原理，如图6-21所示。

1）用户在向TXC服务器发起事务请求后，进入到数据库的操作时，会对该分支事务在TXC服务器上进行注册。当资源管理器捕捉到SQL的请求后，会对SQL语句进行SQL解析，如果是执行Insert/Delete/Update的SQL操作，则会针对该SQL语句构造出对应的SQL查询语句，将当前SQL请求要修改的数据先从数据库中获取，以Undo日志的方式保存起来，用于将来回滚。

2）进行实际的SQL语句的执行，在SQL执行完毕以后，会再次通过查询方式获取到修改后的数据，并保存为Redo日志，用于业务回滚前脏数据的校验。

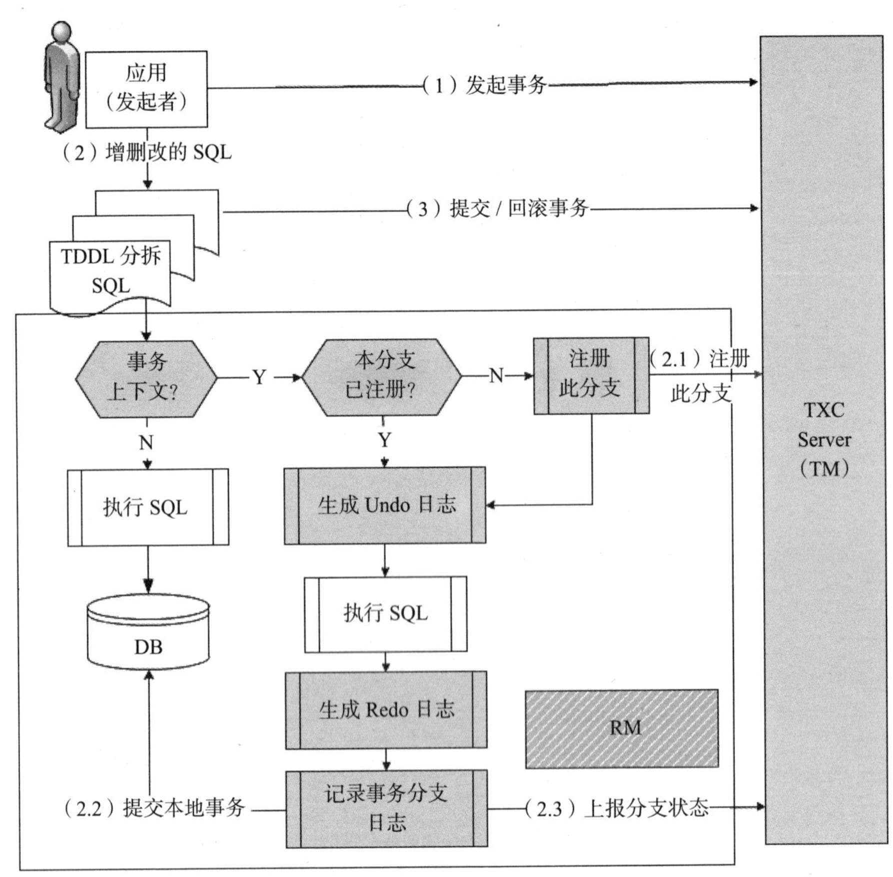

图 6-21　TXC 实现事务回滚的工作原理图

3）当 SQL 的执行和 Undo/Redo 日志作为一个本地事务提交给数据库的同时，也会更新分支事务状态。当整个事务成功提交后，则会删除 Undo/Redo 日志。

当出现事务回滚时，会按以下顺序进行数据的恢复和操作。首先对比当前数据库中数据值与之前保存的 Redo 日志中被修改的值是否一致，如果一致则根据 Undo 日志生成回滚用的 Undo SQL 并执行，恢复数据到执行事务前的状态；如果当前数据库中的数据与 Redo 日志中的值不一致，则说明是该分布式事务在第一阶段修改了数据后，又被其他线程（可能是通过非 TXC 事务控制的数据访问渠道）修改了该数据，这样就不能再继续进行数据的自动回滚，否则会出现业务不一致的情况，回滚会抛出异常，由 TXC Server 发出告警，引入人工干预。

总结。目前 TXC 平台已经在菜鸟网络、1688、村淘、阿里影业等业务场景中全面上线，同时该产品已经在多个外部客户的生产环境中成功上线。以下是在一个金融客户互联网金融场景中对于 TXC 平台的稳定性和性能的测试数据一览，让大家对于 TXC 的特性有更加准确的认识。

- **性能测试**。在不带事务运行的情况下，测试场景包含了两个查询 + 一个 update+ 一个 insert，数据库 qps 峰值为 23000。采用 TXC 实现分布式事务后，整体的 QPS 峰值接近 20000，吞吐率仅下降 13% 左右，这个数值相比传统 XA 分布式事务方案有巨大优势，通常传统分布式事务总体会下降一个量级，也就是从 23000 降到两三千左右。
- **稳定性测试**。在 100 并发测试下，测试平台运行 10 个小时，完成了接近 1 亿次分布式事务，全部成功，没有业务异常。
- **数据一致性测试**。金融客户对数据一致性的要求非常之高，需要保证异常情况下、数据冲突下数据的严格一致，测试结果符合用户预期。

因为 TXC 是近两年阿里巴巴中间件团队针对分布式事务场景研发出的新一代产品，在本书中不便做更多详细的介绍，相信在不久的将来会有关于 TXC 更多的文献资料，甚至专门的书籍对该平台做更加详细的介绍。

7. 关于柔性事务的总结

从电商领域到电信、金融领域，今天在我们面对的众多业务平台建设时，发现其中绝大部分场景下，我们都不需要用两阶段提交这样低效的方式来解决分布式事务问题。上面描述的几个最终一致性方案，都很好地在保证业务一致性的前提下，展现出极高的系统吞吐能力。为了充分发挥柔性事务框架性能的优势并实现业务的最终一致，需要采纳以下配合方案：

- 应用程序一定要做幂等实现，特别是对数据库进行数据修改操作时。
- 远程模块之间用异步消息来驱动，异步消息还可以起到检查点的作用。

两阶段提交的方案可以保证最强的 ACID 要求，开发者因此不需要仔细考虑自己的应用到底可以接受什么级别的 ACID；同时，两阶段提交的方案开发简单，开发者只需要指定事务的边界即可。而最终一致性方案往往意味着更高的事务处理性能及处理吞吐率，但有些实现方案需要开发人员更全面地了解前端业务以实现事务的正向补偿或反向回滚，也会付出有损事务隔离性的代价。所以一定要在业务上精确分析自己的ACID需求，寻找性能与ACID的折中点，采取最合适的方案。

6.4 大促秒杀活动催生缓存技术的高度使用

对内存的数据操作时间一般是纳秒级，而传统的数据库访问中，一次SSD盘数据访问在几十微秒，一次SATA盘数据访问在几十毫秒，显然处理时间有数量级的差异，所以通过缓存（大部分缓存产品均是基于内存的数据存取实现）让应用具备更好的处理性能和系统吞吐率早已经在应用开发领域广泛使用。

从淘宝缓存产品的研发和使用场景的历程来看，是随着业务的快速发展以及某些特定业务场景的出现而逐步演变的。早期通过缓存实现应用分布式session，以避免应用实例间会话的复制，后来发展为将缓存用于业务去重判断、交易快照、图片索引等场景，最后替换数据库在业务交易处理中的职能，缓存平台在业务场景中扮演了越来越重要的角色。目前在整个阿里巴巴集团部署了近千台缓存服务器，保存了百亿级别的数据，满足业务对数据库90%以上的请求。

可能很多读者已经知道淘宝的核心业务所用的分布式缓存产品是Tair，除了阿里巴巴自主研发的Tair缓存产品外，其他优秀的缓存平台如Redis也已经在阿里巴巴的某些业务中被采用。在互联网上已经有了很多关于Tair和Redis产品技术架构和功能的文章，这里不对这些产品做详细介绍，而是介绍淘宝早期进行大促秒杀活动时，如何推动了架构演变和缓存的高度使用，以便让读者了解如何构建一个满足秒杀和大型促销活动场景的系统架构，进而对缓存在交易环节所发挥的作用有一个更加清晰的认识。

提到大促秒杀，就不得不说天猫的“双11购物狂欢节”极具诱惑力的商品价格，以及到今天已经辐射到全球的用户覆盖广度，让天猫“双11”成为到目前为止中国乃至全球最为成功的大型促销活动。正是“双11”这样的大促秒杀活动才对阿里巴巴整体的技术架构提出了更高的要求，也让阿里巴巴在多年举办这样大促、秒杀活动的过程中，积累了相当丰富的架构设计经验和平台开发能力。

所谓的大促、秒杀场景，其关键词有“低廉价格”“大幅推广”“瞬时售空”，只有满足这三个关键词的场景才能称为大促、秒杀的场景。

“低廉价格”是形成大促秒杀的基础，只有足够有吸引力的低廉价格才能让买家产生购买的意愿，比如原价2200元的手机在秒杀活动中仅仅只要9元，就能极大刺激买家对该商品的购买意愿，从而达到吸引大量用户到时会来参加本次促销活动。

“大幅推广”指的是该促销活动被客户所知晓的辐射范围，淘宝早期在省市地方台上打广告和在中央电视台上打广告所带来的用户流量根本不在一个量级，也就是说，就算商品价格再低廉，如果没有那么多人知道这个活动，而产生大家蜂拥而至的效果，也产生不了大促秒杀的场景。

“瞬时售空”其实是前两个关键词在发挥了效应后一定会产生的一个现象，海量涌入的买家对商品进行下单操作，在极短时间内（通常1 ~ 2秒）该商品就进入售罄状态。对于秒杀或双11开始时限量的畅销商品，均是这种现象。

在一次大促秒杀活动很好地满足了以上三个关键词后，便引来了所预期的市场关注度，一个架构如何能平稳地支持这样的大促秒杀活动？不会因为大促活动出现秒杀商品的超卖、秒杀界面无法访问、甚至造成整个平台不可用的情况吧？这就需要在传统的架构基础上进一步优化和调整才能满足这些要求。

平台如何完美地支持大促秒杀场景是一个体系的工作，牵涉到应用架构设计的合理、平台的稳定性保障、极强的系统扩展能力等多个方面，下面重点阐述如何利用缓存技术实现商品数据的高性能读取，以满足秒杀活动中对于商品数据访问的同时不会出现商品超卖等严重的业务问题。

1. 小库存商品秒杀典型架构

比如库存为10个，秒杀价格为1元的手机则是典型的小库存商品秒杀活动。在这种类型的秒杀活动中，因为商品会在极短的瞬间库存会降到0，所以只要处理好商品的库存的扣减，不要出现商品超卖的情况就能平稳地度过这次秒杀活动，如图6-22为此类秒杀活动的典型架构示意图。

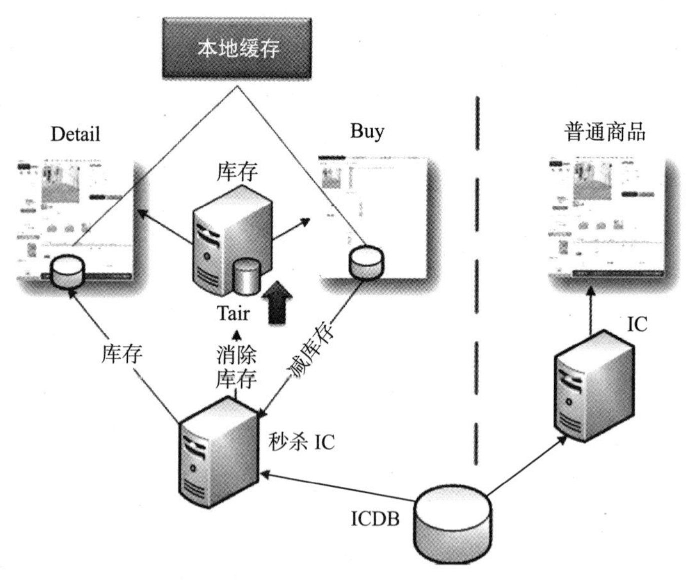

图 6-22 商品秒杀架构示意图

首先一定要让负责秒杀场景的商品中心应用实例（图中“秒杀 IC”）与满足普通商品正常访问的商品中心应用实例（图中 IC）隔离部署，通过服务分组方式，保持两个运行环境的隔离，避免因为秒杀产生的过大访问流量造成整个商品中心的服务实例均受影响，产生太大范围的影响。

因为秒杀在正式开始前，一定会有大量的用户停留在商品的详情页（图中 Detail）等待着秒杀活动的开始，同时伴随有大量的页面刷新访问（心急或担心页面没有正常刷新的买家们），此时，如果每一次刷新都要从后端的商品数据库（图中 ICDB）中获取商品相关信息，则一定会给数据库带来巨大的压力，在淘宝早期举办秒杀活动时就出现了秒杀活动还没开始，因为商品详情页访问太大，造成平台提前进入不可访问状态的情况。所以一定是通过缓存服务器（图中 Tair），将商品的详细信息（包括库存信息）保存在缓存服务器上，商品详情页和购买页所有有关商品的信息均是通过缓存服务器获取，则无需访问后端数据库。

如图中“本地缓存”所示，可通过给网页资源设置 Expires 和 Last-Modified 返回头信息进行有效控制，从而尽可能减少对后端服务端的访问次数。

当用户进入到付款界面（图中 Buy）进行成功付款操作后，则对商品数据库进行实际的商品库存修改，当商品的库存被修改后，会同时修改缓存中对应商品的库存信息，接下来用户在商品详情页和下单页面看到的就是更新后的库存信息。

商品定时上架。在秒杀活动中，都是商品在某一个时间点才开始秒杀活动，比如一个晚上 8 点开始的秒杀活动，参加该活动的商品在晚上 8 点活动开始前，用户只能在商品界面上看到进入秒杀活动的倒计时或即将开始的提示，是看不到商品下单的操作按钮，如图 6-23 所示。

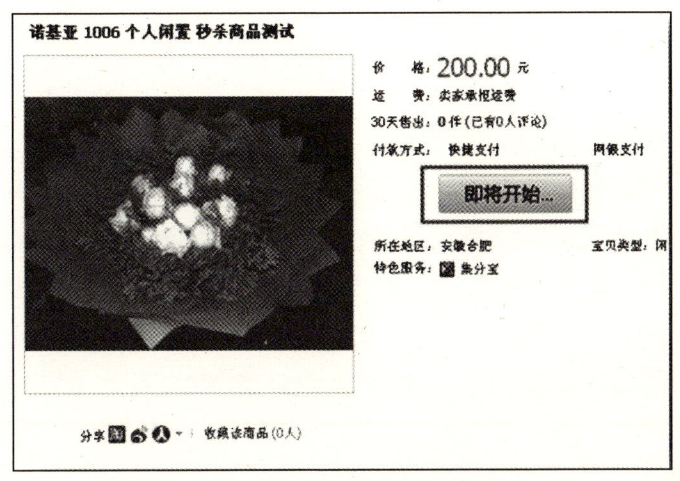

图 6-23 秒杀开始前的页面体验

这就需要参加这次秒杀活动的商品准时在 8 点的时候进入到上架的状态，如果提前上架就有商品在活动开始前提前被下单买光的风险；如果 8 点后才上架，则会造成用户体验的问题。在淘宝早期，商品的上架操作都是放给商家自行控制的，就发生了大量上述的两类问题，所以后期，对于参加秒杀和大促的商品统一由平台进行商品的上架控制，避免因为商家的不当操作带来不好的影响。

对于在秒杀开始前，商品界面上的定时器的实现，为了减少服务端的访问压力，定时器倒计时控制并不是每次通过服务端获取的，而是页面在每刷新访问一次才会访问一次服务器，当页面没有进行刷新操作时，界面上的时间倒计时则是在客户的浏览器端自行计算的。懂前端 Web 开发的读者马上就会想到，这里可以通过 JavaScript 代码的方式修改定时器时间使商品界面上提前显示出商品下单的操作按钮，或是通过跳过定时器控制的方式直接访问商品的下单链接 URL，达到在秒杀活动前就提前对秒杀商品的下单。为了杜绝这种现象的发生，解决的方法则是在服务端在接收到用户提交商品下单的请求后，一定要检查一下当前服务器的时间是否晚于秒杀活动的开始时间，否则就要拒绝该商品下单请求。

商品库存的乐观锁实现。避免商品出现超卖（即成功下单的订单中商品的库存数量大于商品现有的库存量，则称为商品超卖）的问题，核心技术是利用数据库的事务锁机制，即不允许同一商品的库存记录在同一时间被不同的两个数据库事务修改。在前柔性事务介绍中所提到的，用户在进行商品下单操作中，会进行一系列的业务逻辑判断和操作，对于商品库存信息这一访问热点数据，如果采用数据库的悲观锁（比如 select 语句带 for update）模式，则会给订单处理带来很大的性能阻塞，所以会采用乐观锁的方式实现商品库存的操作。实现的方式也比较简单，也就是在最后执行库存扣减操作时，将事务开始前获取的库存数量带入到 SQL 语句中与目前数据库记录中的库存数量进行判断，如果数量相等，则该条更新库存的语句成功执行；如果不相等，则表示该商品的库存信息在当前事务执行过程中已经被其他事务修改，则会放弃该条 update 的执行，可以采用重试的机制重新执行该事务，避免商品超卖的发生，具体的 SQL 语句示意如下：

```
    Update auction_auctions set quantity=#inQuantity#, where auction_
id=#itemId# and quantity=#dbQuantity#
```

其中 `#dbQuantity#` 为事务中在 `update` 语句执行前，通过 `select` 语句获取到的商品库存数量。

商品库存控制业务流。商品的库存在该类秒杀场景下，详细的库存控制业务流如图 6-24 所示。

图 6-24 中描述了在小库存商品秒杀场景下，用户在通过商品详情页查看商品时，获取的商品基本信息以及库存均是从缓存 Tair 中获取，如步骤 1.1。

当用户查看到当前商品还有可卖库存时，进入到 Buy 商品下单界面，此时商品的相关信息依然还是从缓存获取，如步骤 2.1。

用户在进行下单操作后，此时就通过数据库本机事务操作的方式，通过商品中心的服务（IC）获取到当前商品真实的库存信息（步骤 3.1），当此时获取的库存大于 0 时，则进行库存的扣减操作（步骤 3.2），在通过步骤 3.3 更新了商品数据库中的库存信息后，同时也会更新缓存中该商品的库存信息（步骤 3.4），则前方用户再访问该商品信息时，看到的就是已经更新后的库存信息。

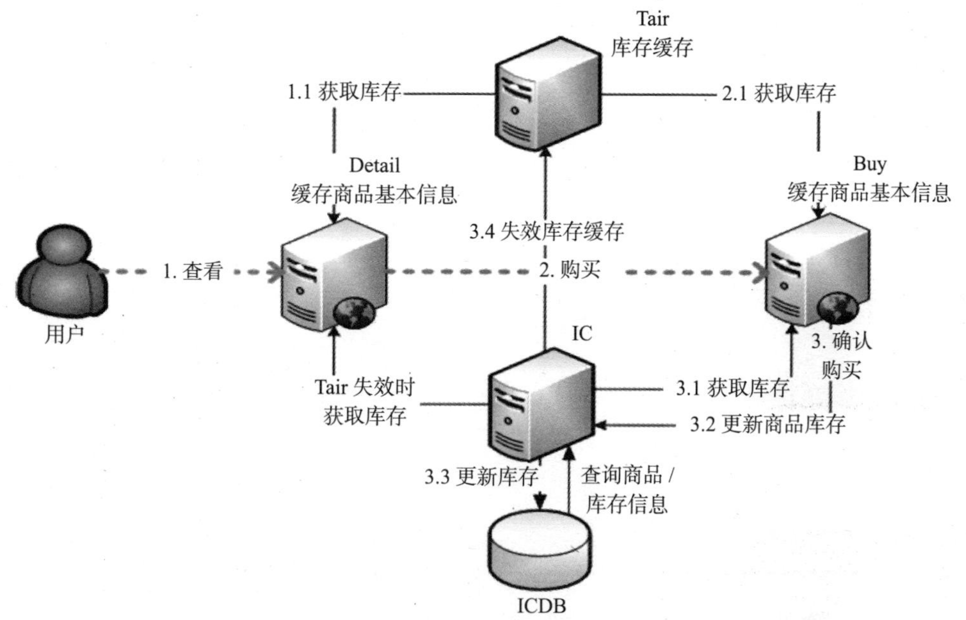

图 6-24　秒杀场景下小库存商品实现订单处理流程图

在小库存商品的秒杀场景中，缓存平台提供了对商品相关信息的缓存服务，使得用户只有在最终的下单环节才需要对数据库进行访问操作，大大降低了数据库的访问频率，而且因为商品的库存少，秒杀活动转瞬间就结束了，所以采用这样的架构基本就能满足该类大促秒杀场景业务的要求。

2. 大库存商品大促架构

如果参与大促的商品拥有较大库存数量的时候，比如 5000 件 1 元的洗衣液，因为洗衣液的库存记录只有一条记录，则在大量客户同时下单的过程中，按照上一流程中订单创建的逻辑，只有当前事务中碰巧在修改商品库存时该商品的库存信息相比事务开始时没有发生变化，才能进行库存的更新，否则可能采用重试的方式，这就会出现让用户长时间的订单创建等待的同时，还可能会出现后点击创建订单的客户反而会比前面已提交订单的客户提前成功下单，甚至造成先提交订单的客户可能因为商品售罄没有成功下单的情况。

为了解决这一类大促场景的需求，则就要进一步发挥缓存产品的威力，将之前仅仅作为商品信息浏览的缓存的作用，提升到为库存操作提供事务支持的角色。如图 6-25 所示。

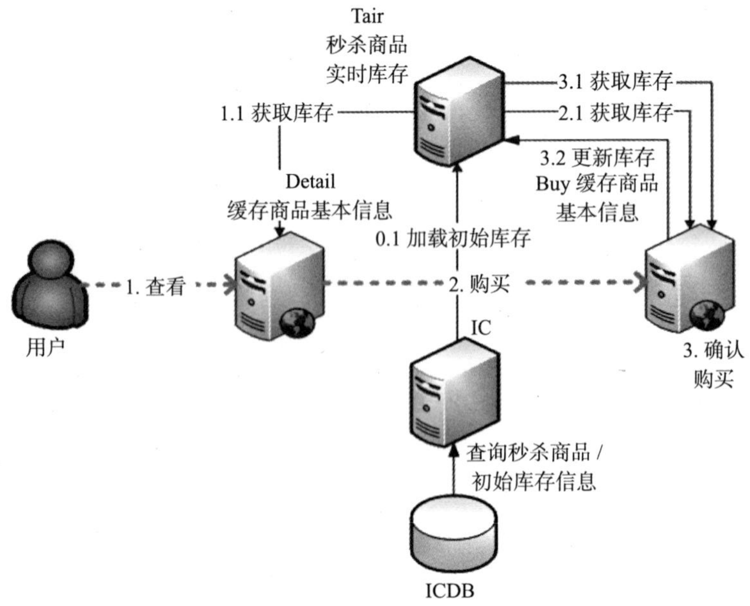

图 6-25　秒杀场景下大库存商品实现订单处理流程图

在秒杀活动开始前，直接将该商品的初始库存信息通过商品中心（图中的 IC）加载到缓存服务器 Tair 上（步骤 0.1）。

跟小库存商品秒杀场景相同，当用户访问商品详情页时，是从 Tair 缓存服务器上获取商品的库存信息（步骤 1.1），在库存大于 0 的情况下，用户进入到下单界面（Buy），并点击“确认购买”按钮进行下单操作时（步骤 3），后端处理的逻辑就跟小库存商品秒杀有了较大的区别。

在用户进行了下单操作后，程序首先会为该订单创建一个订单详单记录，只不过在库存成功扣减前，该订单的状态是用户不可见的。保存该订单的信息非常重要的作用是当缓存服务出现故障不可用时，可通过商品数据库中初始缓存的信息和数据库中订单详单信息能还原出订单处理的最新状态，而不至于出现因为缓存的故障造成业务数据的丢失。

在数据库中成功创建订单详单后，会发送一个库存修改的请求到消息服务器。因为一般的缓存平台还不支持MVCC或数据锁的功能，此时利用消息服务可让库存修改的请求线性处理，这里可利用上文提到的事务消息的方式，保证在订单详单创建成功后，发送消息到消息服务器，当消息的订阅程序从消息服务器获取到消息后，则对缓存中的库存数据进行更新处理。因为缓存数据更新时间在纳秒级，所以整体的库存处理性能相比传统数据库方式差别至少在百倍。当缓存中的库存数据成功更新后，则将之前创建的订单详情状态修改为成功下单状态，整个订单创建过程结束。

在这个方案中，实际上是将订单交易创建环节中对于原本商品数据库的库存信息操作替换为在缓存服务器中运行，充分展现了缓存服务相比于传统数据库在性能上的巨大优势。而且随着缓存技术的逐步完善和发展，业界各缓存平台的高可用性已经越来越高，从趋势来看，缓存技术将会在互联网应用场景中将扮演越来越重要的角色。

第 7 章 Chapter7

打造数字化运营能力

分布式服务体系建设后，整个淘宝平台变成了一个复杂无比的服务交互链路网，如何对每天发生的几千亿次服务调用出现报错时快速定位问题，如何实时监控到服务的运行状态是否正常，如何给运营团队关注的业务指标提供实时呈现以供他们进行实时的精准营销，这一系列的问题都是应用基于分布式服务体系建设后所面对的问题和诉求，这一章将系统介绍阿里巴巴采用分布式日志引擎解决各类技术和业务问题，为今天阿里巴巴的数字化运营能力逐步奠定了坚实的平台和数据基础。

7.1 业务服务化带来的问题

在 2009 年，阿里巴巴技术团队基于共享服务理念完成了对淘宝平台的服务化改造后，不管是业务部门的运营人员还是技术团队都沉浸在业务更快速的响应、更好地支持业务的创新的喜悦中，但上线后接下来两个月发生的事情却让技术人员始料未及。平台在出现错误的时候很难定位问题，甚至出现了问题没人承认。

为什么会出现这样的情况，根本原因就是业务的服务化。整个服务化后的淘宝平台各个服务间的服务调用关系变得纷繁复杂（如图 7-1 所示）。对这样复杂的服务调用关系以及每天海量的服务调用，而且所有的服务都是以“点对点”的方式进行交互，就自然会导致出现问题时很难定位。

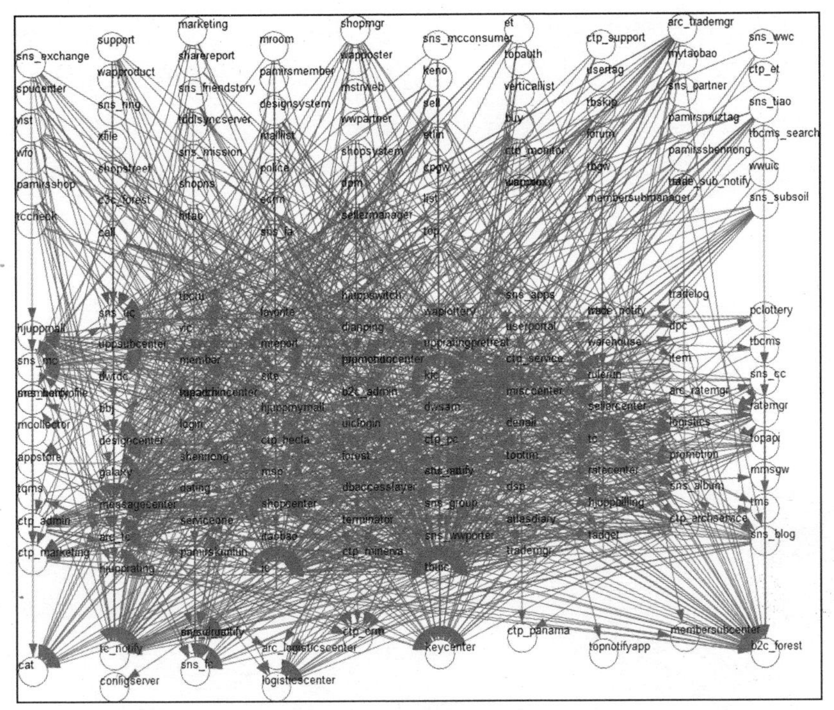

图 7-1　淘宝平台服务化后错综复杂的服务调用关系图

服务化后的平台，意味着用户在淘宝或天猫上任何一次页面请求都可能会造成后端很多台服务器间的服务交互和数据通信，还是以商品订单创建为例，说明应用进行服务化后带来的各种问题。

图 7-2 中展示了一次订单创建所需要调用的各种服务，其中某些服务（如图中用户校验、快递优惠、商品优惠）是通过订阅消息同时触发的服务，在整个订单创建的请求处理过程中，不仅仅有很多服务之间直接调用，同时还有服务同步和异步调用的并存，还会对数据库、缓存、分布式文件系统进行访问。也就是用户在前端进行的一次订单创建的操作，会造成后端几十台服务器之间的访问和交互，虽然在服务之间的调用都是有序进行的，但从最终体现看，服务之间的调用形成了一个网状关系。

在这样的服务调用状况下，假如“库存检查”服务出现了异常，就很难定位这次异常到底是在哪个业务场景中产生的。因为在淘宝、天猫订单创建场景中都会调用“库存检查”这个服务，而且每天会被调用几千万次，如何知道这次异常到底是在哪一个订单创建过程中调用所产生的？从实际生产环境所出的问题来看，很多问题绝不单单靠“库存检查”服务上的单机日志定位问题，必须非常清楚地知道该服务被调用所在的业务场景和具体的订单创建请求的服务上下文，才能定位问题。举例来说，当一个服务出现问题后，为了定位该问题，一般采用测试的方式希望重现该错误，但这个服务的开发人员怎么测试自己的服务都是没有问题的，与调用这个服务的前一服务两点间怎么测试也无法重现问题，而最后发现是服务调用链路上在当前出问题服务之前的第三个服务因为数据格式没有校验，造成了后面服务的异常。可以想象如果出现这样的问题采用传统的日志查看方式定位问题，就需要在海量的日志信息中花费很长时间进行日志比对，解决问题的效率会非常低下，甚至没法定位问题。

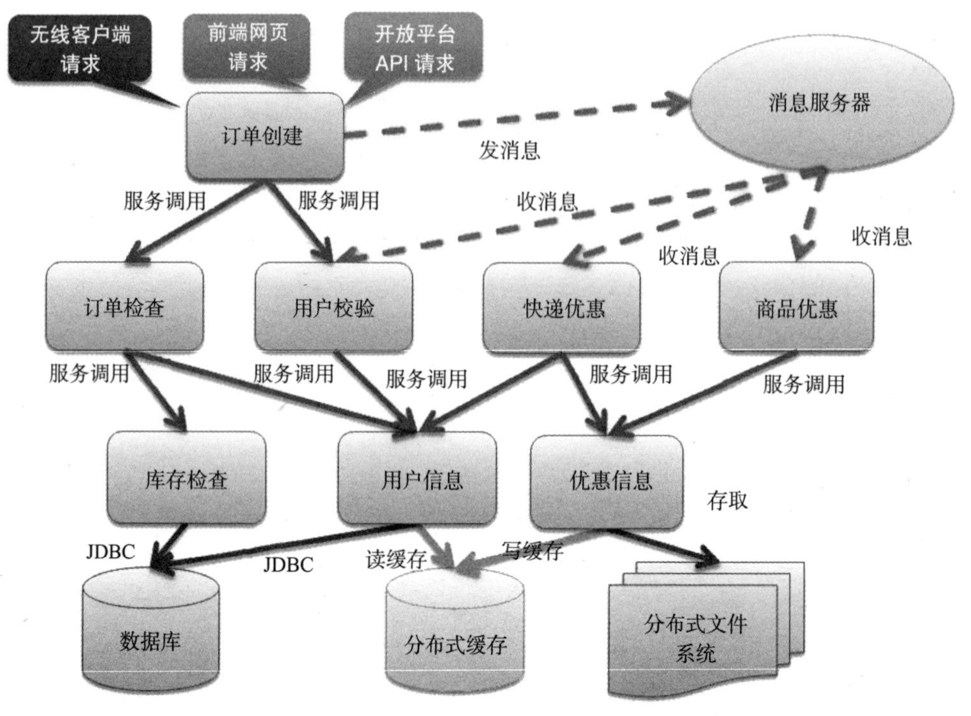

图 7-2　淘宝订单创建服务调用流程示意图

除了对问题进行快速定位外，服务化过程中，不同角色的技术人员还需要一系列管控。

作为一个服务开发人员，当他开发的服务投入生产环境后，这个服务是否正常可能直接影响他的绩效考核。但作为整个服务体系中的这个服务，有可能如上述例子中那样同时在不同的业务、不同的场景中被调用，那如果你是这个服务的开发者，你一定会比较关心以下两个问题：

- 我的服务在什么链路下被调用，调用场景和数据是否合理？
- 目前服务调用趋势怎样？产生的瞬间峰值有多少？是否达到服务能力的最高水位？

同时，还有另外一类人群的工作也与业务服务化息息相关，那就是在阿里巴巴有一群称为业务架构师的资深专家，业务架构师主要负责针对业务的需求，通过对服务的组装设计出满足业务需求的服务调用链路，是典型的即能跟技术研发人员平滑沟通，也有足够对业务敏感度和精深理解的综合型人才。业务架构师是最直接为业务的稳定和用户使用体验负责的角色，但不能苛求业务架构师对所有参与这次业务请求实现的所有服务都了如指掌，每一个服务都有可能是由不同的团队开发或维护的，所以业务架构师会一直关心和思考以下几个问题：

- 在当前的业务流程设计中，我依赖了哪些应用、哪些服务？
- 整个链路的依赖路径是怎样的？哪些服务对当前业务处理来说是最为核心的？这些依赖如果出错，会有什么影响？
- 一次业务请求处理的时间到底花在了什么地方？是因为某一个服务耗时很长，还是某一个数据库的访问操作耗时最久，需要有一个清晰直观的定位。
- 我所负责的业务链路中，过去一段时间哪些服务是出错率比较高的，哪些服务是业务链路的处理瓶颈？

正是因为服务开发人员和业务架构师对于分布式服务调用跟踪方面的需要，阿里巴巴中间件团队历时两年多的时间打造了针对分布式服务调用链跟踪平台——“鹰眼”。

在业界，跟淘宝的鹰眼类似的平台有不少，如 Twitter 的 Zipkin，这一类平台的实现都起源于 Google Dapper 论文（http://research.google.com/pubs/pub36356.html），感兴趣的读者可以查看该论文对此类分布式服务跟踪平台的原理实现有一个更详细的了解。在本书中会简要介绍鹰眼的实现过程以及今天阿里巴巴集团围绕鹰眼平台所打造的一系列的数字化运营能力。

如果我们把整个淘宝的分布式服务架构比喻为遍布全国的高速公路网络，每一次的页面请求都可以认为是一辆汽车在这个高速公路网络中穿行，把高速上的每一个收费站比喻为处理请求的服务。那么我们希望查看一辆汽车在高速上的行走轨迹的话，如何实现？最简单的方法就是在这辆车每次经过收费站的时候记录下车辆通过的时间和相关信息，并将这些信息统一发送到服务器端保存起来（如图 7-3 所示）。

```
[2013-05-01 12:23:34] 鲁A123BC,平度2,S16,济南,￥0
[2013-05-01 12:23:40] 鲁A987DE,平度2,S16,淄博,￥10
[2013-05-01 12:43:15] 鲁A123BC,潍坊1,S20,济南,￥18
[2013-05-01 13:38:29] 鲁A123BC,青州西1,G20,济南,￥10
[2013-05-01 13:38:30] 鲁A567AB,青州西2,G20,潍坊,￥10
[2013-05-01 14:39:27] 鲁A123BC,淄博3,G20,济南,￥15
[2013-05-01 16:42:58] 鲁A123BC,济南3,G20,济南,￥25
……
```

图 7-3　汽车通过高速收费口日志记录信息

当我们希望查看鲁 A123BC 这辆车的行驶轨迹时，只需从日志文件中查找出该车辆的日志信息，就能清晰地还原出该车辆的行驶路线和过路费等信息（如图 7-4）。

```
– [05-01 12:23:34] 平度2，旅途开始
  ↓
– [05-01 13:38:29] 青州西1，耗时 75 分钟，路费 10 元
  ↓
– [05-01 14:39:27] 淄博3，耗时 61 分钟，路费 5 元
  ↓
– [05-01 16:42:58] 济南3，耗时 123 分钟，路费 10 元
```

图 7-4　某辆车经过不同高速收费口日志记录信息

上面高速路网络和汽车的示例直观地展现了鹰眼平台的核心实现思路，就是通过一套分布式日志平台实现对服务调用链路的跟踪。今天的鹰眼平台记录了淘宝每天上千亿次的服务调用信息，日志信息来自超过 500 多个前端和后端应用，还有数百个数据库、缓存、存储，日志量超过 3 千亿行。同时以图形化的方式给服务的开发人员、运维人员、业务架构师提供了完善的服务调用跟踪信息，为服务出错后的快速定位、服务链路的性能优化、服务链路的流程优化等提供了非常有价值的参考数据。

7.2 鹰眼平台的架构

基于以上的设计思路和理念，淘宝构建的鹰眼架构如图 7-5 所示，因为阿里巴巴内部安全规定，该架构图是 2013 年时对外介绍的架构，在近几年鹰眼平台发展过程中，对某些组件也进行了升级和替换，但总体的架构原理没有大的变化。

首先在每个应用集群的运行环境中，每当应用中进行了远程服务调用、缓存、数据库访问等操作时，都会生成相关的访问日志并保存到应用所在的服务器上。

因为这些本地日志信息仅仅是一次业务请求处理中的部分日志信息，必须要将这些日志信息汇聚到一个地方才能进行全局的统计和查看，所以在每个运行应用所在的服务器上均有一个代理程序，专门负责实时地将生成的日志文件（增量）发送到鹰眼的处理集群上。

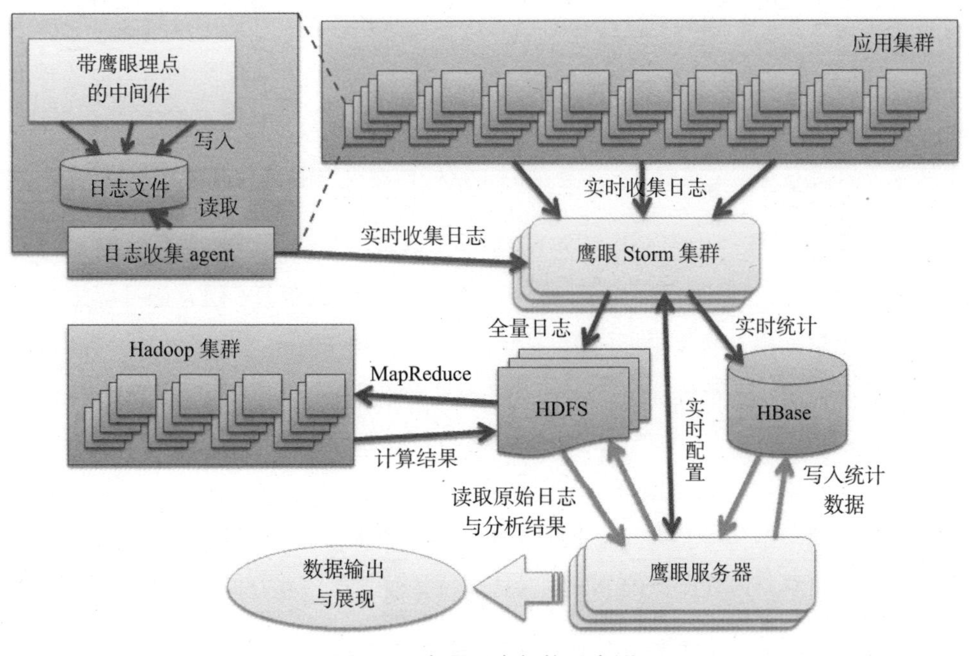

图 7-5 鹰眼平台架构示意图

鹰眼平台是阿里巴巴中间件团队自主研发的 JStorm 流式计算引擎，对应用集群接收到的日志进行内容的解析拆分，按照不同业务场景的需求将拆分后的数据保存到不同的存储系统中。对于需要对日志信息进行实时业务统计的需求，会将日志信息保存到 HBase 中，对接收到的日志信息进行实时的汇总计算，最后给鹰眼服务器提供实时业务统计数据，比如某一服务实时的 QPS 值、交易金额的实时变化等场景。如果对于日志信息要进行批量的统计和分析，比如 7.5 节将会提到的链路分析功能，则会利用 Hadoop 分布式文件系统（HDFS）提供这类业务场景下对日志数据的计算和分析。

7.3 埋点和输出日志

实现分布式服务跟踪系统的主要思路是通过服务调用链各服务处理节点生成相应的日志信息，通过同一请求中生成的日志具有同一个 ID 将不同系统或服务"孤立的"日志串在一起，重组还原出更多有价值的信息。

也就是说，在每一个 URL 请求都会生成一个全局唯一的 ID，鹰眼平台中称为 TraceID，这个 ID 会出现在该请求中所有服务调用、数据库、缓存、消息服务访问时生成的所有日志中。因为上述所有的资源访问均是在分布式环境下进行的，如何将该 TraceID 平滑地传递到各个服务节点上呢？如果要求应用程序中实现服务链路日志的打印和 TraceID 的传递，则在程序中有大量的日志打印代码，而且需要将 TraceID 采用业务数据的方式传递给下一服务节点，这些都给应用带来了非常大的代码侵入。

因为阿里巴巴的大部分应用均使用 Java 语言编写，而且统一通过上文提到的 HSF 服务框架进行通信，其他如分布式数据库、消息服务、缓存服务等中间件平台在集团层面都进行了很好的统一标准化，所以阿里巴巴采用了另外一种方式，将实现服务调用、各种资源的访问所需要生成服务链路日志，以及 TraceID 传递等功能的代码（称为埋点）植入到了服务框架层和各资源的访问驱动层，也就是在中间件层面上统一实现了鹰眼的上下文创建以及日志埋点功能，让调用上下文在中间件的网络请求中传递，同时将调用上下文信息保存在了本地 ThreadLocal 中，从而实现了鹰眼平台所需的调用上下文和日志信息对于应用开发人员完全透明。

图 7-6 示意了一次请求产生埋点日志信息的流程图，"start Trace"为这次请求产生了上下文信息，即 TraceID。关于 TraceID 的生成规则，可以根据业务的需要在 TraceID 中包含一定的业务信息，比如前端应用的 IP 地址，这样可以通过该信息快速定位到生成此次请求的前端应用；比如创建时间，方便后期将修改日志信息按照时间维度进行分区存储。在淘宝的环境中，TraceID 一般会包含以下信息：

- IP 地址：在淘宝环境可直接映射到前端应用。
- 创建时间：在存储时用于分区。
- 顺序数：用于链路采样。

除了 TraceID 负责将 URL 请求中所有的服务调用和资源访问关系串联在了一起，还有另外一个 ID 在分布式服务调用过程中也起到非常重要的作用，这个 ID 就是 RCPID，用于标识日志埋点顺序和服务调用间的嵌套关系。

在实际的业务场景中，服务的调用一定会有顺序性，比如在订单中的金额没有计算完成时，是无法创建支付记录的；也会有服务的嵌套、同步、异步调用，比如订单创建服务中会调用支付中心的接口进行支付记录的创建。通过消息服务的方式，让好几个服务同时执行计算处理，形成了一对多的服务调用，也就是会形成类似树型的服务调用关系。面对这些多样的服务调用场景，如何清晰、准确地记录下各种场景下服务调用间的关系，RCPID 的生成方式变得比较重要。

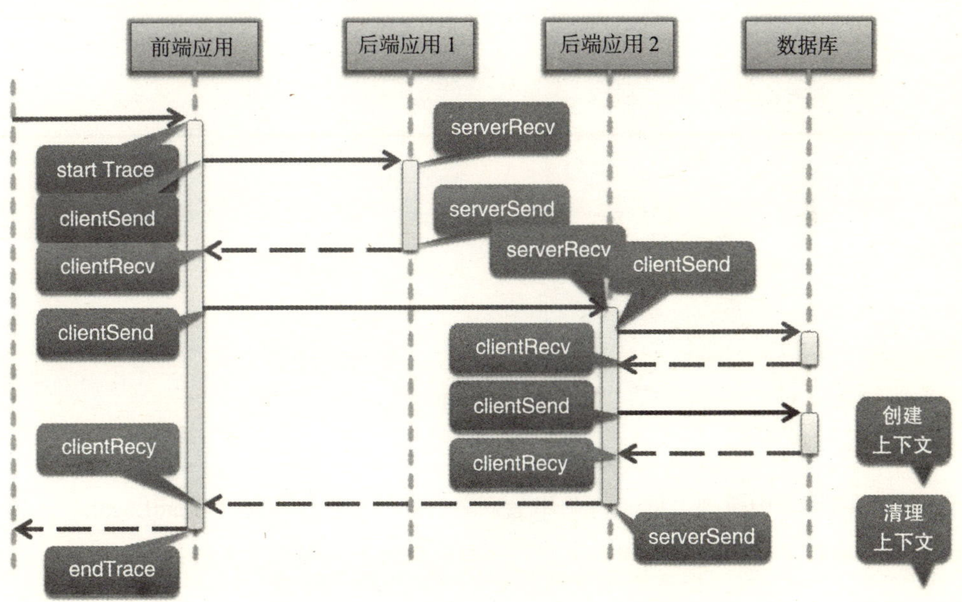

图 7-6　一次服务请求产生埋点日志流程图

在鹰眼平台中，是通过顺序编号的方式表示服务间的顺序关系，采用如 1.1、1.2.1 的多级编号方式体现出服务的嵌套和调用关系，以商品订单创建为例（如图 7-7 所示），图中的数字即为 RCPID 的示意，鹰眼平台正是通过 RCPID 还原出一次请求过程中各服务间的调用关系。

在图 7-7 中的“服务调用”过程中，都会将在前端应用中生成的 TraceID 和 RCPID 传递到后端应用 1 和 2 的应用实例中，让应用实例在打印埋点日志时能包含这些调用上下文信息，为随后鹰眼服务器通过日志里的这些上下文关键信息获取到同一 URL 请求引发的一系列服务调用和资源访问，以及这些服务调用的顺序和关系。

埋点日志信息会用于各种不同的分析、统计、监控等场景，除了上文提到的 TraceID 和 RCPID 是一定会保存在埋点日志中之外，还需要有其他更多的信息来满足业务对鹰眼监控平台的需求。从鹰眼监控平台多年的发展来看，埋点日志中会包含以下信息。

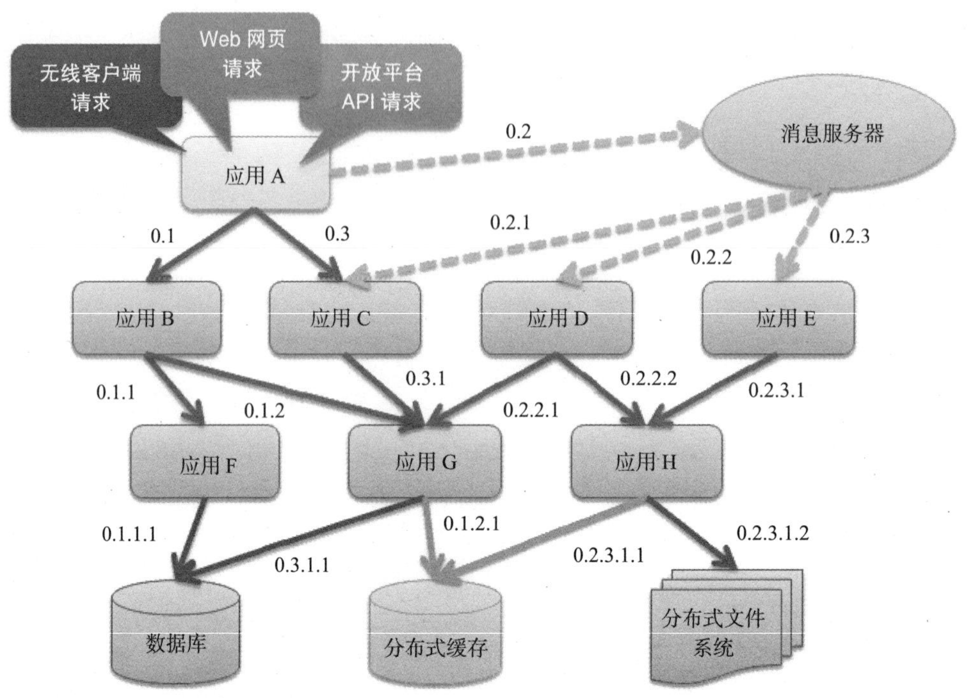

图 7-7 订单创建场景下 RCPID 标示示意

- ❑ TraceID、RPCID、开始时间、调用类型、对端 IP。
- ❑ 处理耗时。
- ❑ 处理结果（ResultCode）。
- ❑ 数据传输量：请求大小 / 响应大小。

7.4 海量日志分布式处理平台

鹰眼平台除了对服务调用进行相关的监控外，也对各个中间件运行指标或各应用中的业务指标提供实时监控的能力，但各中间件平台或应用按照各需求的不同，生成的日志格式和包含的内容也存在很大的差异。针对这些不同服务管控信息的需求，为了更高效、快速地实现不同平台和应用与鹰眼平台对接，鹰眼平台中利用了阿里巴巴中间件团队开发的海量日志分布式处理平台 TLog。

TLog 可以根据用户定制的处理流程，持续不断地对目标机器生成的日志数据进行解析、计算、入库等操作，对日志的处理流程提供了"所见即所得"的可视化配置界面，具备零业务侵入、高性能、实时性强等特点。

要接入 TLog 平台，只需完成三步操作配置：日志采集设置、日志数据处理流程自定义、API 方式数据获取，就能通过分布式日志处理的方式实现所需要监控的技术或业务指标信息。

用户只需设置好日志收集的目标应用、机器 IP、日志路径等信息（如图 7-8 所示）并保存后，就完成了采集点的配置工作。

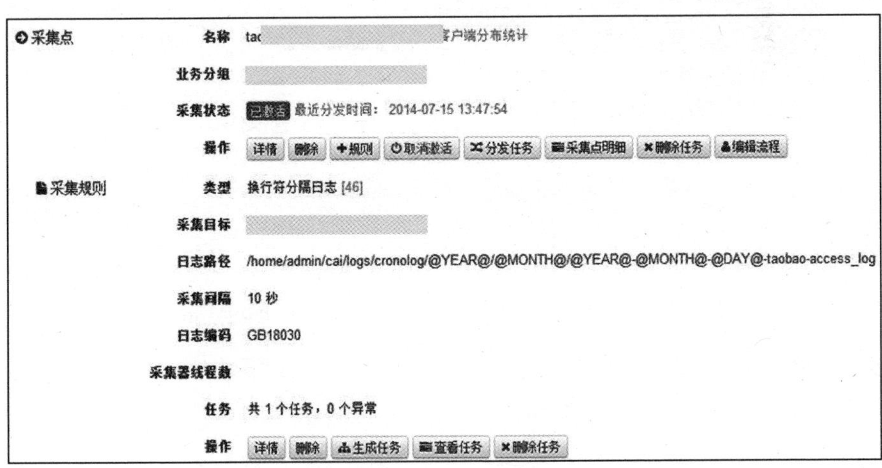

图 7-8 鹰眼平台对日志采集规则的配置界面

因为不同平台和应用的日志格式和处理计算方式都不同，TLog 中最让人称道的功能就是可视化日志处理流程定义。

TLog 采用了 Google Blockly 可视化编程工具，给用户提供了自定义日志处理流程编辑体验。可对任意格式的日志信息进行切分、持久化、聚合等步骤的流程配置，整个处理流程的定制采用所见即所得的方式，你只需要将所有的处理模块按照顺序拼接在一起。同时也提供了测试的功能，允许你将测试日志文本粘贴至测试文本区，点击“测试”，就可以在右下角看到这些文本按照你所定制的流程执行的结果，如图 7-9 所示。

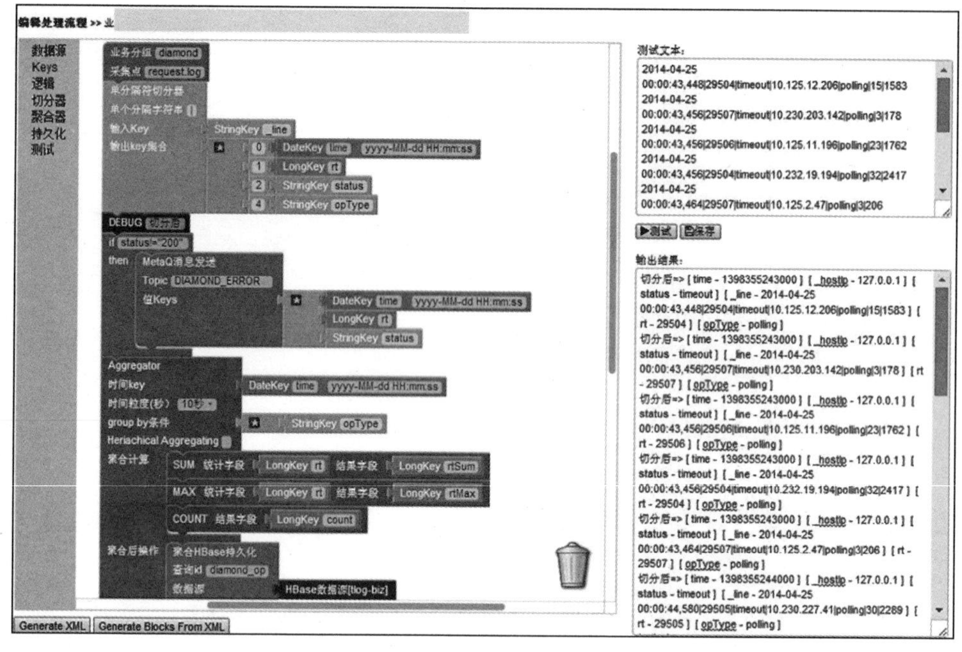

图 7-9　TLog 平台提供可视化日志处理任务编排工具

当用户定制好所需的处理流程并保存后，TLog 平台会将处理流程部署在后端的流式处理引擎上，即将 Blockly 的配置信息转化为 TLog 内部的执行单元，并分配到 JStorm 流式引擎不同的组件中，即 Spout 和 Bolt，这样你的日志就会从之前定义好的采集点中被源源不断地抓取并处理了。

最后应用方可以通过 TLog 提供的 API 或数据提取工具实时获取处理后的数据，并将这些数据通过报表的方式展现在大盘或监控平台上（如图 7-10 所示）。TLog 的 API 还提供按照不同的关键字对数据进行排序和统计的功能。

鹰眼平台中正是有了 TLog 这套分布式日志处理平台，才能满足今天业务方对于服务、应用各种指标值的实时监控、查看、统计的需求，做到及时的业务对接和需求响应。

从技术角度来说，在今天的分布式应用环境中，不管是对于服务的管控，还是各平台和应用的运行状态、业务指标的监控，相比传统的监控平台对单机或单集群的监控在技术实现方式上有了很大的不同，而分布式日志处理平台已经成为实现分布式应用环境中此类需求实现的事实标准。所以，在某种程度上，一个专业、成熟、稳定的分布式日志处理平台应该是互联网时代企业所需要的 IT 基础架构中的基础组件之一。

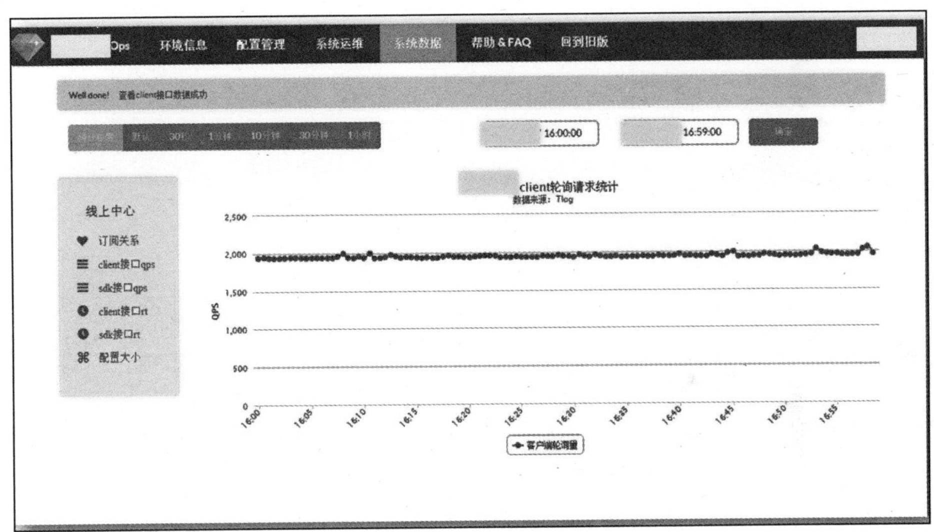

图 7-10　鹰眼平台提供的系统监控

7.5　日志收集控制

应用运行过程中所有的服务调用、资源访问等信息都将保存到埋点日志中，如果在记录这些日志信息的过程中，给应用带来性能的影响，则一定会受到来自应用开发和运营团队的抵触，所以阿里巴巴中间件团队花了大量的功夫优化日志生成所需的系统消耗，将给应用带来的性能影响降到最低，取得的成绩也非常显著。

但我们发现，有些类型的服务对打印和传输日志带来的性能影响确实非常敏感，特别是在大促秒杀的场景下，短期内产生的海量日志信息确实给整个系统的网络和磁盘IO都带来了不小的冲击。针对这样的情况，我们采用了控制日志收集的方法，也就是在遇到大量请求时只记录其中一部分数据，而不是像平时那样做全量的数据记录。

任何给定进程的消耗和每个进程单位时间的日志采样率成正比，也就是采样率越高，则进程用于日志处理的消耗越高。通过对采样率的调整，可以动态设置针对某一应用实例产生的日志采样率。你可能会有疑问，如果只收集部分日志信息，会不会有些问题平台就无法捕捉到？从理论上讲，不是100%的日志采样率确实存在漏掉对出现问题的服务调用，但从实际来看，对阿里巴巴这样高吞吐量的线上服务来说是非常有用的，因为那些感兴趣的事件（在大吞吐量的情况下）仍然很有可能经常出现，并且通常足以捕捉到。

在较低采样率和较低传输负载下，可能会导致错过重要事件，而想用较高的采样率就需要能接受一定的性能损耗。所以在实际的使用中，结合服务调用的频率和业务的访问量，调整适合的日志采样率，找到事件捕捉和性能损耗的平衡点，也是此类跟踪平台需要考虑的问题。

7.6 典型业务场景

1. 服务实时监控

在应用服务化后的体系中，单纯对操作系统等基础架构层面的资源监控（比如CPU、内存、网络、磁盘IO等）已经很难满足业务的要求。在一定比例的系统出现问题时，这些基础设施层面的指标并没有异常体现，但实际的应用和服务已经不能正常提供业务服务了，这就需要对系统和平台的监控一定要细化到服务的粒度，对于服务的运行状态有一个更加及时、准确的管控。

对于服务的监控就是鹰眼平台的典型应用场景。鹰眼平台能够从各应用节点上收集到的这些日志信息，再加上处理效率极高的后端流式处理引擎，使得我们在分布式应用环境下，能够实时掌控服务运行的状态。

通过在应用的不同层次进行埋点日志的打印，鹰眼平台可以实现从应用入口、服务层、服务方法层的精细管控。

如图 7-11 所示，鹰眼平台对 max-artist 应用的 HTTP 入口请求中设置了埋点日志，所以该应用不管部署了多少应用实例，对于该应用的某一 HTTP 访问地址可进行实时的 QPS 访问、请求耗时的信息全局可视化。

图 7-11 对 HTTP 请求入口的实时指标监控

同样，对于不同的应用可以设置不同等级的埋点日志信息和采样率，如果业务需要，可以将服务监控的粒度细化到服务中（如图 7-12 所示），让该应用的开发和运维人员对于该应用所提供的服务运行状况有一个实时、直观的感知，比如某一服务或方法的 QPS、响应时间等实时指标。

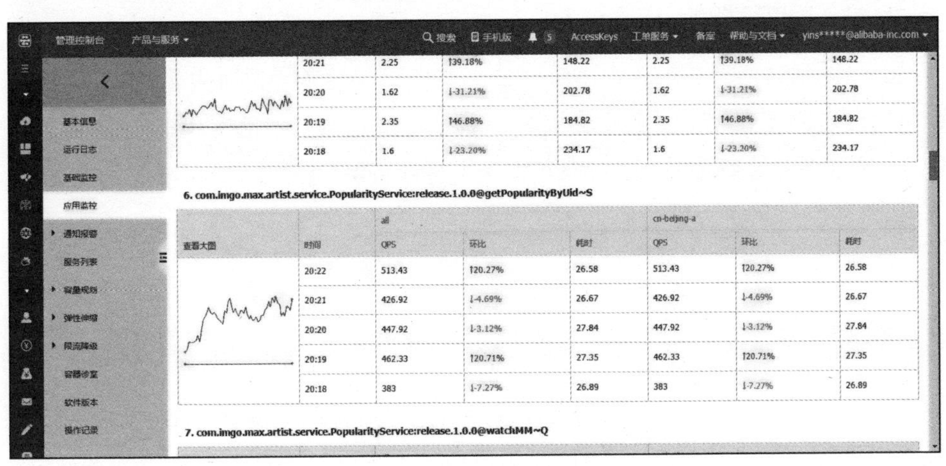

图 7-12 对服务接口和方法的实时指标监控

结合监控报警能力，鹰眼可实现到 HTTP 请求、服务粒度的报警规则设置，从实际表现来说，当服务运行指标出现异常时，该应用的运维人员接收到报警信息的时间是在秒级，真正做到比用户更早一步感知到系统异常，并快速修复。

图 7-13 精确到 HTTP 请求和服务粒度的监控报警

正是因为有了鹰眼平台所提供的服务监控能力，才使得今天在阿里巴巴每天几千亿次的服务调用中，服务的开发和运维人员对于各自服务在线运行状况能够实时、准确地感知，同时也能在第一时间察觉到服务的异动，为快速的故障发现和及时恢复提供了基础的服务监控数据。

2. 服务调用链跟踪

上面提到过，当在服务调用链上某一服务出现异常时，因为无法及时、清晰的定位出该服务到底是在哪一个业务场景或服务调用链、哪一次的业务请求中，所以产生异常很难定位问题，甚至出现无人为此负责的情况。

鹰眼平台中的服务调用链跟踪的功能真是针对这个问题的杀手锏。通过对服务调用时的埋点信息的收集，以及 TraceID 和 RCPID 的串联作用，给运维人员在 Web 界面上清晰还原出每一次业务请求所产生的服务链调用情况。

当开发或运维人员通过服务监控或接收到客服团队报来的问题后，运维人员除了可以通过发生异常服务器上的日志中搜索到对应的 TraceID（服务在调用过程中一旦出现异常，会自动将 TraceID 等埋点信息打印到日志文件中），也可以通过应用、IP 地址、服务名称、时间段等多条件组合查询的方式，搜索并定位在出现问题时间段内的服务调用链记录，如图 7-14 所示。

一旦搜索出问题对应的调用链记录后，则可通过平台提供的链路跟踪功能详细查看这次出问题的请求到底是在哪里。

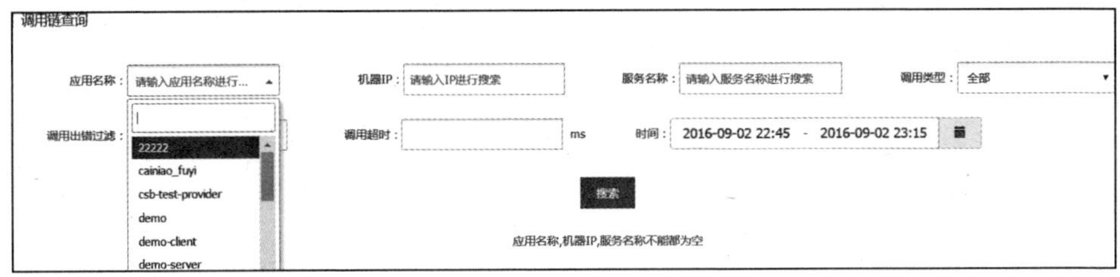

图 7-14 服务调用链查询界面

图 7-15 中以淘宝实际的一次业务请求所产生的一系列服务调用以及资源访问的链路展示情况。说明如下：

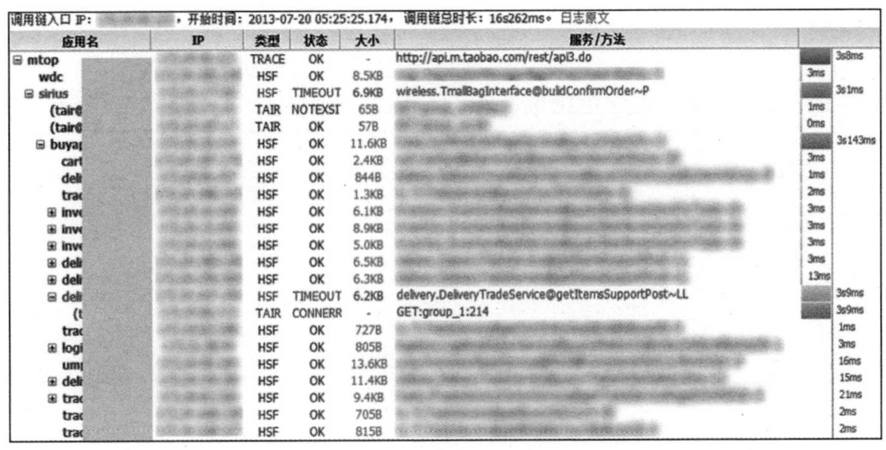

调用链入口 IP: ，开始时间：2013-07-20 05:25:25.174，调用链总时长：16s262ms。日志原文

应用名	IP	类型	状态	大小	服务/方法	
⊟ mtop		TRACE	OK	-	http://api.m.taobao.com/rest/api3.do	3s8ms
wdc		HSF	OK	8.5KB		3ms
⊟ sirius		HSF	TIMEOUT	6.9KB	wireless.TmallBagInterface@buildConfirmOrder~P	3s1ms
(tair@		TAIR	NOTEXIST	65B		1ms
(tair@		TAIR	OK	57B		0ms
⊟ buyap		HSF	OK	11.6KB		3s143ms
cart		HSF	OK	2.4KB		3ms
deli		HSF	OK	844B		1ms
trac		HSF	OK	1.3KB		2ms
⊞ inve		HSF	OK	6.1KB		3ms
⊞ inve		HSF	OK	8.9KB		3ms
⊞ inve		HSF	OK	5.0KB		3ms
⊞ deli		HSF	OK	6.5KB		3ms
⊞ deli		HSF	OK	6.3KB		13ms
⊟ deli		HSF	TIMEOUT	6.2KB	delivery.DeliveryTradeService@getItemsSupportPost~LL	3s9ms
(t		TAIR	CONNERR	-	GET:group_1:214	3s9ms
trac		HSF	OK	727B		1ms
⊞ logi		HSF	OK	805B		3ms
umj		HSF	OK	13.6KB		16ms
⊞ deli		HSF	OK	11.4KB		15ms
⊞ trac		HSF	OK	9.4KB		21ms
trac		HSF	OK	705B		2ms
trac		HSF	OK	815B		2ms

图 7-15 服务调用链跟踪详细信息

- ❑ 该视图的第一列应用名清晰地展现出这次业务请求所涉及的应用间服务调用关系，因为存在着一系列的服务嵌套调用，所以是一个典型的树形结构。
- ❑ 第二列的 IP 地址列则显示了在此次调用链中提供对应服务的应用实例所在的服务器地址。
- ❑ 第三列显示出服务调用的类型，是 HSF 的 RPC 服务调用，还是对 Tair 缓存的服务访问，以及数据库的访问等。

- 第四列的状态显示出每次服务调用的结果如何，针对不同的服务类型有不同的状态标识，如 OK、TIMEOUT、NOTEXSIT 等，这样当查看某一业务请求到底是在链路中的哪个部分出现的问题，则一目了然。
- 第五列是进行服务调用和访问过程中所产生的数据大小，为数据和优化提供数据支持。
- 第六列是更精确地展现出到底是应用中的哪个服务以及方法在此次调用链中被调用，让开发和运维人员更快定位到问题。
- 第七列是该业务请求整个处理时间，以及每一个服务调用所花的时间。

在定位到具体出问题的应用实例以及 IP 地址信息，就可以到对应的服务器上查看更加详细的日志信息，进行快速的故障定位和修复工作。

调用链跟踪除了对于系统出现问题时，起到快速定位问题的作用，也对应用的性能优化带来帮助。在分布式应用中，一次前端请求的响应时间已经不单单是在一台服务器上程序的处理时间，而是多个分布在不同服务器上的服务处理时间和网络上的传输时间的总和。如何定位出应用请求的响应时间太慢问题？也是很多技术团队在面对分布式应用场景下解决不好的一个问题。

通过调用链跟踪中对于一次请求中服务的调用关系，特别是服务调用的并行度以及一次请求所消耗的时间分布，对于定位应用的性能瓶颈点和优化有较大的帮助。

服务调用的并行度实际指的是在业务不受影响的前提下，进行服务的异步调用，使得多个原本依次调用的服务能并行执行，从而大大减少了整个的业务处理响应时间，如图 7-16 所示，在左图中，所有服务如果都是进行调用，调用并行度为 0 的情况下，整个处理时间为 326 毫秒；在右图中进行了服务并行调用的优化后，请求处理时间降低到 188 毫秒，单次请求处理时间减少了超过 40% 的响应时间。

利用调用链跟踪中对服务消耗情况的时间轴展现，对于服务调用链路中耗时较长的服务或资源访问（如数据库访问）一览无余，以图 7-17 中的链路示例，在整个链路中 RCPID 为 0.23 的服务消耗了 204ms，占到了整个请求处理时间的 1/3，开发人员就可针对这一耗时最长的服务进行相应的优化，找出该服务程序中的优化点，将该服务所消耗的时间减少到 100 毫秒，从而让整个链路处理时间尽可能降到最低。

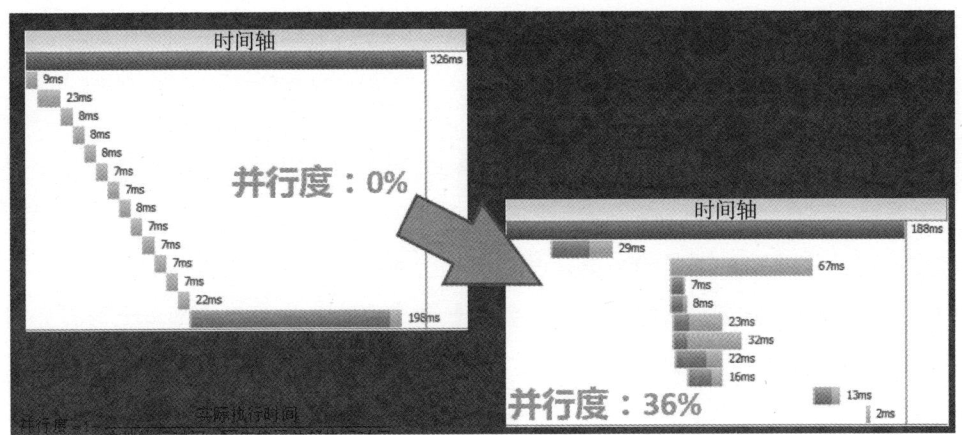

图 7-16 通过服务调用链跟踪优化业务请求处理并行度

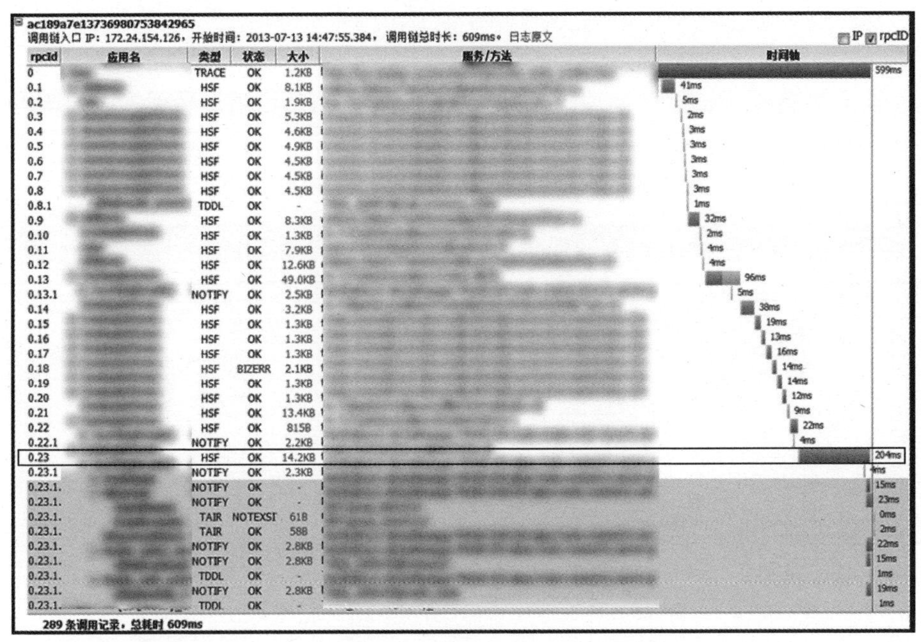

图 7-17 服务调用链跟踪快速定位性能瓶颈点

正是有了调用链跟踪这一功能，才使得阿里巴巴应用服务化后的平台从一个无服务管控的状态变成为一个具备真正可管可控的状态，形成了完善的服务化管控体系。所以，在今天很多的企业中，单单实现了应用服务化工作，但对于随之而来所需的服务管控能力考虑并不多，使得很多的应用和平台都运行在一个不可管控的状态，对于这一类的平台，从专业角度来说这些平台是一个不可用的状态，完全不能支撑起企业业务的进一步发展，同时也存在很大的运维隐患。

3. 服务调用链分析

服务调用链跟踪的功能是对服务运行状态和调用关系进行实时呈现，在一定程度上满足了服务开发人员对于服务监控方面的诉求。但对于业务架构师所关心的服务间的依赖关系以及服务运行的持续稳定和优化并没有太大的帮助，所以在完成了服务调用跟踪的功能开发后，紧接着开发出针对业务架构师诉求的服务调用链分析功能。

在服务调用链跟踪数据基础上，给业务架构师提供了可按一定时间区域（比如一个月、三个月、半年等）对服务调用数据进行统计和分析的功能，让业务架构师对服务调用链有一个更加理性和由事实数据支持的业务决策优化。

在图 7-18 所示的服务调用链分析界面中，每一列都清晰地展现出服务调用链中有价值的统计数据。说明如下：

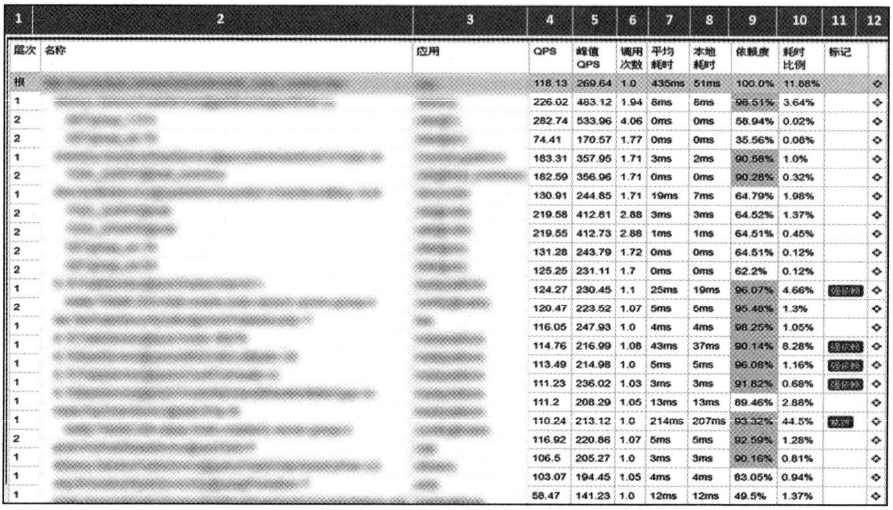

1	2	3	4	5	6	7	8	9	10	11	12
层次	名称	应用	QPS	峰值 QPS	调用次数	平均耗时	本地耗时	依赖度	耗时比例	标记	
根			118.13	269.64	1.0	435ms	51ms	100.0%	11.88%		
1			226.02	483.12	1.94	8ms	8ms	98.51%	3.64%		
2			282.74	533.96	4.06	0ms	0ms	58.94%	0.02%		
2			74.41	170.57	1.77	0ms	0ms	35.56%	0.08%		
1			183.31	357.95	1.71	3ms	2ms	90.58%	1.0%		
2			182.59	356.96	1.71	0ms	0ms	90.28%	0.32%		
1			130.91	244.85	1.71	19ms	7ms	64.79%	1.98%		
2			219.58	412.81	2.88	3ms	3ms	64.52%	1.37%		
2			219.55	412.73	2.88	1ms	1ms	64.51%	0.45%		
2			131.28	243.79	1.72	0ms	0ms	64.51%	0.12%		
2			125.25	231.11	1.7	0ms	0ms	62.2%	0.12%		
1			124.27	230.45	1.1	25ms	19ms	96.07%	4.66%		
2			120.47	223.52	1.07	5ms	5ms	95.48%	1.3%		
1			116.05	247.93	1.0	4ms	4ms	98.25%	1.05%		
1			114.76	216.99	1.08	43ms	37ms	90.14%	8.28%		
1			113.49	214.98	1.0	5ms	5ms	96.08%	1.16%		
1			111.23	236.02	1.03	3ms	3ms	91.82%	0.68%		
1			111.2	208.29	1.05	13ms	13ms	89.46%	2.88%		
1			110.24	213.12	1.0	214ms	207ms	93.32%	44.5%		
2			116.92	220.86	1.07	5ms	5ms	92.59%	1.28%		
1			106.5	205.27	1.0	3ms	3ms	90.16%	0.81%		
1			103.07	194.45	1.05	4ms	4ms	83.05%	0.94%		
1			58.47	141.23	1.0	12ms	12ms	49.5%	1.37%		

图 7-18 服务调用链分析界面

- 第一列显示了该调用链各服务的嵌套调用层次关系，使业务架构师可直观地看到业务请求所进行的一系列服务调用的顺序及嵌套关系。
- 第二、三列显示了服务调用链中所调用的服务方法、服务以及服务所属的应用、不同资源（数据库、缓存、文件系统等）类型的操作，使业务架构师可清楚地了解当前业务请求所需要的服务和资源。

- 第四、五列展现各服务或资源请求的 QPS 当前值以及所选时间段内的峰值。主要目的是让业务架构师对于各服务的历史峰值 QPS 有一个准确的了解，针对接下来的大促活动时，服务器的资源准备有一个更科学的理论依据。
- 第六列的“调用次数”表示在这次调用链路中，对于同一个服务或资源的调用次数，通过该数值可以直观地看到当前调用链路对于哪些服务的依赖是比较多的，从而为接下来的服务依赖强弱提供参考。
- 第七列“平均耗时”展现了在选定时间区域内，对于当前服务调用链各个服务或资源访问的平均耗时时间。这对于业务架构师是非常有帮助的信息，通过与调用链跟踪中单次服务耗时的比较，可以了解当前链路中哪些服务的响应时间处于比较稳定的状态，为服务的持续稳定提出更高的要求，同时也能从统计分析的角度，定位出链路中耗时的瓶颈到底在何处。
- 第八列“本地耗时”指抛开网络层的会话建立以及数据在网络层的传输所花费的时间，更准确地显示出服务调用或资源访问过程中在服务器本地进行处理请求计算时所花的平均耗时。
- 第九列的“依赖度”表示一次链路中调用某个依赖服务的几率的高低。
- 第十列是对第七列各服务和资源访问平均耗时占整个业务请求链路总耗时的比例，更直观的展现出当前链路中各服务的耗时占比。
- 第十一列主要用于对服务调用链路中强弱依赖的标记。对于什么是强弱依赖，还是以商品订单创建的链路为例。在整个订单创建的过程中会按照业务逻辑按顺序调用超过上百个不同的服务，在这些服务中，有些是否运行是否成功直接决定了这个订单的链路是否还能继续往下执行，比如库存检查的服务，如果发现订单中所买的商品数量超过了商品的库存，则库存检查会抛出库存不足的异常，订单后续的服务调用就应该停止，也就是说库存服务这个服务对于订单创建的链路属于必须执行，而且一定是要执行成功的，这个链路才能正常继续执行，我们将这一类的服务对于这个链路称为强依赖；而同样在订单创建链路中也会调用比如快递优惠（江、浙、沪免邮）这样的服务，设想一下，如果这个服务在订单创建链路中没有被调用，或者计算这个优惠的结果失败，最终导致生成的订单的价格并没有享受到快递免邮的优惠。从用户体验角度来说确实有一定影响，但从业务处理流程上，用户只要给卖家提出这个优惠的问题，让卖家在订单中扣减相应的快递费用，则最终成交的价格和快递优惠服务成功调用后的结果是同样的。我们把快递优惠这一类的服务成为弱依赖。

为什么将服务链路中的服务以业务的维度标示出强弱依赖的关系，一方面让对那些标记为强依赖的服务有更高的可用和稳定性的要求，另一方面用于今后的“限流降级”功能，参见第 8 章。

总体来说，服务调用链分析的功能是为业务架构师度身定制的一个统计分析功能，让业务架构师对于自己设计的业务链路在实际生产中的运行状况有一个直观的了解，利用分析出的数据可以更有针对性的优化业务链路流程或提升某些服务的服务质量，给用户提供更好的用户体验。

在某种程度上说，服务调用链跟踪的功能着重于对业务链路数据的实时监控，服务调用链分析则是对服务调用数据按照不同维度进行离线的统计和分析，两者相辅相成，很好地解决了服务开发人员和业务架构师针对应用服务化后服务管控的诉求，是阿里巴巴服务管控体系最为重要的两个核心功能。

4. 业务全息排查

服务调用链跟踪功能上线后，成为了平台日常环境中，开发和运维人员用来实时感知服务运行状况以及定位故障和问题的最大利器，但慢慢发现服务调用链跟踪所展现的数据都是服务调用、资源访问等技术方面的数据，无法在调用链跟踪平台中查看到该调用链与之相关的业务信息，比如线上的某次系统调用异常，是由哪笔订单的什么操作引起的？这笔异常订单，是否由卖家对所对应商品的运费模板的某些异常操作导致？买家 A 在某段时间内分别进行了哪些操作，每次操作的调用链路是怎样的？这一系列关于订单、商品、买家与调用链间的关系也是开发与运维人员关心的。从实际解决问题的角度，如果有了调用链对应操作的业务信息，对于系统异常的定位会更加精准和快捷。

在这样业务需求的推动下，在服务调用链跟踪功能的基础上，阿里巴巴又实现了“全息排查”的功能。

所谓的全息排查系统，本质上是将服务链路信息与业务事件进行了集成，将业务事件通过服务调用链的 traceID&rcpID 进行双向关联。当业务事件发生时，在应用代码中将该业务事件所在的服务调用链路、所在服务的信息以及当前业务事件的信息以日志的方式输出，同样基于鹰眼平台中的 Tlog 日志处理引擎进行统一的日志收集和计算。在阿里巴巴的业务时间日志中包含了以下主要关键信息：

- “TraceId”将业务事件和鹰眼链路关联在一起的重要 ID，用于定位该事件属于哪条鹰眼调用链路。如果日志中没有此字段，通过业务 ID 将只能查到用户配置的业务信息，但无法反向关联查找出匹配的鹰眼链路。
- “RpcId”定位该事件在这条调用链路中的位置，比如业务事件发生在哪个服务中。阿里巴巴中间件团队将获取当前上下文的 TraceID 和 RpcID 打包成了 SDK 并封装到了应用运行容器层，应用开发人员只需简单调用 EagleEye.getTraceId() 和 EagleEye.getRpcId() 来获取当前上下文中的 TraceId 和 RpcId。
- “DateKey”该字段为必填，用于记录当前业务事件发生的时间。
- “业务主键”需要被查询的业务主键字段。比如一行日志中包含了交易订单 id，会员 id，商品 id 等，在此处配置一个或多个主键，随后即可在全息排查平台中通过该主键查询出这条日志的相关信息。
- “业务详细记录”上面的业务主键为查询的主键，业务详细记录则为被存储的键值。

在进行了业务事件日志的输出后，运维和开发人员就能通过“业务轨迹”的方式，在查看某一业务请求服务调用跟踪的同时，也能看到服务中所产生的业务事件以及相关业务主键，如图 7-19 所示，其中 userid、item 均为日志中的业务主键。有了业务事件信息的参考，能够更加清晰、快速定位出现异常的服务链路到底是哪一个用户在对哪个商品进行订单创建，可以查看到关键业务值在链路过程中的变化，也可用于业务正确的判断，同时也能从业务的维度进行用户行为的分析。

通过全息排查平台，将鹰眼平台从对跨系统调用追踪升级为跨业务领域追踪，走出了从运维平台向运营平台转型的重要一步。

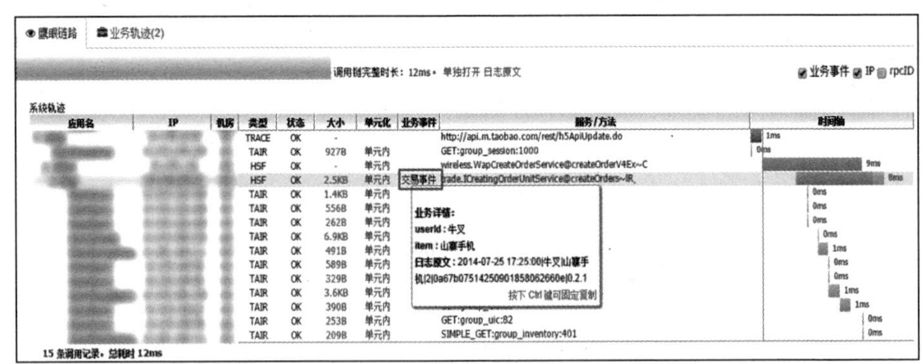

图 7-19　全息排查在系统中的展现

5. 业务实时监控

相信在每年天猫双 11 的时候，在媒体上播放的非常酷炫的双 11 实时销售大屏给很多人留下了印象，随着大屏上实时变化和跳动的业务指标，比如实时交易金额、移动端比例、top10 的热销商品、top10 的商家销售排名等，这些实时业务指标的变化信息不仅能让运营或者商家对销售情况实时掌握，也可以基于这些实时业务数据进行精准类的营销工作。比如平台运营人员发现当前某一区域的移动端用户比例比较低，就可以采用向该区域的手机客户投放一定数量的红包，这在一定程度上可以达到提升移动端用户比例的目的。

这样的场景其实还有很多，而且我们也发现，有些数据在产生后的一段时间内如果不利用好，就会随着时间的推移其业务价值陡降（如图 7-20 所示）。比如之前例子中提到的移动端用户实时占比情况数据，在双 11 结束后再对这些数据进行离线计算和分析，所能发挥的业务价值就会大打折扣。

如何通过发掘数据的最高时效价值，为业务增长进行保驾护航的同时，帮助业务寻求潜在的增长点呢。传统的技术方案有两种，一种是直接访问在线交易数据库，但因为业务大屏展现所需的数据并不是简单地获取单个数据记录，还会产生大量的数据统计、排序、查询、计算等操作，这种方式很显然会对在线交易数据库产生非常大的压力，直接影响到在线交易数据库服务的性能，所以这种方案在实际中很少采用，因为没有人会选择为了实时展现业务指标的变化而牺牲在线数据库的正常服务。另一种方案是将业务数据从在线交易数据库通过 ETL 的方式同步到数据仓库或其他的数据库中，业务展现大屏通过访问数据仓库获取到相关业务指标和统计数据。这样的方案基本能做到准实时的效果，但如果数据更新量较大，会有较长的数据同步时间，也会给在线数据库带来不少数据同步的压力。从实际的案例来说，这一类方案能实现的业务指标一般是分钟级。

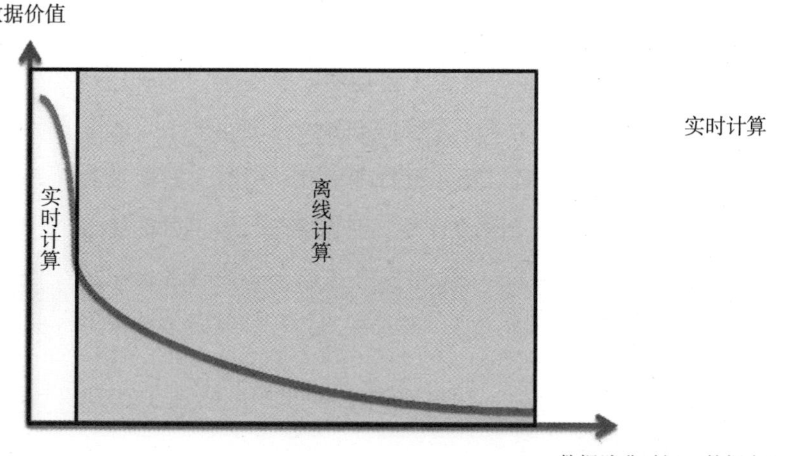

图 7-20　数据价值随着时间会出现陡降

淘宝天猫双 11 大屏秒级实时业务指标的展现是利用分布式日志处理平台 TLog 的能力。其架构如图 7-21 所示。

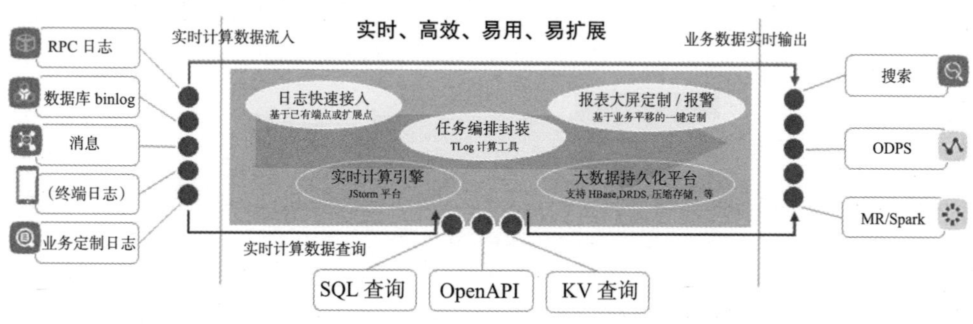

图 7-21　业务实时监控平台功能架构示意图

这次处理的日志就跟服务调用完全没有关系，所有的业务事件（订单成功创建、订单成功支付、用户登录等）日志都要求应用在这些业务事件发生时输出到日志中，再由 TLog 日志处理平台实现对这些日志从各个应用服务器上的采集，采用 TLog 提供的图形化日志处理流程的定制，将处理任务下发到流式引擎 JStorm 中，实现实时对采集到的日志内容进行解析和分类处理，按照业务大屏上所需的数据信息，将不同类型的数据保存到后端的在线数据库 HBase 或数据库平台中，最后通过 API 的方式给前端业务展示大屏提供数据的服务，就会实时展示双 11 的相关数据。

采用这样的方案就使得业务大屏对业务指标的实时展现完全不影响在线交易数据库，也能将发生的业务指标变化在秒级就体现在业务大屏上，有了这样的实时业务大屏，给市场运营人员提供了有价值的参考数据，如实时、精准营销策略或活动时计划等，真正对企业的运营提供了精准有效的数据支持。

Chapter8 第 8 章

打造平台稳定性能力

当阿里巴巴集团的核心业务都基于共享服务体系建设后，这些服务中心是否具备业务能力的持续扩展，以满足阿里巴巴不停地有新业务的接入？这些服务是否在每天几千亿的服务调用中保持稳定的服务能力？在万众瞩目的双 11 活动当天，如何确保整个平台平稳如山地渡过访问峰值？在出现机房断电或通信电缆故障的情况下，如何保障平台持续稳定运行？本章将介绍当这些难以想象的各种复杂场景出现后，阿里集团如何打造共享服务中台的平台稳定性能力。

在过去 10 多年的时间里，阿里巴巴投入了集团大量的精英人才用于提升淘宝、天猫平台服务的稳定性，正是有了多年来上万名阿里技术人员的持续创新和技术沉淀，在一系列秒杀大促，特别是天猫双 11 这样称为现象级的电商大促活动中，打造出了今天大家所看到的可轻松应对天猫双 11 的平台稳定性体系。

在整个稳定性体系中，所包含的范围非常广泛，从机房的布线、网络通信、硬件部署、应用架构、数据容灾等方面都与之相关。从共享服务中台的角度，则更多的是从应用架构设计和中间件平台的维度对平台的稳定性实现更精细化的管控和保障。本章就是从这个角度介绍阿里巴巴中间件团队多年来为了提升淘宝和天猫平台的稳定性所作出的一系列技术创新和成果，包括限流和降级、流量调度、业务开关、容量压测和评估、全链路压测平台、业务一致性平台等。

8.1 限流和降级

什么是限流和降级？这一互联网场景下所产生的词语可能对于很多的读者还比较陌生，而这两个能力是平台在服务化体系下还能保持稳定运行所必须具备的。设想一个场景，你开发了一个企业中非常核心的一个服务，日常情况下会有上百个应用调用，如果对服务的调用不加限制的使用，可能会因为某个应用开发的 bug 或不合理设计对给服务造成了非常大的压力，直接导致所有服务节点全部被请求占满，使得原本非常核心的应用因为访问服务超时而产生了很大的生产事故。从现象来说，所有服务节点看起来运行都很繁忙，但从应用方的角度来看，因为服务响应时间过长，实际上该服务并没有提供有效服务。从道理来说，服务就是给其他应用提供服务的，用户怎么调用服务是很难控制的，所以必须从服务自身做好保护，否则可能因为一个小的问题而造成平台级的故障。

另一个是大促活动的场景，经过前期精心的评估和准备，基于对访问峰值的预估，准备了 50 台服务器来应对大促活动的到来，但大促活动开始后，让大家始料未及的是原本预估有 100 万人参加本次大促活动，瞬间涌来了 1000 万的用户，这远超过服务处理能力的访问请求，会使后端的服务器直接满负荷运算，并伴随着大量的资源抢占和上下文切换，使平台处理能力下降到一个极低的程度（通常是服务器正常运转下处理能力量级的差别），这都直接影响了业务请求的响应时间，从而造成更多的业务请求排队，最终造成整个平台无法响应和崩塌。这样类似的场景都是因为平台不具备限流的能力。

限流的作用相当于电路上的保险丝，当过载的时候掐掉一些流量，让系统有能力集中资源以较快的速度处理平台处理能力范围内的业务请求。也就是上面大促场景中，仅让 1000 万用户中的 100 万用户进入后端的处理流程中，将其余 900 万用户的请求通过队列排队或直接阻挡在平台处理单元之外的方式，保障平台能在处理能力范围内对 100 万的用户请求进行处理。

平台要具备限流的能力，首先需要对服务部署的能力有一个准确的评估，知道服务实例的部署量到底最大能满足多少业务请求的处理要求。这就需要采用压力测试的方式对系统进行压测，但传统的压力测试方法都是采用模拟的数据，从实践的角度来看，这些压测的数据与在实际生产环境中所表现的指标还是有比较大的偏差，也就是说，采用模拟数据进行压力测试的方式并不能准确测量出平台的能力峰值。阿里巴巴中间件团队针对这个问题，开发了线上压测工具，能更方便和准确地对服务的容量进行评估，即获取到该服务所能提供的最大处理能力。在随后 8.4 节“容量压测与评估规划”中对这部分内容有一个更详细的介绍。

在掌握服务的容量后，接下来就是要针对服务资源的使用情况进行监控，通过资源监控的指标与之前所获取的服务处理上限进行比较，如果超过服务处理上限则启动限流。通过 CPU、内存、磁盘 IO 等资源的使用情况来判断系统目前的负载往往是不准确的，因为很多情况下系统本身的处理能力处于什么样的水位跟这些操作系统资源的使用情况没有一个清晰地对应关系，所以在实际中，都会通过服务的 QPS 作为限流的关键判断指标。

对于平台限流的实现，先从一个典型服务化应用架构的角度来看。用户的请求首先会通过前端接入层（一般采用 Nginx）分发到后端的应用集群上，应用集群中主要负责用户的前端交互以及基于业务需求对后端服务集群中的服务进行服务调用。为了避免大促秒杀场景时，远超过系统处理负载上限的访问请求，同时也能很好的兼顾安全问题，通过一些安全策略防止对平台的恶意攻击，所以最优的限流拦截点在前端接入层面（如图 8-1 所示），因为让访问洪流进入到系统的下层，对于系统的冲击以及限流的难度都会加大。

阿里巴巴是通过在 Nginx 上实现的扩展组件 TMD（Taobao Missile Defense，淘宝导弹防御系统）实现了接入层限流的主要工作，TMD 系统可通过域名类限流、cookie 限流、黑名单以及一些安全策略等很好地实现了在接入层的限流措施。

TMD 系统包含了淘宝技术团队开发的开源模块 nginx-http-sysguard，主要用于当访问负载和内存达到一定的阀值之时，会执行相应的动作，比如直接返回 503，504 或者其他 URL 请求返回代码，一直等到内存或者负载回到阀值的范围内，站点恢复可用。对于 nginx-http-sysguard 模块的具体使用，在淘宝开放的 Tengine 平台上有非常详细的介绍，读者可自行到该站点（http：//tengine.taobao.org/document_cn/http_sysguard_cn.html）上学习。

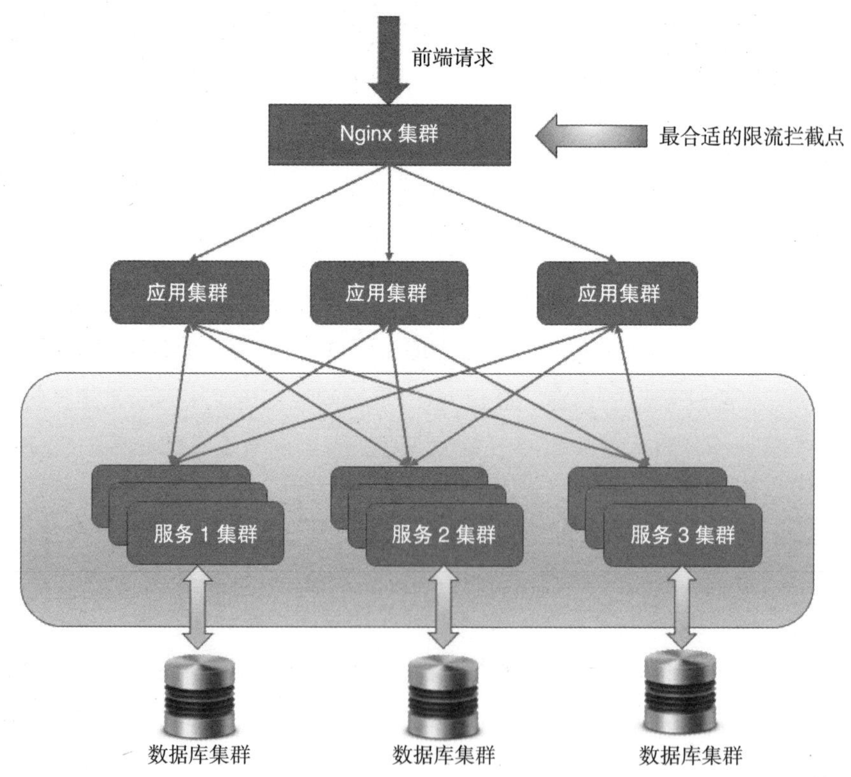

图 8-1　接入层是最佳限流点

在模块 nginx-http-sysguard 基础上，淘宝 TMD 系统给用户提供了可视化的配置管理界面，方便用户针对不同的业务场景实现不同的限流规则，如图 8-2 所示。如果有来自单台机器持续高频率访问淘宝平台上的一个 URL 页面，可在 TMD 中设置规则：访问频率大于 180 次 / 每秒，则进行 IP 访问频率限速或 cookie 访问频率限速。正是有了 TMD 这样配置灵活、操作方便的规则配置界面，运维人员都可以针对所发现的异常请求以及实时的处理状态，设置出各种保护措施，保障平台在面对大促秒杀或恶意攻击时，具有一定的自我保护能力，在平台接入层外部惊涛骇浪的访问洪流下，平台接入层内部保持稳定、健康的运行状态。

在接入层实现了限流后，一定会有部分用户的请求得不到系统正常的处理，所以平台一般会给用户返回限流页面，在一定程度上减少用户因为请求没有成功处理的失落体验，限流页面的风格会与当前大促秒杀活动的风格统一，页面也会包含跳转引导界面，以形成用户体验和业务处理流程的闭环，如图 8-3 所示。

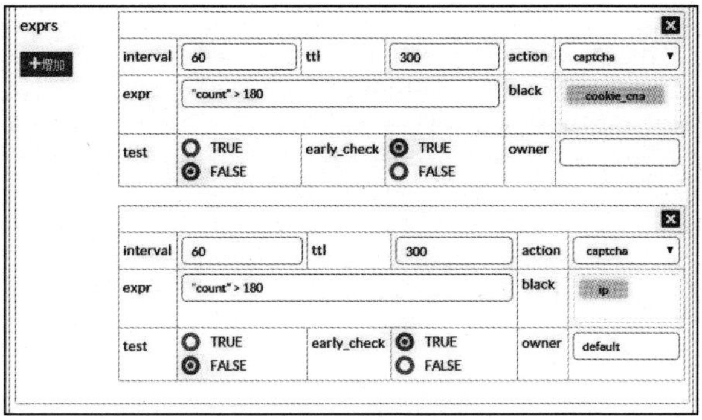

图 8-2　TMD 设置限流的配置界面

图 8-3　平台限流后的用户界面

TMD 平台能很好地实现在平台接入层的限流功能，但对于服务层就无能为力了。对于实现服务的限流控制，传统的实现方式通常使用 Spring 的 AOP 机制，对需要限流的接口定义一个 advice 拦截器，示例代码如下：

```
<bean id="spuServiceAdvisor"
    class="org.springframework.aop.support.RegexpMethodPointcutAdvisor">
    <property name="patterns">
        <list>
            <value>com.taobao.item.service.SpuService.*</value>
        </list>
    </property>
    <property name="advice">
        <ref bean="spuServiceApiAdvice" />
    </property>
</bean>
<bean id="spuServiceApiAdvice"
    class="com.taobao.trade.buy.web.buy.util.monitor.advice.SpuService
          ApiAdvice" />
```

其中的 SpuServiceApiAdvice 类实现 MethodBeforeAdvice 接口，重写 before 方法，那么在调用指定的接口或者方法前会计算当前线程数或 QPS，如果当前的线程数大于所设置的最大线程数阈值，则返回访问限流的异常信息，示例代码如下：

```
@Override
protected void invokeBeforeMethodForFlowControl(MonitorStore monitor
        Store) throws FlowControlException {
    long newThreadCnt = monitorStore
    .getStoreDataInfo(getMonitorName(), getKey()).getThreadCnt().get();

    if (newThreadCnt > MonitorParams.MAX_THREAD_COUNT_FIVE) {
        throw new FlowControlException(
        "SpuServiceApiAdvice access control, threadcnt="
                + newThreadCnt);
    }
}
```

这套流控技术方案是可行的，实现起来也比较简单，但在实际应用场景中还是会发现不少问题以及功能的局限性，比如：

1）如果一个应用需要对 100 个接口进行限流，那么对应地也就需要配置 100 个 advice 和编写 100 个拦截器，如果是成百上千的应用呢？

2）限流阀值是硬编码形式（一般采用 static 值），阀值修改繁琐，也没有统一的管理和配置。

3）在某些情况下，当前服务的处理线程池被占满，导致该问题的原因可能不是来自服务调用上游，而是因为依赖的下游服务出现异常导致的，所以单单在服务端的限流手段太过单一，需要结合服务调用上下游进行更灵活的设置。

4）缺乏统一的监控平台，对当前的服务限流情况没有全局管控。

5）限流算法简单，当在双十一这种特殊场景，会看到毛刺现象，需要一种更平滑的限流算法。

因为此方案在实际应用中所暴露出的问题，所以有了限流平台 Sentinel 的出现。Sentinel 平台正如它英文的意思“哨兵”一样，为整个服务化体系的稳定运行行使着警戒任务，是对资源调用的控制平台，主要涵盖了授权、限流、降级、调用统计监控四大功能模块：

- **授权**——通过配置白名单与黑名单的方式对 HSF 的接口和方法进行调用权限的控制；
- **限流**——对特定资源进行调用的保护，防止资源的过度调用；
- **降级**——判断依赖的资源的响应情况，当依赖的资源响应时间过长时进行自动降级，并且在指定的时间后自动恢复调用；

- **监控**——提供了全面的运行状态监控，实时监控资源的调用情况（QPS、响应时间、限流降级等信息）。

Sentinel 平台有两个基础概念：资源和策略，对特定的资源采取不同的控制策略，起到保障应用稳定性的作用。Sentinel 提供了多个默认切入点，比如服务调用时，数据库、缓存等资源访问时，覆盖了大部分应用场景，保证对应用的低侵入性；同时也支持硬编码或者自定义 AOP 的方式来支持特定的使用需求。

Sentinel 平台的架构如图 8-4 所示，需要通过 Sentinel 实现限流功能的应用中都嵌入了 Sentinel 客户端，通过 Sentinel 客户端中提供对服务调用和各资源访问缺省实现的切入点，使得应用方完全不需要对要实现限流的服务或资源进行单独的 AOP 配置和实现，同时不仅可以限制自己的应用调用别的应用，也可以限制别的应用调用对用我的应用。通过这些资源埋点实时计算当前服务的 QPS，也可通过现有的监控系统获取到应用所在服务器的相关系统监控指标，用于限流规则设置中的阀值比对。

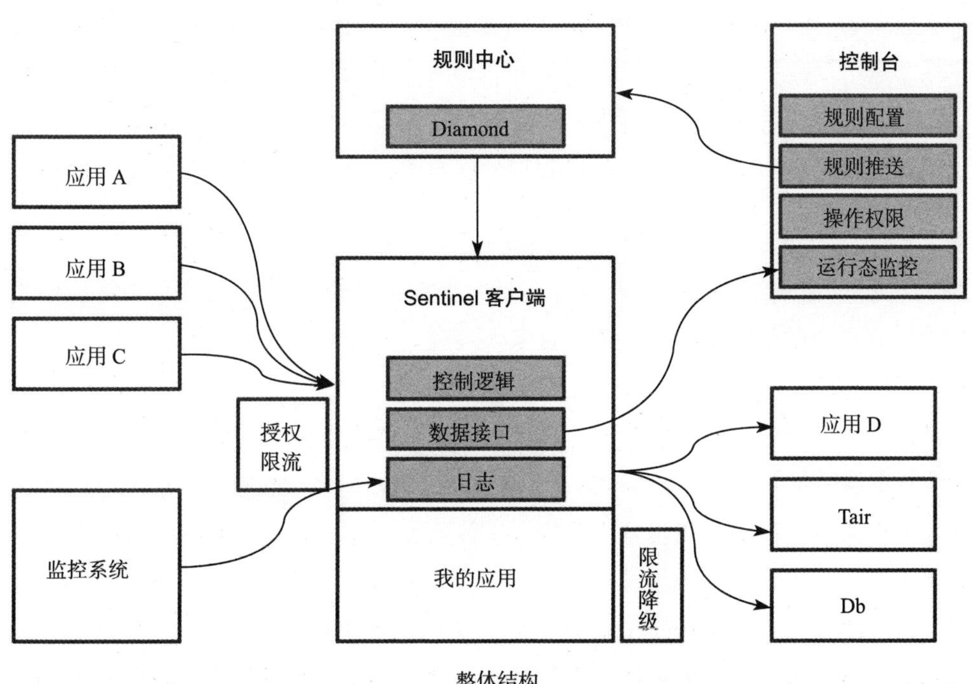

图 8-4　Sentinel 平台架构示意图

Sentinel 控制台（如图 8-5 所示）会从客户端拉取资源实时的运行监控数据（比如 QPS、响应时间等），并展现在控制台的监控界面上。控制台给运维人员提供了针对服务、缓存、数据库等资源访问设置各种限流规则，并将设置好的规则发送到 Diamond 的规则配置中心后，再有 Diamond 服务器将规则推送到相关的 Sentinel 客户端，让设置的规则最终在应用运行状态时快速生效。

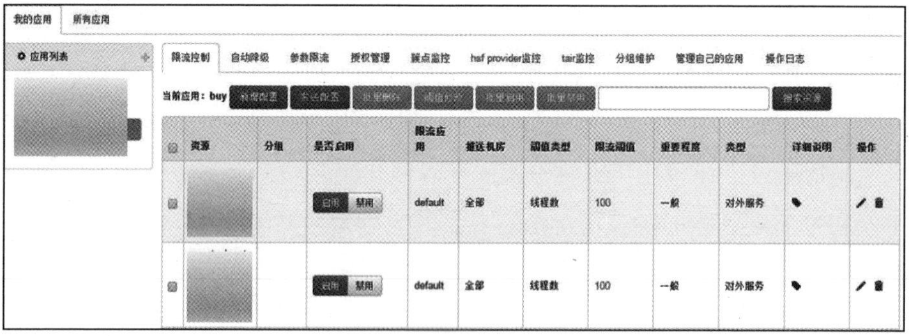

图 8-5　Sentinel 控制台限流操作界面

Sentinel 平台中除了提供限流的核心功能之外，还提供降级的功能。先回顾一下第 7 章中“服务调用链分析”所提到的服务间强弱依赖，即在有些业务请求处理过程中，有些服务是否正常被调用或成功处理了服务请求，对于整个业务请求不会产生决定性的影响，比如之前提到交易链路中快递优惠这个服务，这类服务在服务调用链中就会标记为弱依赖的服务。

设想一下，如果在双 11 活动启动后，大量的用户订单请求涌入平台，此时如果发现平台的整体水位已经像平台最大处理能力的水位逼近时，除了限流可以起到第一层的保护作用外，我们还可以将那些之前标记为弱依赖的服务平滑下线，也就是让订单创建的处理流程中去掉那些弱依赖的服务调用，达到将节省出的系统资源更好地服务于核心服务的运行；又或者在大促时，某核心服务依赖了某一个非核心的服务，但发现因为这个非核心服务的处理性能和服务响应时间较长，导致了当前核心服务的处理出现了瓶颈，这时为了保证核心服务的正常处理，就需要在核心服务业务逻辑中对于那个非核心服务的调用暂时停止。这样类似的场景就称为服务降级，即从服务调用者的角度，对所依赖的下游服务采取停止调用的措施，以保证当前服务的处理效率。

要实现服务降级，需要在应用或服务实现中，首先留下可供服务降级进行服务是否调用切换的逻辑。一般在代码中采用 static 值的方式，作为业务逻辑分支的判断条件，通过对这些 static 值的修改，实现服务调用逻辑的变化。同样可以通过 Sentinel 控制台提供的降级规则的配置功能（如图 8-6 所示），当对某个服务的方法响应时间一旦超过阀值后，就意味着调用的这个服务已经出现了处理性能的问题，则会自动切换到降级模式，降级持续的时间可自定义设置。

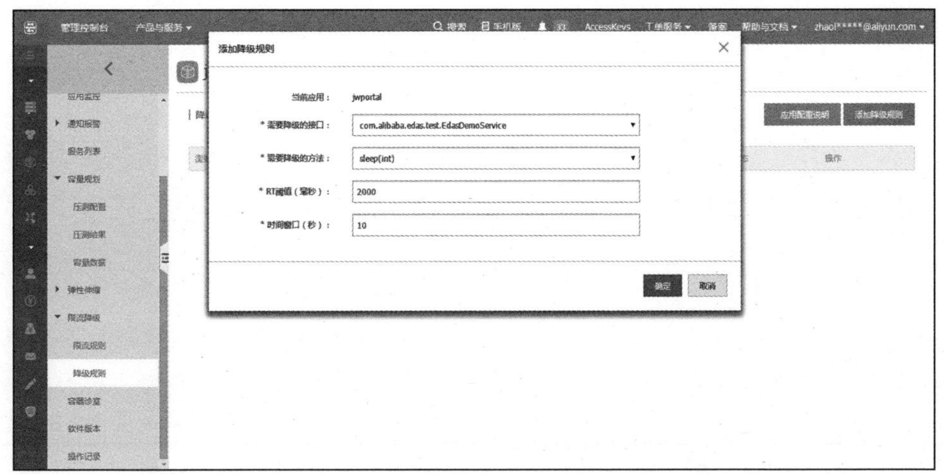

图 8-6　对服务进行限流设置的界面

总结来说，Sentinel 平台所提供的限流和降级功能，是今天阿里巴巴集团如此庞大、复杂的服务化平台能稳定运行至关重要的，不管是在双 11 这样的大促活动中，还是几乎每天都有基于服务化体系构建起来的新兴业务上线，整个服务化平台能稳定运行至关重要。从技术角度来说，企业如果要构建自身的服务化平台，如何保障平台稳定运行的重要能力是服务化平台建设中一定要考虑的问题。

8.2　流量调度

1. 背景

今天阿里巴巴的淘宝平台都运行在云平台上，在云平台中不可忽略的一个问题是为了最大程度地增加机器的利用率，会采用超配的方式，即一台物理机上创建的虚拟机 CPU 核数的总和会超过物理机实际的 CPU 核数。超配本身并不是一件坏事，淘宝平台包含了上千个大小应用，大部分都是长尾应用，即使在双十一零点，有些应用的流量也是非常低的。这些应用所在的服务器计算能力其实是有剩余的。合理的超配，可以提升机器的资源利用率。但从目前的部署结构来看，同样是核心的应用在虚拟机资源分配上并没有避免超配的现象，这就造成在业务繁忙时，这些部署在超配服务器上的应用就会出现资源争抢，这样很可能导致个别或局部的应用出现服务响应慢甚至挂起，给整个业务链路带来更大的影响。

这些因为单机或者局部问题而导致的故障，在阿里巴巴淘宝的线上环境中是普遍存在的，尤其是当我们应用机器数达到几百到几千台的时候，非常容易出现个别或者局部的机器服务状态恶化甚至服务不可用的情况。

原因是在分布式环境中，软件、硬件、网络等因素导致机器的实时服务能力是有差异的。大家可能会认为只要每台服务器的 CPU 和内存配置一样，这些机器的服务能力都是一样的，但实际在生产环境中，所有机器的实时服务能力都是有差异的。可能因为一次网络抖动导致这台机器实时服务能力下降，也可能因为 CPU 超配导致资源争抢，从而最终导致实时服务能力下降。

图 8-7 是我们对机器真实的服务能力分布的测试数据（纵坐标代表机器数，横坐标是对应指标的值，越密集的区间，表示分布在此区间的机器越多）。

除了机器超配之外，还有其他各种原因也会造成这些单点或局部应用出现故障：

- 超卖问题带来的资源争抢问题。
- 部分应用、部分机器启动的时候，容易出现个别机器负载飙高，导致这部分机器响应时间变长。
- JVM 假死、VM 假死等问题。
- 受宿主机影响，负载飙高问题。
- JVM 垃圾回收影响请求响应时间的问题。
- 网络抖动导致 RT 抖动。

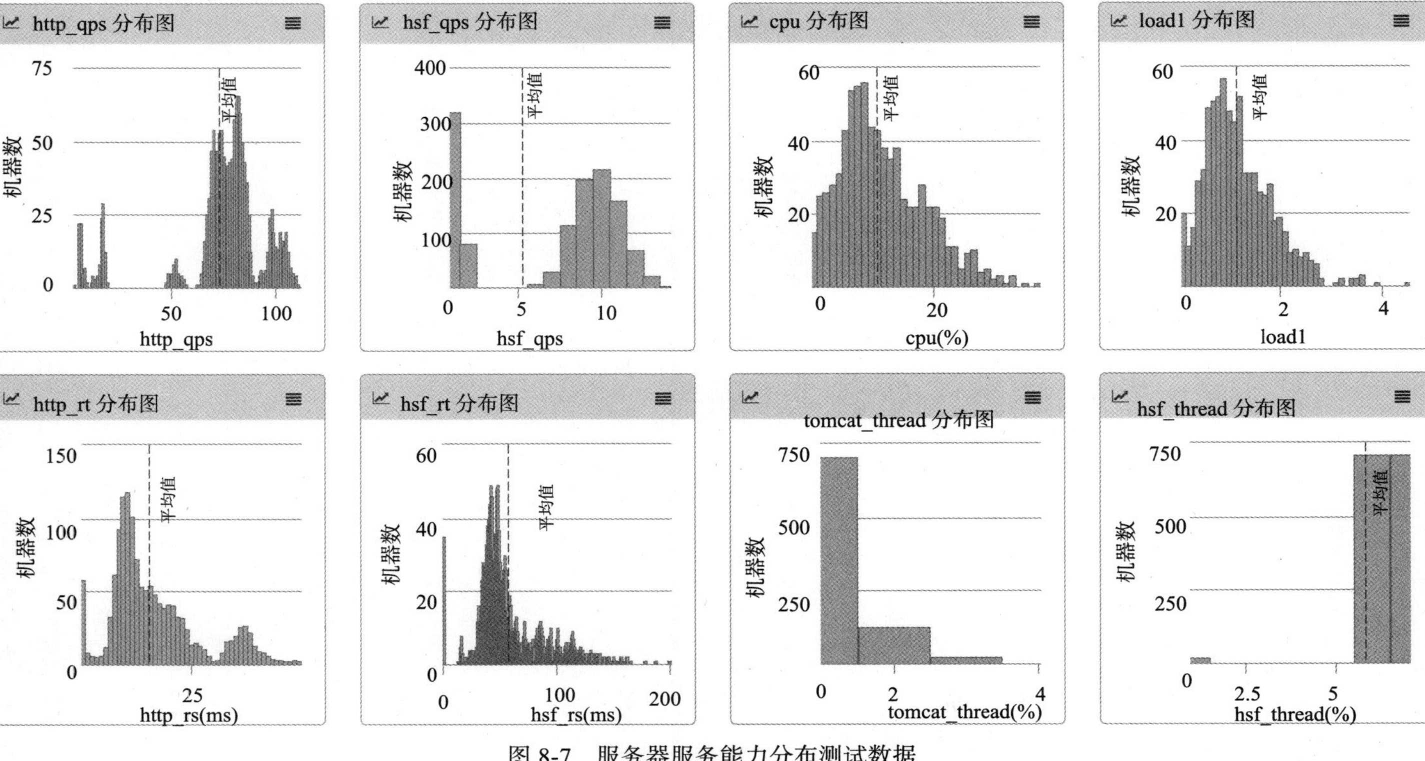

图 8-7　服务器服务能力分布测试数据

对于机器数达到一定数量级的应用来说，大家往往不会太关注单台机器的服务能力，大家的关注点都是这个应用的服务能力是多少，能否抗住流量高峰。但从前面列举的种种故障来看，一旦单机、局部服务能力出现问题，带来的影响远比我们预估得要严重。

为什么上述单机、局部问题会带来这么大的影响？原因如下：

- **分布式服务环境调用链路局部问题会被放大到整个链路**。在今天这么大流量的情况下，任何单个系统，都无法处理如今这么复杂的业务逻辑。我们在淘宝上的任意一个请求，涉及的决不仅仅是一个系统，而是一整条链路。链路中任何一个单点出现问题，比如任意一台机器的 RT 变长或者调用链路上的单点不可用，会直接导致整个调用链路 RT 变长或者调用链路不可用。
- **单点、局部问题会被放大成面**。生产环境中所有的服务调用链路其实是网状结构，我们的一个应用会有着多个上、下游应用，因而一旦单点、局部出现问题，可能导致的是下游的应用都将受到影响。1% 的机器出现故障，可能导致 100% 的业务出现问题。

面对这种影响整体服务体系稳定性的隐患，阿里巴巴中间件团队实现了针对分布式服务系统的流量调度平台，用于屏蔽所有机器的软硬件差异，根据机器的实时服务能力来分配机器的实时流量。对实时服务能力好的机器多分配流量；对实时服务能力差的机器减少流量分配；对实时服务能力不可用的机器迁移流量。让因为软件或者硬件带来的单点、局部问题发生时，不会影响整体业务的稳定运行。

2. 实现原理

流量调度的核心是通过秒级获取服务器系统运行指标以及业务指标，通过流量调度平台设置的决策算法以及规则，当发现满足规则条件的指标状态发生时，对线上环境的服务器进行下线等操作，以屏蔽这些单点或局部出现故障的应用实例对整体平台产生扩展式的影响。流量调度架构如图 8-8 所示。

通过服务器上暴露的指标信息接口（图中 Restful API），流量调度的服务器定时（目前的收集频率大概是 5s 一次，每次指标集合大小 1KB，对应用的性能没有任何影响）调用指标信息接口，目前采集的信息包括：

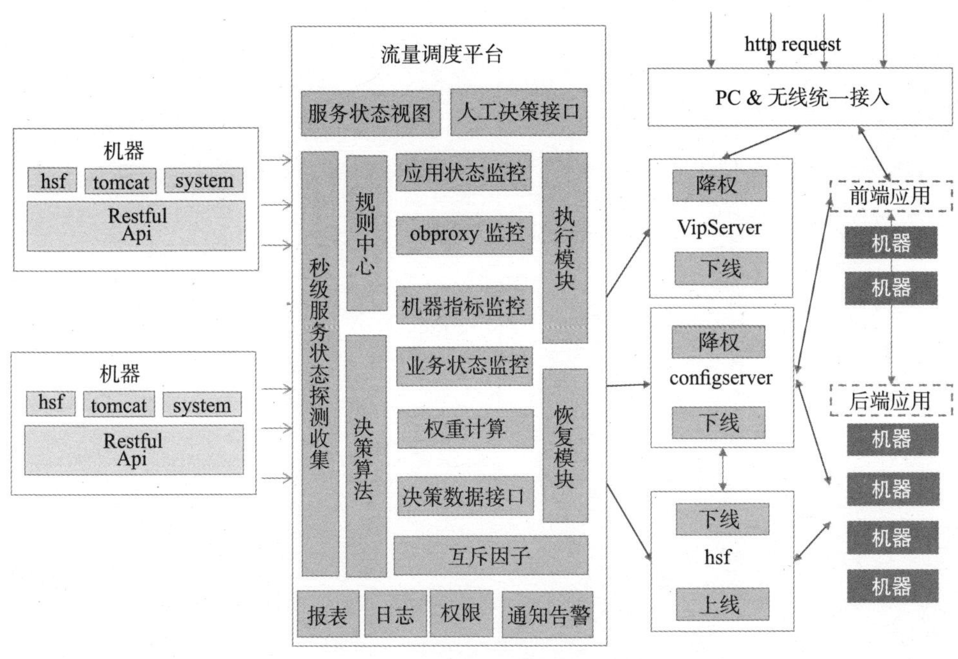

图 8-8 流量调度架构示意图

- ❑ 系统指标信息：CPU、Load 等。
- ❑ 业务指标信息：HTTP 响应时间、HSF 服务调用响应时间、HTTP QPS、HSF QPS、Tomcat 线程池使用信息、HSF 线程池使用信息。

在收集到这些实时指标值后，一旦判断为故障现象，则执行对线上流量调度的执行。

目前淘宝平台后端流量基本都是 HSF 服务。此时，HSF 服务框架（见参第 3 章 3.3 节）中的 ConfigServer 就充当了“引路人”的角色。正如前文所描述的，服务的提供者和服务调用者在自身应用启动时会将服务的发布和订阅信息上传到 ConfigServer 中，因而，在进行流量调度时，只要 ConfigServer 推送给服务消费者的服务提供者列表带上服务调用的权重信息，服务消费者在选择服务提供者进行服务调用的时候，就能按照权重信息选择每次调用的服务提供者，从而就能控制所有服务提供者被服务请求的流量大小。这样当发现某些服务提供者出现服务响应慢或系统资源负载飙高时，实时降低对该服务器的服务路由权重（甚至直接降为 0），最终达到通过自动化的流量调度来隔离故障。

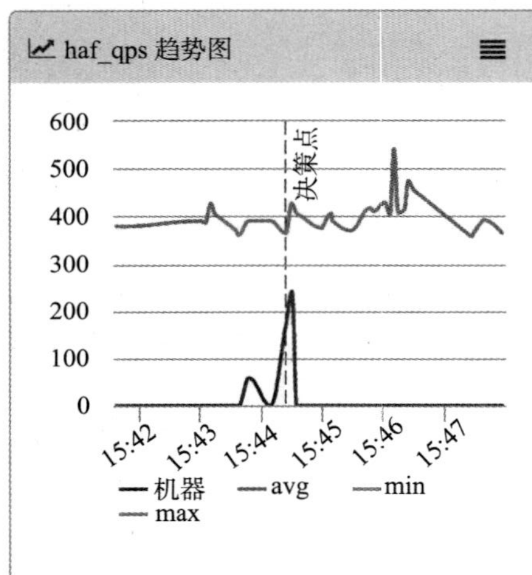

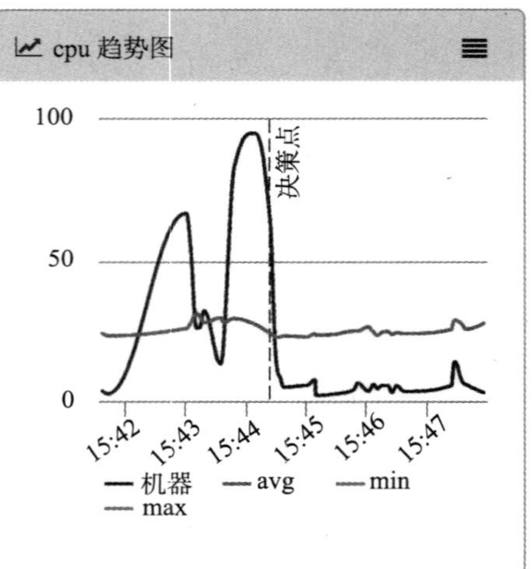

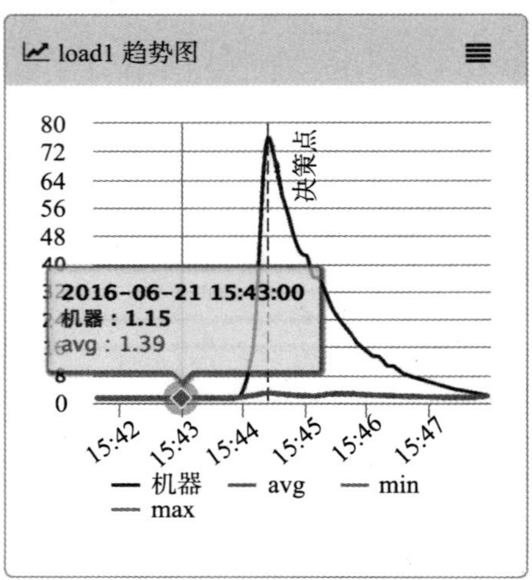

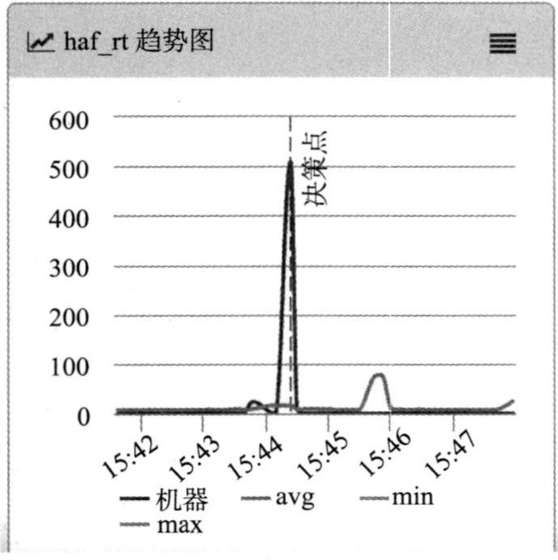

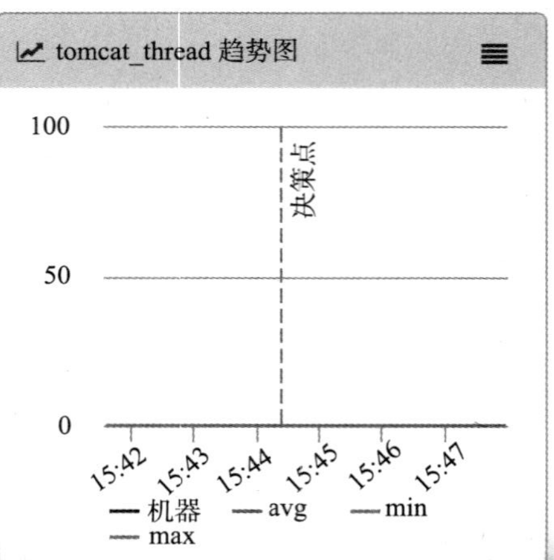

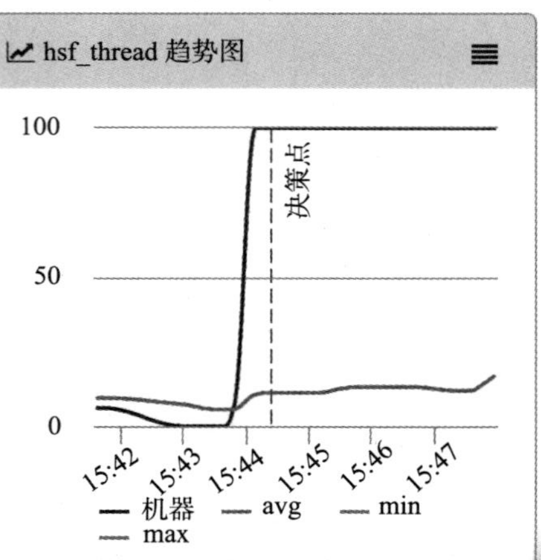

图 8-9 流量调度保障业务稳定效果图

3. 调度效果

在流量调度平台上线后，对于生产环境中因为局部问题带来问题扩散的现象得到很大的改观。以 cybertron 启动时服务器负载飙高问题的例子说明调度效果。

当 cybertron 发布的时候，经常有机器的负载飙高 5、60，使得 HSF 的响应时间比其他机器高出好几倍。流量调度通过迁移个别这种发布负载飙高机器的流量，等到机器的负载降低到正常范围内后，再自动恢复机器流量。（如图 8-9 所示，深色曲线表示当前机器，浅色曲线表示同机房、同分组机器均值。）

cyberton 一台机器在 15：44 分的样子进行发布，发布完成后，负载直接飙高到 70，直接导致 hsf rt 飙高到 500ms，正常机器 10ms 左右。此时流量调度探测到异常，迁移掉这台机器的所有流量。

目前流量调度平台已经完成了覆盖天猫、淘宝、无线、手淘、聚划算、航旅等事业部超过 300 多个应用的接入，实现了对交易核心链路应用的全部覆盖，每天平均自动处理上百台问题机器。限流降级平台重点解决应用在整体上的可用性，流量调度平台很好地弥补了应用局部可用性带来的问题和隐患，为淘宝平台整体平台的稳定运行保驾护航。

8.3 业务开关

除了上面小节中提到实现服务降级中需要对代码中 static 值的修改，还有对应用不同版本的兼容，不同时间点走不同的优惠服务等这样的需求时，也都是采用类似业务开关的方式，通过修改程序中的 static 值实现业务逻辑的切换。早期这样的业务开关都是由各个部门自行实现和管理。随着这些业务开关的数量逐渐增多，大量的业务开关信息都分布到不同的系统，甚至代码中，造成运维的成本越来越大。所以集团开发出了一套统一标准和规范的业务开关管理 Switch 平台。

如图 8-10 所示为 Switch 的架构示意图，Switch 是一个轻量级的开关集成框架，用来集中管理集团各应用的开关，统一业务操作业务开关的方式和 API，方便进行集中化管理。

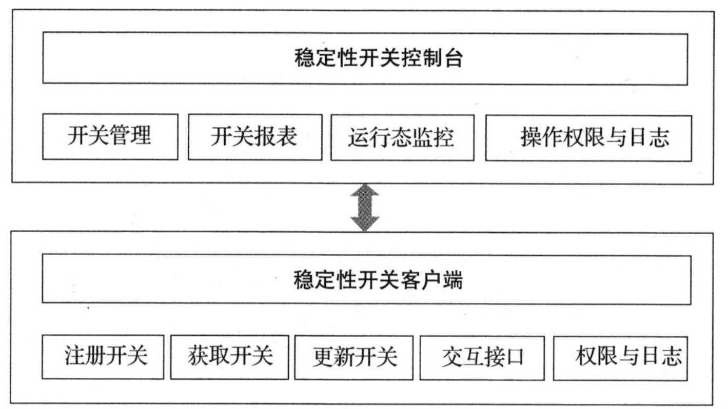

图 8-10　稳定性开关平台功能架构示意图

Switch 支持不同类型的配置项和业务开关的基础推送功能，也支持多种灵活的推送方式，如下所示：

- 线上控制台直接推送到内存。正常情况下，直接使用开关控制台推送开关值到内存。即可选择集群推送，也可选择单机推送。
- 线上控制台持久化推送，使用 Diamond 配置服务器方式。持久化业务开关，即使在应用重启了，也会生效。只需在控制台推送开关的时候选择持久化即可。
- Diamond 控制台直接推送。若 switch 控制台异常或奔溃，可以直接通过编辑 switch 的 Diamond 配置项来修改开关值。
- HTTP API 推送。若 Diamond 推送延迟高，或者 Diamond 异常。可直接推送 HTTP 名来操作开关。

Switch 在保证基本业务开关值推送的正确性、实时性的同时，在控制台上还提供了业务开关监控功能，能监控集群开关状态，降低开关集群状态不一致带来的风险。若有机器的开关值不一样，或者某台机器已经下线，则会提醒相应的操作人，以便及时调整开关值，保持集群状态一致。从而让各应用的负责人和运维人员轻松管理自己的开关，更高效地解耦和模块化系统。

Switch 开关客户端是嵌入在应用端的 SDK，采用注释的方式让开发人员非常方便地接入开关平台，示例代码如下：

```
//注册一个String型的配置项，并注入回调接口
 @AppSwitch(des=" 测试名字 ", level=Level.p2)
public static String userName=" 我是名字 ";
```

该示例中将userName作为一个业务开关值，des用来对业务开关的描述，level表示为该业务开关的级别。通过注释的添加，就能自动在开关控制台上注册该业务，并能接收到由控制台发送来的业务开关更新的指令。

所以Switch平台通过对应用极少的代码侵入实现了开关的可视化管理和监控，让运维人员只需在Web控制台上就能实现对开关值变化的修改及推送，大大提升了对业务开关的统一管控能力。

总体来说，Switch平台本身所提供的功能比较简单，但对于业务场景和环境复杂的分布式架构，这个平台确实能大大提升应用适应各种不同场景的自动化能力，比如通过开关的方式将正常环境下的应用逻辑切换到适配秒杀场景；当发现升级后的应用出现问题时，只需通过开关切换的方式就能让升级后的应用秒级切换到升级前的业务代码中。最重要的是在平台处于大促秒杀、应用异常时，业务开关在服务降级中所起的作用，相当于平台的最后一道保护屏障。

8.4 容量压测及评估规划

要知道一个平台的处理能力是否能支撑大促活动的访问量，最常用的方式是对平台进行性能测试，验证当前平台的处理能力是否能满足预估的系统处理峰值，通过对服务器容量的调整最终达到峰值处理能力的要求。

传统的互联网应用系统的性能测试，不论是常规性能测试，还是系统容量评估，其做法基本是，先通过需求分析得出压测的业务场景及不同场景在压测中的比例关系，或凭借开发、测试人员的经验对线上某一时刻的业务进行分析，得出经验性的测试模型，再通过性能测试工具在测试环境模拟压测，最后分析测试结果、判断系统的最大负载能力。

这种做法的缺陷是测试场景简单，线下环境（即测试环境）中测试出的结果与

线上环境（生产环境）并没有对比关系，测试场景是否能较准确的体现出真实场景很大程度上取决于测试人员的经验和水平。

因此面对像双 11 这样的大促活动，尽管之前做了充分的性能测试，但难免担忧测试场景是否准确，是否全面。一个场景只能模拟某时刻或某时段的平均量，而多场景模拟实施成本非常高，业务变化频繁的系统甚至无法模拟。假设某系统包含多种业务，而且在不同时段的量不同，传统的做法是模拟其中某一分钟的量或者模拟整个小时的平均量，测试场景和生产业务场景无关联关系，生产与测试性能指标不具对比性。这些原因最终造成大家对于拿到的性能测试和容量评估结果还存在着不同程度的担忧，从而利用增加大量冗余机器的“保险”方式来保证大促活动万无一失。

如何对平台的处理能力有一个更加清晰的了解，以及更科学合理地利用好服务器资源，阿里巴巴技术团队经过了多年的研究、实施、验证，摸索出一套面向分布式应用架构下应用系统容量压测和评估的自动化平台。

该自动化平台通过对生产环境上的流量模型引流到压测服务器上，获取到服务实例单机最大处理能力，结合不同型号服务器处理能力以及生产环境的水位监控信息，对服务集群所需部署的服务器数量进行容量评估及预测。这种方法的优点在于：实用、准确、高效。说明如下：

- **实用性**：任何一个系统通过这种方法在做准确容量预测的同时，也为系统性能回归测试提供了一个完整的测试场景、测试方法，同时也建立了系统的性能基线，以供后续的系统改造复用。
- **准确性**：由于这种方法模拟生产系统实时变化的复杂流量场景，压测流量模拟具备了业务的真实性、全面性、业务变化的连续性。在实施流程上，从流量建模、容量压测，到分析及预测，都建立在生产环境上，预测结果比靠人员经验的方式准确得多。
- **高效性**：所有的建模、压测、分析、预测基于同一个平台，同一种监控方式，同一种分析方法，一切都是自动化，效率比常规方法倍增。

应用系统容量预测的实现原理包括：容量压测，容量分析预测两部分。

容量压测是通过将线上真实的流量引流到压测目标机器上，并不会对本系统及下游系统带来额外的流量，也不需要准备测试数据、压测系统。实现将生产环境对服务进行压测实际上利用了 HSF 服务框架对于服务路由权重的支持，通过对服务路由权重的逐步增加，达到对路由到某服务单机的服务请求逐步增加的目的，运维人员只需在控制台（如图 8-11 所示）上设置好 HSF 服务实例的服务、服务路由的权重增长方式、被压测的单机的关键指标（CPU 利用率、系统整体负载、QPS、响应时间等）达到的阀值水位后即自动停止压测，以免对生产环境产生大的影响。一旦系统停止压测后，就能在平台上查看到该服务实例在系统资源达到阀值时，单机服务实例所能提供的最大的 QPS 处理值。

通过容量压测获取到的单机 QPS 能力后，既能发现一些应用性能的问题，也能对性能优化后的应用再通过容量压测的方式进行验证。

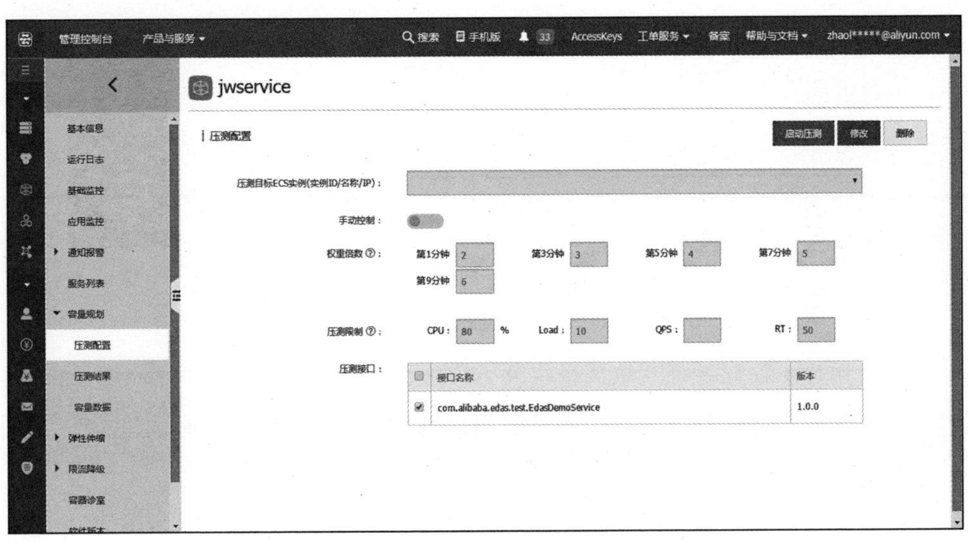

图 8-11　容量压测配置界面

容量规划平台（如图 8-12 所示）还能利用服务的单机 QPS 数据，结合对各种服务器机型处理能力的差异化分析，对到底需要部署多少线上服务器资源才能满足大促活动有更准确的预测。针对线上环境的水位情况，结合服务的单机处理能力，对线上服务器的增减提供实时的参考决策，避免了因为大量冗余服务器运行部署所带来的资源浪费。

名称	类型	机房数	机器数	标准	单机负荷	单机能力	集群负荷	集群能力	水位	需机器数	机器增减	PE	操作
test1	type1	1	9	70.0%	0	11	0	98	0%	0	-9		实时容量
test2	production	1	323	70.0%	0	931	0	300778	0%	0	-323		实时容量
test3	testing	3	206	40.0%	0	1072	0	220842	0%	0	-206		实时容量
test4	development	1	212	70.0%	0	280	0	59296	0%	0	-212		实时容量

图 8-12 容量规划界面

容量压测和评估预测平台使我们对平台各个应用和服务在生产环境下单机 QPS 处理能力有了准确的掌控，结合多年来沉淀的分析算法，就能更科学地评估面对双 11 这样的大促时各个服务集群到底需要部署多少服务器，在提升平台精细化管控的同时，为阿里巴巴节约了上亿元的服务器资源成本。

8.5 全链路压测平台

天猫双 11 活动从 2009 年首次举办，到今天已经发展成为全球当日交易金额和订单数量第一的网络购物盛会，天猫双 11 当天所引入的访问流量以及生成的订单处理量对于淘宝、天猫的系统架构和应用设计提出了巨大的挑战。每一年，大量的阿里技术员工花费最大的精力就是为了在天猫双 11 的当天，平台能够平稳顺利地支撑好这一网购盛会。

但坦白说，在 2013 年双 11 之前，整个平台没人能确保平台能万无一失，特别是面对 11 月 11 号 0 点刚到时的瞬间访问洪流。为什么没办法真正做到万无一失呢，最重要的一点是没办法让整个平台在双 11 之前经受到双 11 当天那样体量和完整交易链路的请求，很多双 11 之前的准备工作只是对今年双 11 可能的最高峰值进行服务器资源的配置，即前面提到的一系列限流降级等平台保护措施；容量压测又仅仅是基于单机的服务处理能力，对应的容量规划也是针对单个应用去评估；全面细致的线下压测，即在搭建跟生产环境几乎同样配置的预生产环境中进行各种模拟压测，这样的线下模拟压测确实能够发现一定的性能问题，但这样的测试跟双 11 当天所产生的业务链路覆盖度以及数据请求的多样性是完全无法比拟的；此外，在机房、网络、中间件、存储等一系列环节同样充斥着各种不确定性。正是因为这些原因，所以要平台真正的为像双 11 这样的大促活动做到平稳支持确实是一件非常不容易的事情。

为了真正彻底地解决这个难题，阿里巴巴在 2013 年双 11 准备过程中开始了称为全链路压测的工作，经过 3 年的发展，已经沉淀成为一个业界领先的全链路自动压测平台。该平台在过去一段时间内很少对外宣传，称得上是过去几年阿里巴巴集团针对天猫双 11 自主研发出的一项黑科技，在这里给各位读者做一个简要的介绍。

全链路压测是阿里全系统每个环节都参加的双 11 实战演习，主要对零点峰值流量进行评估，以及对网站承压能力进行测试，是双 11 前为系统查缺补漏的重要一环。全链路压测平台通过应用系统改造使线上环境可以同时处理正常流量和测试流量，以支持线上不影响正常用户访问的集群读写压测，获得最真实的线上实际承载能力数据。要实现全链路压测，涉及的产品很多，包括网络、应用、中间件、数据库、安全、数据等都需要改造，涉及的应用范围很广，涵盖核心交易链路的上百个应用。所以全链路压测平台的诞生涉及了大量人力资源的投入和配合，目前成为集团大促备战最重要的武器。下面介绍这个平台。

1. 基础数据抽取

全链路压测的目的在于模拟双 11，模拟的真实性尤为重要。基础数据（买卖、卖家、商品等）的构造是真实性保障的重要一环，为了模拟尽可能真实，全链路压测以线上数据为数据源，进行采样、过滤和脱敏，作为全链路压测的基础数据，数据量与线上数据保持同一个数量级，在数据库的 sequence id 上进行区间隔离。

2. 链路与模型构造

全链路压测的链路代表要压测的业务范围，同一条链路需要构造海量的参数集合，代表不同用户的不同行为。链路范围、链路的访问量级、链路的参数集合、基础数据的特性一起构造了压测的业务模型。链路与模型的构造对压测结果的影响同样至关重要。

3. 链路验证

在全链路压测平台的诞生阶段，链路验证耗费了压测项目组大量的时间和精力，电商业务具备复杂的业务特性，有上百条链路，每一条链路都需要确保能够让全链路压测引擎跑通，好在这是个一次性的工作，跑通以后出问题的概率不大，全链路压测平台也将链路验证功能集成到平台当中，能够自动化完成对压测链路的验证。

4. 业务改造

全链路压测有不少地方需要在业务系统针对压测流量进行相应改造。比如压测链路的重复执行：全链路压测通常会进行好几个小时，这一特性要求链路能够被重复执行。实际情况当中，我们有不少链路并非是幂等的，需要针对存在这一特性的链路做专门的压测流量改造。再比如下游写流量的拦截、防止污染 BI 报表和线上推荐算法等场景都需要在业务系统进行相应改造。类似这样的改造点，在全链路压测早期时代非常多。

5. 数据平台

数据平台是全链路压测的数据基地。由数据的准备、链路的构造、模型的构造等一系列重要模块构成，随着全链路压测的不断演进，数据平台沉淀了一系列自动化和智能化的基础设施，大幅提升全链路压测数据准备的效率和模型精确性。

6. 流量平台

流量平台是全链路压测的 CPU，主要由两大部件构成：

- 全链路压测操控中心，进行压测的配置和操控、数据的监控以及对压测引擎集群的管控。
- 压测引擎，由控制台统一管控，部署在外网 CDN 集群，进行登录、session 同步，发送各种协议的压测请求、状态统计。

7. 影子表

数据的隔离是全链路压测诞生阶段的一大难题。全链路压测的链路有读有写，并且在线上进行，为了不污染到线上的正常数据，全链路压测在同一个数据库的实例上对数据库表建同样结构的影子表来进行数据的隔离。

8. 中间件改造

全链路压测的流量通过在链路上带上特定的压测参数进行区分，如果缺乏相应中间件的支持，在调用到下游系统的时候，压测标志就丢失了。因此需要所有中间件的协议都支持对压测流量的识别，使得压测标识能够随着调用传递下去，使得下游的应用、基础中间件和存储都能够识别压测流量。

9. 安全机制

全链路压测的安全机制分两层：第一层是安全的监控和保护，建立非法流量的监控机制，正常用户访问不了测试数据，测试账户也访问不了正常数据，防止数据错乱；并且设置压测引擎集群的白名单，防止恶意访问；第二层是对压测流量的安全过滤，针对压测流量放松安全策略，使得压测流量不被判别为攻击流量。

全链路压测诞生之后，很快就成为集团大促备战最重要的武器。每年在大促之前，都必须要经过几轮全链路压测，在历年的全链路压测过程中，提前暴露了网络、应用、中间件、存储各个环节的诸多问题。

随着后期全链路压测平台在自动化以及能力开放方面的改善，已经很好地实现了大促自动化备战，沉淀了一套自动化、系统化的基础设施和流程，能提升整体备战效率，大大缩减了大促准备环节的人力、时间和机器成本。大促自动化备战串联了备战环节的离线节点，从全链路压测链路模型的自动计算、全链路数据准备和流量发送的无缝衔接、应用容量的弹性伸缩、自动化的预案执行和验证等多个维度，使得整个大促备战更加高效和精准，将阿里巴巴在大促稳定性保障能力提升到一个崭新的高度。

8.6 业务一致性平台

在淘宝平台进入服务化时代后，偶尔还是会遇到远程服务调用失败，数据库保存失败，MQ 消息发送失败这样的情况，从而导致丢失数据或者各服务中心数据不一致。在双 11 大促期间，这样的问题出现的次数和造成的影响更让业务人员如坐针毡。也发现过应用在运行过程中，即使服务调用都没有任何报错信息，但由于程序设计自身逻辑理解的问题，导致业务数据异常的情况。试想一下，一个用户刚刚在双十一活动中下了一个订单，在下单的过程中使用了“扣减10元”的优惠券，并完成了付款操作，但因为某一个模块的逻辑中因为没有实现对优惠券的扣减，造成实际支付宝付款时并没有扣减这优惠的10元，从而造成多扣了用户的金额。如果发生这样的情况，有可能在大量用户投诉之后，应用开发人员才从客户服务部门收到反馈，或许这已经是问题出现一个小时之后的事了。

面对这些业务与数据不一致的问题，业务稳定性保障迫在眉睫。要解决这个问题，就需要在实现业务处理的过程中，实时检测到业务不一致的问题，在消费者发现该问题之前系统就应该发出了报警，并且已转交相关技术人员处理。也许，在用户开始投诉的时候，这个问题就已经纠正过来，这样的话影响的用户范围就很小了。

在这样的背景下，实时业务审计平台（Business Check Platform，BCP）应运而生，这个平台采用规范与标准化业务规则的方式，统一解决平台服务化后越来越凸显的业务一致性问题，解放业务人员那颗悬着的心。

BCP平台并不仅限于交易类业务，也适合其他对业务稳定性要求比较高的领域。平台的目标是在每个上线的业务都能形成一对一的监控与检测，并形成一个规范的业务上线、订正流程。BCP平台实现了以下4个主要目标：

1）高实时性地发现业务脏数据或错误逻辑实现，第一时间发现并及时通知技术保障人员，而不是等客户反馈。

2）方便地接入各种业务规则，通过脚本规则编写的方式，让各应用快速接入业务审计平台。

3）整合订正工具，形成规范的赃数据订正流程。

4）业务上线的实时监控，新上线业务可以很方便地进行校验。

要实现业务的实时审计并不简单，如果是在应用层上进行业务规则的判断，一方面会对应用有非常大的代码侵入，很难灵活地进行业务规则的修改；另一方面也会对应用的性能产生影响，因为原本只是业务校验的代码执行进入到了业务处理的流程中。为了更高效率地让应用快速接入业务审计平台，同时减少对应用带来的代码侵入以及性能的影响，BCP平台通过事件模式，把业务数据变化触发的消息（如精卫、MQ等平台消息）转换为相应业务类型的事件，放入到事件执行队列进行规则检查，BCP提供了通用的事件监听框架，实现了与MQ（消息服务）对于数据库的对接，是对于数据变更的日志信息接入到了 BCP 平台中，如图 8-13 所示。

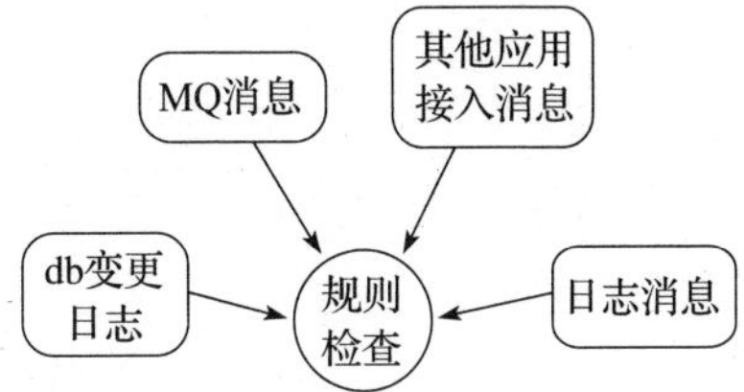

图 8-13　BCP 平台功能定位

类似于传统的规则引擎运行流程（如图 8-14 所示），当从数据源生成相关消息发送到业务规则平台所监听的消息队列后，就自动触发了规则执行流程。

通过事件的类型和状态，从规则库中获取对应的业务规则，而不是所有的事件都需要跟规则库中所有的规则进行循环比对，否则将会因为规则的逐渐增多给业务规则判断带来性能的影响，过程如图 8-15 所示。

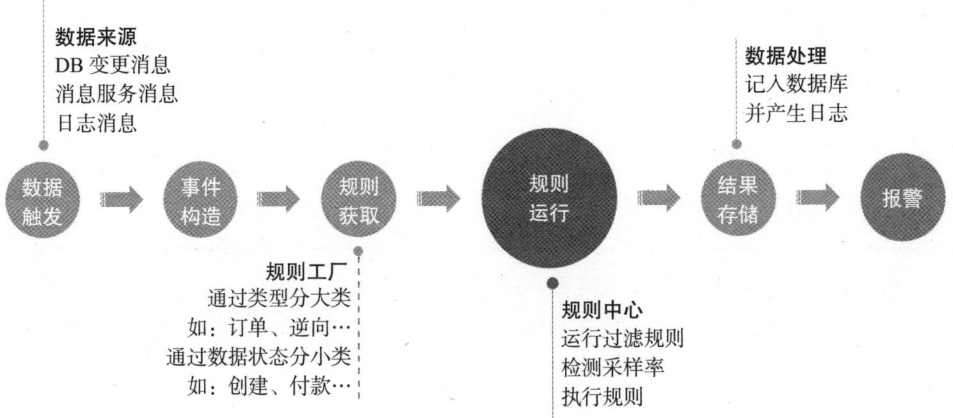

图 8-14　BCP 平台业务处理流程示意图

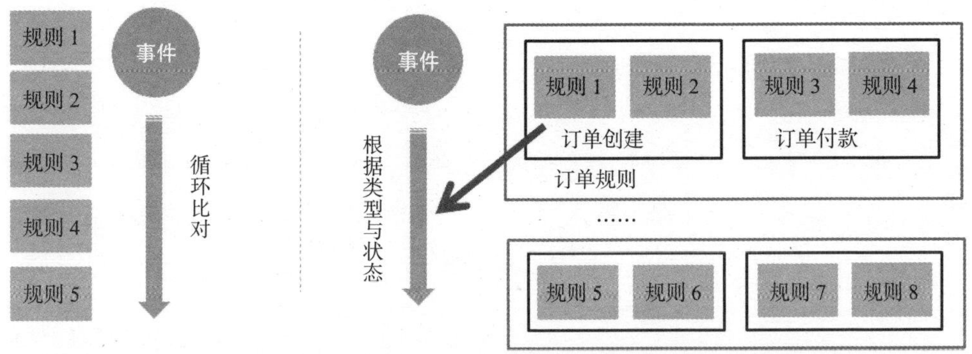

图 8-15　BCP 平台支持不同事件采用不同规则集进行判断

进入规则执行部分，BCP 平台提供了 Groovy 脚本的规则编写方式，方便各应用通过脚本实现快速地与 BCP 平台对接：

```
if(order.containsItemTag("tmc_tags")&&order.getAttribute("promotion")!=
    "bigMarkdown"){
return "应为大促优惠，当前 promotion: "+order.getAttribute("promotion");
}
```

以上示例代码实现了如果订单对象的 ItemTag 包含 tmc_tags 标签时，而且如果 promotion 的属性不等于 bigMarkdown（大促优惠），则认为数据为脏数据，返回错误信息，BCP 会将不满足系统中业务规则的结果保存到数据库中，方便相关人员随时查看，同时系统会给相关人员发出报警通知。

使用 BCP 平台实现业务稳定的典型案例是双流对账方案，用于解决以下三种场景下的对账问题：

1）单一系统内的对账。

2）单链路不同系统间的对账。

3）不同业务链路间的对账。

在前面两种场景中对于对账的需求实现没有太大的问题，但对于不同业务链路场景中实现对账的时候可能会需要接收两种数据源，通过两个数据源之间的某个 id 进行关联后做对账，在实际的生产运行环境中，业务异步化或单元化后就可能会出现一些问题，比如 A、B 两个数据源，A 数据源数据更新后，B 数据源数据还没有得到更新，如何实现这种场景的对账就需要采取一些特殊的方式，B C P 就能很好地满足这一场景的需求。

以图 8-16 中所示的某供应链平台的双流对账场景为例，这个场景中有两个 Notify（消息服务）数据源，IPM 是库存中心批次库存变更消息，PAC 是菜鸟网关消息，PAC 消息是先于 IPM 消息到达的，所以在这个方案中 B C P 在接收 PAC 的消息后并暂存入 Tair（缓存服务器）中，等待 IPM 消息到达后根据消息中的关联 ID 去 Tair 中找 PAC 中对应的那条消息来做对账。从而实现在不同业务链路间的对账操作。

总结来说，对于平台或应用进行服务化后，很难保证所有的应用设计人员都能对每个服务的能力和逻辑准确认识，而且不同业务链路是由不同的人来设计实现的，业务不一致会是此类平台迟早会面临的问题。而阿里巴巴开发的实时业务审计平台 BCP，使得业务异步化后在实际生产环境中出现业务不一致的情况得到了根本性的解决，既提升了用户体验，也让因为业务不一致带来的资金损失降到了最低，特别在双 11 这样的场景下，体现出了极大的业务价值。BCP 平台让整个平台稳定性的能力从技术维度延伸到了业务维度，完善了平台稳定性的覆盖广度，是平台稳定性体系化的一个非常重要的拼图。

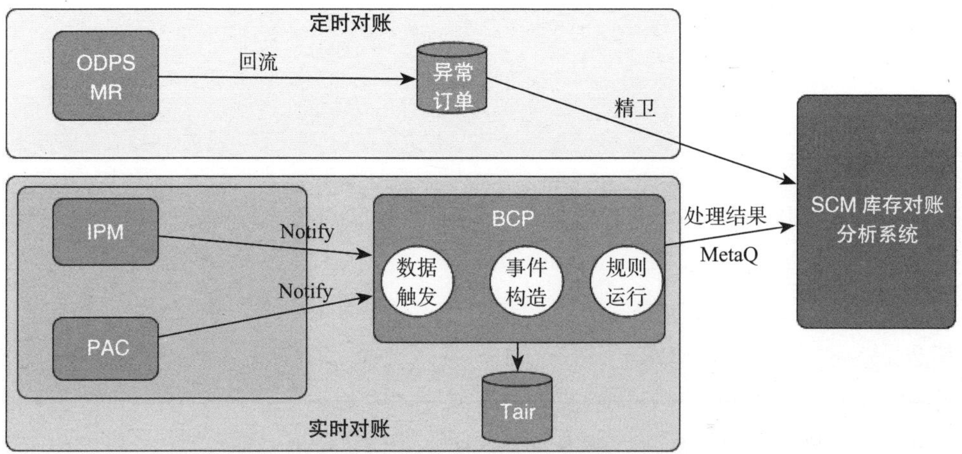

图 8-16　双流对账场景实现业务检查的流程示意图

第 9 章 Chapter9

共享服务中心对内和对外的协作共享

随着共享服务中心的服务数量不断增加，会有越来越多的内部应用、甚至外部平台要接入这些服务，如何高效实现应用对服务中心的服务对接，是一个分布式服务体系发展到一定阶段后必然要面临的问题。本章通过对阿里巴巴**共享服务平台**（Shared Platform as Service，SPAS）建设背景、建设过程以及建设后收效的介绍，系统阐述了共享服务平台对于阿里巴巴内部服务共享的效率提升起到的重大作用，同时也会对阿里巴巴通过淘宝开放平台构建淘宝电商生态体系进行剖析。笔者认为，中国社会将很快进入开放共享经济模式，社会中的所有组织（政府、大型国企、中小企业等）都将会加入到这一开放共享的发展浪潮中。

9.1 服务化建设野蛮发展带来的问题

随着阿里巴巴集团服务化改造的持续进行，共享服务中心的服务数量越来越多，同时集团除了电商业务之外的多元化业务（如医疗、文化、物流等业务）的蓬勃发展，原有的几乎是人工模式的服务支持模式越来越满足不了业务发展的要求，主要的问题凸显在以下五个方面。

1. 服务的数量和业务覆盖范围越来越大

经过多年的发展和沉淀，阿里巴巴现在几乎拥有了互联网应用中需要的几乎所有的服务能力，而且还在逐年增加。从基础的中间件服务：分布式数据库、分布式缓存、分布式配置、分布式文件系统、分布式日志、分布式远程调用框架，到电商领域的商品、库存、交易、支付、搜索、商品类目、商品结构化数据等等，甚至比较小众的图像识别、图像搜索，你想得到的、想不到的基本上都能找得到。我们的产品、应用和能力远超出我们的想象。有一个不精确的统计数字，全阿里依赖 HSF 暴露的服务数量在 20KB+ 的量级。

这就让业务方面临着一个很大的挑战，怎么样才能非常高效地找到我需要的服务，并能快速地接入和使用起来？当团队和业务规模小的时候，面对面的交流是最有效的方式，但是当到达一定的数量级的时候，通过人与人之间的互通有无肯定不可行了。

2. 应用和业务架构越分越细，服务越来越专业化，跨领域理解的成本越来越高

淘宝从“五彩石”项目开始确立了淘宝业务系统分治的格局，从此就进入了业务服务专业分工的时代。随着商品、交易、支付、店铺、搜索等服务中心的建设，这些慢慢都演变成了阿里电商的基础设施。由专业团队来支撑着这些庞大复杂的系统和数据的开发和维护，给上层业务系统提供稳定可靠的服务。

从商业角度来看，这种专业化分工其实就是云计算思维。撇开技术，从商业本质上来看，云计算其实是让 IT 产业进行更专业的分工，用专业化、规模化来提高效率，降低总体成本。淘宝的这种模式是发展的必然结果，而且将来肯定会更专业化。在这种模式下，系统对外都是通过服务暴露能力进行的，除了用户是内部用户外，其他与公有云上的服务模式并没有本质的差异。

3. 服务安全控制层缺乏

这里的安全不是简单的机密性保护的安全，而是从广义角度来说服务的安全：包括数据的机密性、服务的可用性、SLA 的遵循等。

系统切分比较细之后，系统之间都通过服务来耦合。系统之间的依赖与调用成了比较关键的环节。从广义安全的角度，一要防止恶意调用行为；二要杜绝由于人为的或者系统的错误发生的错误调用行为；三要能管理服务的依赖使用关系，提供满足 SLA 规范协议的服务。

而之前建设的服务体系中对于安全部分的考虑是比较少的，甚至某些方面还是空白。这就在实际中会面临这样的问题：

1）应用不知道有哪些下游业务在使用我的服务，当服务要升级或者变更时候，与依赖业务方沟通要花费大量的时间。

2）服务被未授权的业务方调用。

3）随意发布服务。

4. 开发体验很不友好，产品在接入流程，开发使用手册建设非常之差

当时的情况是服务中心对前端业务的支持高度依赖答疑，经验的沉淀依赖个人或者团队的管理和习惯。阿里巴巴是典型的互联网公司，非常强调快速响应、敏捷、业务驱动、试错。在这种浓厚的互联网文化基因下，产品和项目把时效性、稳定性、效率放在了第一位，而把系统的可维护性、可使用性和开发友好性都视为细枝末节。

这和传统商业软件有巨大的反差，商业软件发版有严格的市场策略和规划，他们要用市场来收回成本赚取利润；而互联网模式使用新特性来吸引用户，只要用户在，赚钱永远不是问题。两种市场的目标不同，必然导致生产和管理的过程有很大不同。但是长久来看，应用规模扩大和复杂度的增加会造成开发和维护成本急剧上升，这是软件工程学早就得出的结论。

5. 整体服务体系缺乏一个统一的服务治理层

上面这些问题可以抽象为一个需求：服务治理。我们的服务分散在各种底层基础的分布式基础服务上，这些服务各自都有自己的后台管理平台去实现管理。一是缺乏对这种分布式服务层面各种服务能力的抽象模型；二是缺乏从整体角度把各种分布式服务能力管理起来的产品。

刚刚拜读了阿里巴巴集团王坚博士的《在线》新书，他对“在线”这个概念做了非常精彩的解读。其中举例到，因为乘客和司机在线了，乘客、司机不再是陌生人的偶遇，而是可以通过 App 互相找到，所以打车 App 火爆了；类似的余额宝、移动支付，都是不同场景在线的结果。因为从线下到了线上，信息更透明，缩短了交易的路径，带来了更高的效率，有了直接的交互机会，产生了更多数据，所以诞生了很多新的商业模式。

基于同样的思路，针对当时阿里巴巴集团内服务化建设的问题，集团的共享服务平台（Shared Platform as Service，SPAS）应运而生，目标是对阿里巴巴集团的服务更好地进行治理和共享，其实也可以看做服务能力在线化、数据化的过程。

离线模式下的路径是：

服务消费者（业务开发者）→各种渠道（电话、旺旺、小二）→服务提供方→服务

共享服务平台建设之后的流程：

服务消费者（业务开发者）→共享服务平台→服务→服务提供者

离线的时候，服务能力没有数据化，都沉淀在小二的脑子里或者各种 Wiki 上；服务在线后，服务和服务的结构化信息都在服务平台上，从而缩短了开发者与服务提供者之间的路径。让服务提供者、服务消费者直接基于服务进行交互。图 9-1 是共享服务平台的架构概览。

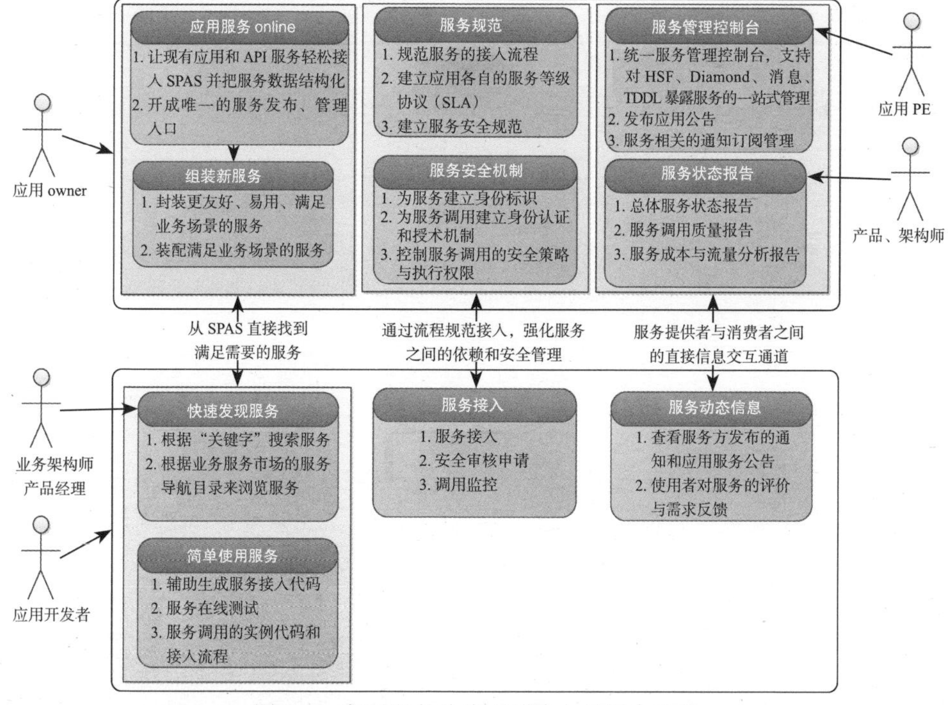

图 9-1 实现服务从线下到线上的平台功能

上面描述了我们在当时服务化建设过程中遇到的一些问题以及对于问题的思考，以前，我们的系统缺乏服务组件化的抽象和对应用服务的治理，下面看看如何通过共享服务化平台进行高效的服务治理。

9.2 共享服务平台的建设思路

共享服务平台的建设思路借鉴了 SOA 和 API 管理的思想，结合阿里巴巴的现状，从应用服务治理的角度入手来解决这些问题。

首先明确一下服务和服务化这两个概念：

- **服务**是一个名词，通常我们说的服务是指服务端暴露出来的一种服务接口，与服务消费者相对应，其代表了服务端一个具体的能力。在 SOA 架构中的服务被当成一个组件对象，组件就包括服务接口和附加在这个接口上的组件规范：服务策略、限制、描述等，我们把这种服务称为组件化服务。
- **服务化**是一个动词，它更像是一个商业策略，核心是从产品能力转化直接服务客户的能力。这首先是一个理念的转变，产品能力是从产品出发，以产品为核心，就像我们从产品出发来抽象 API；服务化是以面向客户的服务为核心，就像我们根据用户的需求来提供最适配用户需求的设计方案，是按需服务（Service On Demand）的体验。服务化的思路就是把产品和服务的中心转移到用户身上，以方便用户使用、降低使用成本为目标。如果服务的用户是开发，我们就要从开发的需求出发；如果服务的用户是运营，我们就要从运营的需求出发。

关于服务化，想再扯得远一点，用一点经济学的思维来看技术。我们常常听到服务业，说服务业是第三产业。经济学上也可以看到一个现象，经济发达程度越高，第三产业所占的比重就越高。这是不是可以对应到产品的服务所带来的整个价值比重其实超过产品本身的比重？再直白一点，其实是这么一个逻辑：如果只有产品，用户会花费极大的成本去调研、分析、学习，最后使用、维护这个产品，如果你用产品服务化的方式来提供这种产品的能力，对用户来说，看起来购买服务价格高了，但是总体成本却降低了，这也是市场配置资源的结果。所以发展的必然结果就是产品服务化，专业分工更细，云计算的商业本质其实也是这样，通过市场配置资源。

从产品和技术手段上如何实践共享服务这个目标？践行共享服务最基本的目标就是把普通的服务能力升级为组件化服务并提供良好的服务治理支持。有了这个作为基础，就可以考虑在这之上给用户提供更好的服务。以下是依次实现服务共享的条件：

第一，要找到一个合适的服务化对象。服务本来就是个抽象概念，我们去做服务化，到底基于哪个承载对象来做服务化？这个对象既要能够涵盖各种各样的业务流程、数据服务能力，又要便于实现对对象的服务化组件封装。

第二，建设对象服务化的基础设施。有了服务化对象，就要解决应用服务治理的目标，就要制定并实现服务组件规范和服务治理工具与平台。有了这些规范和工具，就可以把在第一步选定的服务化对象封装成服务组件，完成治理。

第三，服务化实施阶段。用服务化基础设施把服务化对象变成服务组件，到了这一步，让业务方共同参与进来推动业务服务化，享受服务化带来的应用服务治理的红利。

第四，增强服务和基础设施实现服务的精细治理。通过产品和工具的支持，为用户提供更好理解、更易用、更优质的服务，最终达到按需服务的层次，这是我们的终极目标。

下面就介绍阿里巴巴共享服务平台是怎么构建而成的。

1. 确定服务化的对象是 API

这应该是一个比较自然的答案，但是为什么就是 Interface 层级而不是 method 或者一些 method 的集合又？或者一些 Interface 的集合？在当初也有过讨论，但是最后我们还是确定基于 Interface，这个结论和阿里现有的体系结构有莫大关系。淘宝的业务系统架构基于淘宝的中间件平台，现在中间件的产品功能支持粒度都是 API，为了保持对现有系统的兼容性，所以我们也选择以 Interface 为服务粒度，把 API 作为服务化的基本对象。这里是把 API 作为初始对象粒度，而不是只能把 API 作为服务，这一点很重要，它意味我们还可以有其他粒度的服务，但这是将来的事，现在要解决淘宝已有的数以万计的 API 服务。

2. 建立共享服务的基础设施，实现 API 的服务封装

把现有的 API 加工成服务组件，打个通俗的比喻就是，我们要对阿里巴巴的业务服务能力做一次结构化包装，这个包装让服务能力具有规范的描述，可以与服务治理工具进行交互。具有服务治理的能力，这时候 API 就成了治理良好的组件服务。

根据对淘宝业务需求的分析，共享服务基础设施包括以下几个方面的基本功能（参见图 9-2）：

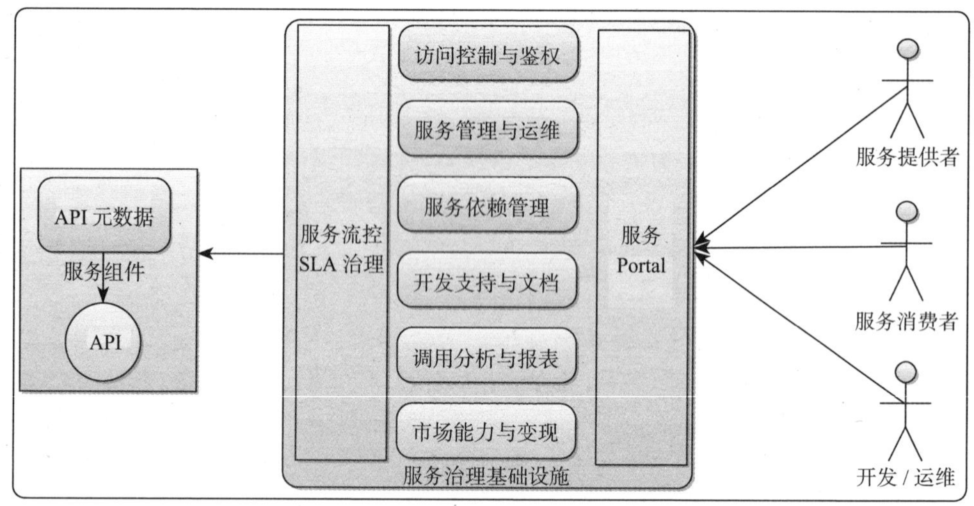

图 9-2 共享服务平台功能架构

- 服务的描述元数据
- 服务注册与发现机制
- 服务的访问控制与安全策略
- 应用服务 Portal
- 服务依赖与运维管理
- 服务 SLA 协议
- 服务消费者的管理与支持工具
- 服务化辅助工具支持
- 服务调用分析与报表

- ❑ 服务成本核算与服务能力变现
- ❑ 文档与开发工具支持

图 9-2 中，共享服务的基础设施就是提供服务元数据规范与工具，帮助 API 完成从普通服务到组件化服务的蜕变。

从共享服务落地的角度来讲，必须要用平台的方式使服务天然具有以上的能力，而不是像之前那样去创建一个服务的 Wiki，或者实现一个服务的安全调用。我们需要这样一个以组件服务为管理对象的通用平台，以后在服务层面的共性需求都可以在这个平台上来实现，这是共享服务平台的价值所在。

3. 服务化实施阶段

推进共享服务就是要把阿里巴巴电商体系内原生的 API 服务变成共享服务平台上的组件化服务，这是一个渐进的过程，需要业务方的参与。我们把服务化实施划分为 API as Service、Product as Service、Solution as Service 三个阶段，参见图 9-3。

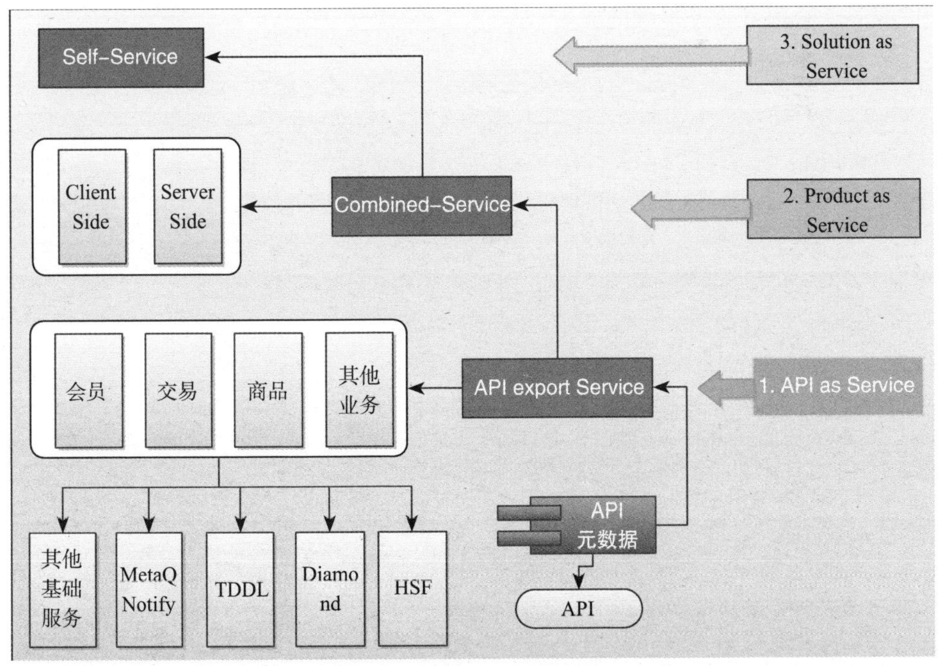

图 9-3 服务建设的三个阶段

这三个阶段也可以看成服务化的初、中、高三个阶段：

1）API as Service

这个阶段就是让 API 具有服务组件的能力。API 只是一个接口，这个接口可能是 HSF 的一个服务接口，也可能是消息中间件的消息收发接口，或者是配置服务器的配置项的访问接口。要让依赖这些接口暴露的业务服务成为服务组件，需要在这些基础中间件接口层实现 API 元数据的支持。让这些通过 HSF、消息中间件这些中间件产品暴露的服务能力具有完整的服务组件特征，并具有与服务治理工具的交互能力，这就是 API as Service 的含义。

所以第一步中 API as Service 的具体任务就是要把 HSF、分布式数据库、消息服务、配置服务、缓存等这些中间件能力 API 服务化，如图 9-4 所示。当我们完成 HSF 的服务化的时候，所有通过 HSF 暴露的 API 服务就支持了 API as Service，当我们完成消息服务的服务化时候，所有依赖消息服务器的消息服务的业务应用就完成了消息服务的 API as Service，以此类推。通过对基础服务 API 接口服务化，业务层依赖这些基础件暴露的 HSF 服务、消息服务、配置项服务都自然成为组件化的服务，获得了服务治理的能力。

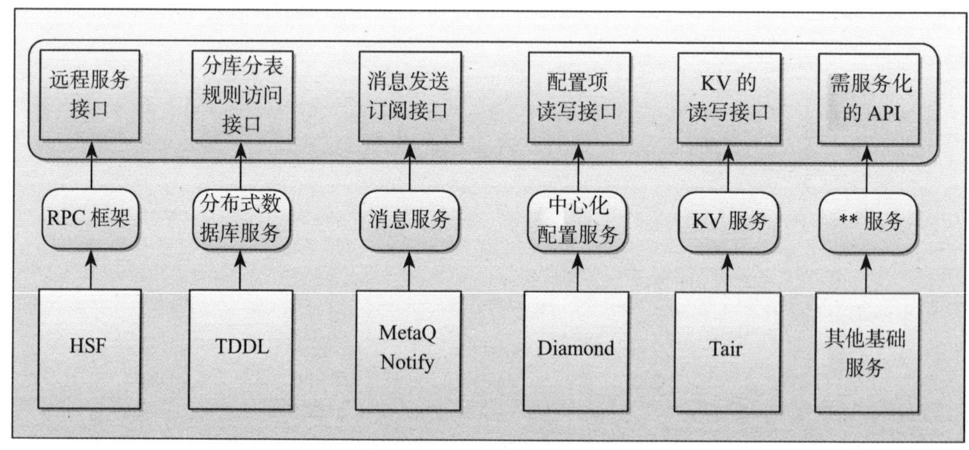

图 9-4 对技术平台的能力 API 化

API 成为服务是最基本的要求，API 有通过 API 元数据的自描述，API 自描述元数据能够与服务治理工具交互，那么服务就具备了以下几个特点：

- 服务还是通过原来的接口暴露，API 元数据对 API 没有侵入性。
- 服务具有共享服务平台上的所有服务治理的能力。
- 所有服务都具有相同的使用体验，降低横向学习成本。

完成了 API as Service 这一步之后，业务方的服务就可以接入服务化平台，并使用共享服务平台来管理自己的服务。这里暴露的服务是最初级的服务，因为现在服务的粒度是 API，这些 API 不是面向服务设计的结果，可能是经过长时间的演变妥协的结果。所以在优雅性、易用性、安全性上肯定还有需要改进，这就是下一个阶段 Product as Service。

2）Product as Service

API as Service 解决存量 API 的服务化问题，把淘宝现有的大量业务 API 升级成了服务化平台的组件服务，让它们成了受控的服务对象。Product as Service 基于 API 初级服务的深加工，把 API 形态的服务利用共享服务平台“封装服务”来暴露让开发者尖叫的服务，参见图 9-5。

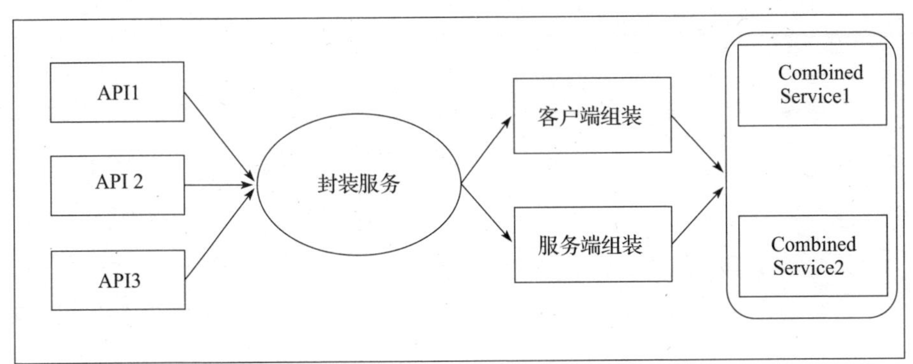

图 9-5　对 API 进行服务的封装

初始的 API 设计会顾及产品的设计、业务兼容、平台化发展等各个因素，所以 API 会显得很复杂。这层服务虽然对服务治理非常有意义，但是对帮助开发者快速理解服务的意义不是特别大，而共享服务平台的服务封装工具可以针对服务进行精加工。

用户可以在共享服务平台上利用 API 服务来开发和部署组合服务。这类组装的服务更面向业务场景，更专业化。对开发者来说，使用会非常友好，对提供者来说，对这类服务的管理可以支持到非常细腻，提升管理服务的效率。

服务组装旨在真正实现服务粒度的敏捷，让服务开发和部署的流程可以非常简单和快速，服务提供者利用服务平台的服务辅助开发工具实现在服务端或者客户端封装的服务。共享服务平台对这种二次封装的服务提供工具层面的开发、测试、部署和上线支持，从而大大提升对业务快速响应能力，其流程如图 9-6 所示。

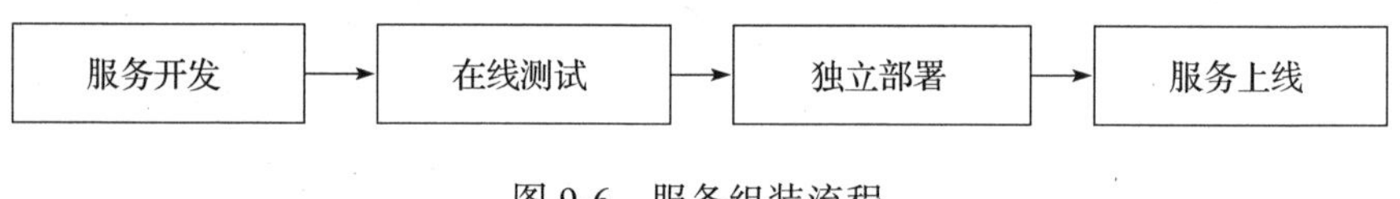

图 9-6　服务组装流程

经过这个阶段，服务提供者提供的服务就不仅是一堆 API 的列表，还会包括从业务需求出发梳理出来的一些场景化的服务接口。而且利用共享服务平台提供的服务组装机制，可以在线完成服务简单的组装，从而快速提供特定业务需求的短期服务。

3）Solution as Service

上一个阶段完成后，阿里巴巴从基础计算能力到业务能力在共享服务平台的服务市场上都可以找到、发现，这是阿里十几年来软件产品能力最集中的展示。当然，我们的目的不是为了展示，是要让这种能力更好地服务于业务，服务于卖家、买家及整个电子商务体系，让淘宝上的各种业务场景和解决方案在共享服务平台上达到最大程度的复用。比如我们在内地的三淘市场，可以通过共享服务平台的方式沉淀出针对境外淘宝的解决方案，以后淘宝业务的扩展是基于服务的扩展而不是基于代码的方式进行扩展，这是 Soluting as Service 的目标。

9.3　共享服务平台与业务方协作

阿里巴巴的共享服务平台（SPAS）是一个协作的平台，是以服务为对象建立的一个在线市场，在这个市场中有三个角色：服务共享平台、服务提供者、服务消费者，其相互关系如图 9-7 所示，说明参见表 9-1。

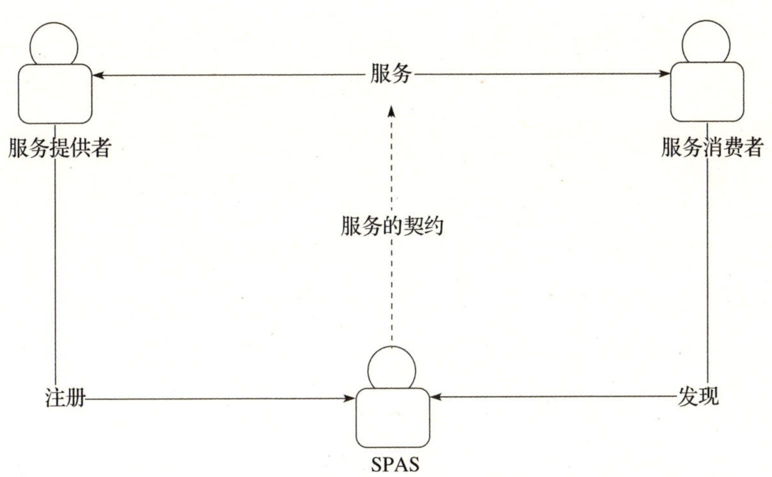

图 9-7 不同角色通过共享服务平台建立服务关系

表 9-1 市场中三个角色的协作方式

参与角色	对应的应用列表	协作方式
共享服务平台	SPAS	• 建设服务 Portal 等基础设施 • 建设应用服务的应用账号系统，建立起应用、服务、服务提供者和消费者概念 • 实现服务治理的基本能力 • 协助服务市场参与方一起制定服务市场的规范并用产品的方式实现 • 帮助业务方接入到服务化平台
服务提供者	商品、交易、UMP、店铺、物流、库存、推荐、淘宝、天猫、聚划算等	• 与 SPAS 一起制定服务化的基础规范并落地 • 把应用和服务接入到服务化平台，利用 SPAS 的基础工具把服务结构化、规范化，方便消费者的接入 • 利用服务化工具建设自己的应用领域的特色的、个性的、高质量的服务市场 • 利用 SPAS 的服务治理工具管理自己的服务：安全控制、运维管理、服务质量报告、成本核算、对消费者支持 • 提供场景化的解决方案的服务
	HSF、MetaQ、Notify、Diamond、ConfigServer、TDDL、EagleEye、搜索等基础分布式中间件	• 作为分布式服务的基础通道接入服务化 SDK 以实现对上层服务化的支持 • 共建服务治理控制台
服务消费者	商品、交易、UMP、店铺、物流、库存、推荐、淘宝、天猫、聚划算等（消费者通常也是服务提供者）	• 使用 SPAS 发现需要的服务，并接入 • 使用 SPAS 的辅助开发工具提高服务接入的效率 • 利用 SPAS 的 SLA 支持工具与服务提供方达成服务的细粒度协议支持 • 获取服务的质量报告和调用分析 • 获取服务提供方的在线支持

总结来说，共享服务平台是各方参与共建，把离线的服务能力数据在线的过程，在这个过程中，共享服务平台只是提供服务共享的基础设施和服务治理的规范与工具。把离线的服务能力在线化，建设一个丰富的服务市场，这需要业务方共同参与密切协作。

只有在线的数据足够丰富，我们线下的服务能力都能同步在线上得到支持，这时候服务化带来的价值才会最大化。服务提供者享受到统一的应用服务管理带来的便捷，服务消费者享受到依赖服务化平台带来的开发效率的提升和服务质量的可靠性保证。

9.4 业务中台与前端应用协作

业务中台是前端应用所需服务的提供者，前端应用是业务中台服务的消费者，同时前端应用对于业务中台也是需求的提供者，两者之间不单单是服务提供者和消费者间的关系，也是在服务不断对接过程中，两者相辅相成，共同发展，业务能力不断专业化的过程。

在阿里巴巴业务中台与前端应用过去几年协同发展的过程中，针对不同业务的需求出现了几种多样的业务中台与前端应用协作的模式。

1. 业务中台对前端核心业务的紧密沟通机制

业务中台理论上是为集团成百上千的应用提供专业的服务，但不得不承认，在这些应用中，业务的规模以及给集团带来的收益价值都有很大的差异，所以，对于这些业务优先级更高的前端应用，业务中台理应为这些“VIP”客户提供更贴心的服务。

对应到阿里巴巴集团业务中，淘宝、天猫、聚划算的业务重要性不言而喻，所以业务中台与这一类的用户建立了紧密的沟通机制。

各服务中心的核心架构师和运营人员会定期参与前端业务方的业务会议（比如周会）或重要项目的研讨会（比如双 11 大促），通过这样的方式，让业务中台对于前端重要应用的业务发展动向有一个准确、及时地了解，从而为业务中台如何更好地支撑这些业务做好准备和服务能力的提升。

2. 建立分歧升级机制

业务中台对于前端应用的支持是一个长期、持续的过程，在这样的一个过程中，业务中台的工作职能之一是保障中台业务核心稳固以及保持业务能力的通用性，前端应用则往往从项目实施成本和周期最快的角度来说，对业务中台提供的能力自然是越多越好，又或者对于某一业务的理解，业务中台方和前端应用方也存在着差异。不管是何种原因，因为两方自身所处岗位核诉求的差别，所以在某些场景下，难免会出现对于将一个业务功能的实现是放到业务中台的服务中心去实现，还是在前端应用中去实现产生分歧。所以，一定要引入分歧升级以及最终仲裁的机制，不能将问题永远停留在无休止的讨论甚至争吵中。

出现中台与前端应用的争执时，一般按照业务负责的层级关系依次升级，以购物车为例，这部分业务在层级上从上到下是“共享业务事业部 - 交易中心 - 购物车”，每一层级都有对该部分业务负责的业务架构师作为团队或部门的负责人。通过这样的升级机制，将出现的分歧在更高的层面上与前端应用方达成一致。对于这样的分歧处理一般在部门层面为止，比如天猫事业部和共享业务事业部层面，不会到更高层面，毕竟是比较具体的业务。

3. 岗位轮转推动真正换位思考

虽然采用业务分歧升级的机制，很大程度上解决了业务中台部门与前端应用方在协作过程中产生的分歧，但总体来说，因为前、中台人员所处岗位的不同，依然避免不了针对业务在哪里落地产生争执，如果遇到双方都是强势领导的时候，就会将一些本应内部通过协调沟通的问题暴露在了业务更高层面，从而在某种程度上影响了业务中台与前端业务方的协同效率。

所以阿里巴巴也会在一段时间内采用岗位轮换的方式，比如将业务中台某服务中心的负责人与天猫对口业务的负责人进行岗位对调，让双方在实际工作中更真切地感知到处于不同岗位时对业务的理解和出发点。

通过这样的方式，让原本口头上说起来容易的“换位思考”在现实中落地，对于公司培养综合性管理人才以及业务中台与前端应用方更顺畅的协同协作都起到了非常积极的作用。

4. 业务持续沉淀及共建模式

业务中台中不管是服务中心的建立，还是各服务中心的能力都是一个不断沉淀、不断完善的过程。如果发现有些前端应用中对于业务中台的需求确实是不同于前端应用共性的需求时，这样的需求就很适合沉淀到共享服务体系中，成为某一服务中心新增的功能，如果这一共性的功能业务覆盖面比较大，甚至会成立一个新的服务中心对该业务的服务进行独立的运营。

在进行业务沉淀到中台的过程中，又会出现两种情况，一种是业务中台现有的人员对于要沉淀的业务功能自身就有较强的业务能力，能够很好地完成将业务功能沉淀和融入到业务中台的能力，这样一种方式是目前很多前端业务功能沉淀到中台的典型方式；另一种情况则是对于要沉淀到业务中台的业务，业务中台现有人员没有足够的业务理解和能力，此时，就会采用共建的模式，业务中台和前端应用方各自派出人员共同组建一个团队，一起负责该业务功能的实现以及到中台的能力沉淀。

通过业务共建的模式，既能在最快的时间内实现业务功能，很好地满足了前端业务方的要求，又能让业务中台人员在共建过程中，对原本不熟悉的业务领域近距离地接触，培养了这些人在该业务领域的专业能力，为该业务能力在中台持续运营和能力增强提供了很好的人才储备。

9.5 业务中台绩效考核

业务中台在阿里巴巴集团所起到的核心地位不言而喻，业务中台所提供的服务能力少则为几十个应用，多则成百上千的应用，同时提供服务，所以对于业务中台整体的服务稳定性提出了非常高的要求。但从集团启动中台战略的出发点而言，业务中台除了提供对前端应用的高效支持，同时也承载了业务持续沉淀和创新的使命。

但创新往往又和稳定在某些时候有一定的冲突，业务的固化在某种程度上提升了服务的稳定性，创新意味着新功能、新业务的上线，所以不可避免会影响到中台服务的稳定性。所以业务中台是处在服务稳定和业务创新间平衡的一个处境中，正因为这一特殊处境，才有了针对业务中台比较有特点的绩效考核机制。

1. 服务稳定是重中之重

不管是何原因，保障业务中台的服务能力稳定运行是各服务运营团队，因为该服务所造成的事故等级以及次数，都会对该服务运营团队整体的绩效考核产生较大的影响，比如半年内出现两次 P1 故障，则此项考核项不达标。所以这部分的考核比重会占整个考核中的 40% 左右。

2. 业务创新推动业务发展

为了避免服务运营团队为了单纯地追求服务的稳定运行，而减少业务的创新和尝试，所以在绩效考核设置中，会有专门针对业务创新的考核。为了鼓励团队进行业务创新，会针对创新力度的不同，适当的允许一定数量的因为该创新业务的上线带来的事故不纳入到业务稳定运行的考核中，比如允许出现 1 次 P1 故障或者 2 次 P2 故障不计入服务稳定考核的数量中。采用这样的方式鼓励业务中台的服务运营团队更好地进行业务的创新。一般这部分的绩效比重会针对不同的团队和不同时期会在 25% 的比例有一定的浮动。

3. 服务接入量是衡量服务价值的重要考核

业务中台中的服务能支持集团中的应用越多，自然所体现出的业务价值就越大。而对于成长中的共享服务中心，对于服务的运营团队来说，除了对服务功能的不断完善和专业化，同时也需要做内部的营销，让更多的前端应用知道和了解到该服务能力能更好地满足前端业务的要求，吸引前端业务方接入到该服务中。所以对于业务中台中服务的接入量也是该团队的重要考核指标之一，主要考量了服务能力的专业度以及对外的服务运营能力，一般也会占到整体绩效的 20% 左右。

4. 客户满意度促动服务的提升

随着业务的覆盖面以及本身功能和业务数据的逐渐汇聚，业务中台所掌控的业务和数据相比前端的应用方在整个集团层面就显得更为重要和核心，在这样的阵型下，难免会让业务中台的人员滋生出高傲自大的情绪。所以对于中台中各服务中心是否能对前端的业务方和合作方提供更好的支持和服务，获取他们对业务中台服务的满意度认可，也会是业务中台团队的绩效考核项。定期对中台服务团队所服务的前端业务方进行360度的客户满意度调查也是很具阿里巴巴特点的方式，对中台服务团队起到督促作用的同时，调查的结果也为服务团队的服务能力提升提供了非常有价值的参考信息。

9.6 能力开放是构建生态的基础

当阿里巴巴在2009年完成了分布式架构的改造后，淘宝平台整体能力得到了质的提升。此时却面临了新的挑战和问题，随着淘宝商家交易量的爆发式增长以及越来越多大型的零售快消行业入驻淘宝和天猫，原有平台所提供的商品管理、库存管理等功能显得捉襟见肘，大大影响了商家的运营效率。

这些几百万的商家从某种程度对于淘宝和天猫来说是衣食父母，没有这些商家在淘宝和天猫上开店，也就没有了电商平台存在的价值，所以面对这些商家的诉求，淘宝团队第一时间就调集了当时在ERP、CRM业界最为专业的团队，开发了一套针对淘宝和天猫上商家提供统一CRM服务的平台，以提升商家对于商品、库存、促销、物流各方面的运营能力。

经过近百人、几个月的浴血奋战，淘宝统一CRM平台很快推出上线，商家使用CRM的服务所需的服务费用也非常低廉，甚至对于一些商家是提供免费服务。当大家都以为这样将大大提升商家的开店体验，商家对淘宝平台的满意度会显著提升时，结果却让人大跌眼镜，大部分商家对于淘宝建设的统一CRM平台怨声载道，淘宝团队在一段时间内对CRM平台进行了全力优化和改进，但还是没有改变CRM平台最终下线的结局。

究其原因，我认为本质上是统一CRM平台建设前，对于所服务客户的需求并没有清晰的认识，在当时淘宝近200万商家中，有来自家电、服务、数码、生鲜、玩具等上百个不同行业；有像双11那天一天交易金额超10亿的大型商家，也有一年交易额可能几千块的商家；这些客户存在的差异导致对于CRM平台的需求差别是巨大的，所以寄希望用一套统一的平台解决需求差异这么大的用户群体，最终的结果一定是所有人都不满意。

在项目失败后，淘宝团队对项目进行了复盘，总结和定位出失败的原因，痛定思痛之后，开始了淘宝开放平台的建设。淘宝开放平台是将淘宝和天猫上商家后台数据开放给商家授权的技术团队，基于商家后台系统开放的权限能实现商家针对商品、库存、订单、物流和客服等个性化的业务流程。商家自身的开发团队或者第三方的开发商基于淘宝所开放的商家数据，经过定制和扩展后，实现了商家各自不用的需求，从而根本上提升了一直困扰商家很长时间的运营效率问题。

经过淘宝开放平台多年的运营，让我们一起看看整个版图上不同的群体的发展现状，如图 9-8 所示。

图 9-8 淘宝开放平台生态图

目前已经有超过 15 万家商家 IT 服务商（图中右上角的群体）基于淘宝开放平台提供的基础商家数据，为超过 200 万商家提供了满足商家运营需求的高质量系统，这些公司规模并不大的商家 IT 服务商因为给商家提供了很好的增值服务，收获了不错的经济回报，其中有好几家已经成功上市。

超过 200 万商家（图中下方的群体）因为得到了来自商家 IT 服务商的贴心服务，提供了满足自身业务需求的运营平台，从而运营效率大幅提升，运营成本降低，竞争力更强，结果是在淘宝上赚到更多的钱。

作为最终的消费买家和客户（图中左上角群体）因为商家的运营成本的降低，所以可以买到更多便宜的商品，从而得到了最大的实惠，当然也更愿意到淘宝上购买自己喜欢的商品。

对于淘宝（图中心位置）而言，目前淘宝开放平台上提供的服务，每天的服务平均调用量超过百亿次，其中一大部分都是收费的，先抛开这些服务调用带来的直接经济收益，最为重要的是，让商家在淘宝平台上更开心地开店，赚更多的钱，这是淘宝最根本的目的。

纵观全局，我们发现整个体系中四类群体（商家、商家 IT 服务商、用户、淘宝）都得到了不错的收益和目标的达成，相比于之前淘宝自建 CRM 平台最根本的区别是淘宝将自身平台中的数据以服务的方式对外进行了开放，从而吸引了众多商家 IT 服务商基于这些基础服务为百万商家提供增值的服务。这其中的关键除了在于淘宝能“大胆”地将自身业务数据对外开放之外，另一个重要的成功因素则是十几万的商家 IT 服务商，正是这样一个群体，在往整个体系中输入自己所擅长的垂直或细分领域的专业能力和智慧，才使得整个体系有了源源不断创新的活力，持续地给商家提供优质的运营平台能力，从而最终构建了基于淘宝开放平台的生态体系。

联想到我们今天遇到的很多传统企业，在提到互联网转型时，很多人想到要构建生态，但我认为很多人混淆了“生态”和“上下游”。举例来说，我们遇到一个汽车生产商，他们计划构建一个平台，在这个平台上给该汽车厂商和所有供应商提供网上采购交易的处理，同时能给全国几千家 4S 店提供在线订车、配件预定等在线服务，同时也能跟线下的汽车维修和美容店打通，给车主提供相关的汽车维修、保养等服务。希望借助这个平台打造围绕汽车生产商，将几千家供应商、几千家 4S 店、上百万的车主，数不清的线下汽车维修和保养店纳入到一个体系的生态。但我想说这不能称为“生态”，充其量只是上下游。几千家供应商对于这家汽车厂商只是提供配件的上游群体，几千家 4S 店相对汽车厂商是主要负责销售的下游群体。先抛开汽车厂商对车主和线下汽车维修店的掌控力度不考虑，当这个平台建设完成后，上游的供应商和下游的 4S 店是一定会使用这个平台的，因为他们跟汽车厂商都有着密切的利益绑定，但他们仅仅作为平台的使用者。这与前面所讲述的淘宝开放平台最本质的区别是，整个体系中所有的参与者都是被动的使用者，而淘宝商家 IT 服务商是主动参与者，他们持续地往整个体系中注入自己的智慧和创新的源泉。就是说，所有的参与者都是主动加入到这个体系中，同时不断贡献自己的价值，只有这样才有可能打造出企业所希望的生态效果。

从现在整个社会发展的态势来看，笔者认为在接下来的 3 ~ 5 年时间内，中国会进入开放共享的时代，政府、金融、工商、社保、企业等组织单位都会在一定程度上将企业最有价值的数据以服务的方式开放给整个社会，这些组织在企业中是否还存在以及重要性会取决于他们给这个社会开放出来的服务所产生的价值，融合创新和跨界创新将成为中国创业的主旋律。面对这些公平的社会资源，谁能将这些资源有效地整合，能更好地解决社会的问题，能改变百姓的生活方式，推进社会的发展，谁就将站在社会发展的风口上高飞。到那个时候，国家所提倡的“大众创业、万众创新”将会真正实现。

传统企业如何能在开放共享时代来临时，找到适合自身企业发展的最佳位置，就应该现在着眼于企业内部核心业务能力的打造，在业务发展过程中不断沉淀企业核心业务，当有一天需要通过能力开放的方式拓展企业业务边界或构建生态的时候，这些沉淀的服务将会是企业最大的资产。企业的信息中心部门也自然要肩负起基于这些服务的对外运营职能，因为那个时候，企业的信息中心绝不是一个成本中心，而有可能变为企业对外进行能力输出的关键运营部门，正如淘宝开放平台团队在今天整个淘宝体系中所扮演的重要角色一样。

第三部分

阿里巴巴能力输出与案例

时间回到 2014 年，随着国家倡导了“互联网 +”的转型，越来越多的传统企业客户加入到互联网转型的浪潮，阿里巴巴中间件团队意识到过去十几年伴随阿里巴巴业务发展所沉淀的这些技术平台有了更为广阔的施展空间。从 2014 年开始，阿里巴巴中间件团队就开始着手将原本支撑阿里巴巴集团内部业务的一系列平台进行整合和产品化，以阿里云标准云服务产品的方式将这样原本阿里巴巴集团内部才能享有的互联网技术架构输出给阿里巴巴集团外部的客户，让更多的企业和个人能享受到过去十几年互联网高速发展所带来的技术红利。

截止到目前为止，阿里巴巴中间件团队已经完成了 6 款阿里云上互联网中间件产品的研发并成功上线，并形成了飞天 Aliware 的阿里巴巴中间件品牌，成为了阿里云飞天体系中针对高并发量、海量数据在线交易类场景，提供分布式技术架构以及平台稳定性能力的核心组成。

在过去 2 年的时间里，随着这 6 款产品在阿里云陆续成功上线，已经吸引了大批客户的使用。目前使用飞天 Aliware 中间件的客户已经覆盖了政府、税务、人社、银行、保险、石油石化、零售快消、汽车制造、互联网平台等众多行业，为这些企业的互联网业务转型提供了业界最专业、最稳定、最可靠的企业级互联网架构。

这部分介绍两个案例，第一个案例就是阿里巴巴协助国内大型央企在 90 天构建出一个 B2B 电商平台，整体平台构建基于阿里巴巴的共享服务理念以及阿里云飞天 Aliware 一系列产品，现在已经成为国有大型企业进行互联网业务成功转型的标杆性项目；第二个案例描述某服装品牌民营企业基于阿里巴巴的共享服务架构成功完成了企业全渠道分销平台的重构，根本性解决了困扰零售快消行业多年的高库存、高流单率的难题，很好地实现了 O2O 的融合，建立了以客户体验为中心的系统架构，为企业在同行业竞争中建立了差异化的竞争能力，是马云先生在 2016 年云栖大会上所提到的“新零售”概念真正的践行者。

Chapter10 第 10 章

大型央企互联网转型

国务院总理李克强在 2014 年 11 月 15 日主持召开国务院常务会议，确定促进云计算创新发展方向，培育壮大新业态新产业，并在第十二届全国人民代表大会上几次提到了“互联网 +”。中心思想是要积极支持云计算与物联网、移动互联网等融合发展，催生基于云计算的在线智能制造、研发设计、教育医疗、等新业态。

作为国属企业的大型央企，希望响应总理的号召，结合企业自身发展的现状，结合“互联网 +”业务创新思维，真正成为总理所提倡的“互联网 +”的践行者。本章介绍了该央企实施的第一个“互联网 +”转型项目——工业品电商平台，在此电商平台项目后，基于电商平台项目过程中打造的业务和技术架构，该央企又进行了一系列业务创新的项目建设。后续的发展也证明了，工业品电商平台可以称得上该央企互联网转型的重要原点。

10.1 项目背景

根据某央企十二五规划中提出的 IT 建设目标，必须改变传统的基础设施建设思路，采用成熟的新技术、新方案，核心是采用云计算设计理念，对服务器、存储等物理设备进行池化，便于对资源的灵活调配，满足不同应用及应用在不同时间段对计算和存储等资源的需求。资源监控方面，实现不仅对系统内的资源进行监控，同时实现对整个资源池的物理整机进行监控。管理平台方面，实现统一的、自动的管理平台。真正实现低能耗、高效率、自动化的云计算基础平台。

在2014年11月，时任阿里巴巴集团CTO王坚博士受邀参加该企业高层领导会议，给大家分享了云计算、大数据的精彩演讲，会后，该央企董事长在整个集团内提出了学习云计算、大数据，尽快进行基于互联网思维和技术业务转型的号召。在董事长的号召下，各大业务部门均表达了基于云计算平台构建新业务平台的强烈意愿。在这些业务部门中，以物装采购平台部门尤为积极，从2015年元旦后，开展了一系列与阿里云、共享业务事业部、1688团队的技术和业务交流，最终确定了基于阿里云技术平台，基于阿里巴巴共享服务理念构建物装工业品电商平台，也提出了在2015年4月1日平台上线的要求。

从前期跟客户的交流中，阿里巴巴团队给客户介绍了基于共享业务平台构建的“厚平台+瘦前端”的架构，以多个共享服务中心为基础，可以更好、更快地进行业务的构建和业务变更的响应。该央企信息化部相关领导对这种架构非常认同，认为企业可以利用共享服务层进行业务的沉淀、更好地支撑集团的不同业务，同时也有助于企业信息化部从以项目管理、系统运维等业务支持的职能向企业核心业务服务能力的沉淀和打造，并基于这些服务能力进行对内和对外的运营职能转变。

10.2 项目实施

在业务需求还没有完全明确，项目实施团队没有任何互联网平台实施经验、只有两个半月开发时间，要构建一个如1688的B2B电商平台，而且还要完成跟企业内部原有的招投标、ERP等系统进行集成对接，这个难度几乎让所有人都认为这是一个不可能完成的任务。同时信息化部的领导还希望通过此项目能搭建出以共享服务层+前端应用的系统框架，为接下来建设行业的共享服务中心打下坚实的基础，又给系统的建设增加了的难度。

从2015年1月开始，阿里巴巴派驻了架构师及多名技术专家作为现场咨询和技术支持团队，从项目开始到项目成功上线全程保驾护航，整个项目团队完全采用互联网节奏：每天从早上8：30到晚上9：30，周六上班。在整个项目实施过程中，所有人都是高强度工作模式，但几乎看不到人员对加班的抵触和产生消极的态度，不管是业务人员还是技术人员都能参与到企业第一个转型项目，近距离的接触和感受互联网的技术和设计思路兴奋不已。在这个过程中，笔者全程参与了，从阿里巴巴员工的角度看，传统企业或央企的员工并非不能接受互联网这样的工作氛围和强度，其实这些人都具备非常高的综合素质，只是在好的机制和环境下，他们所迸发出的战斗力与互联网公司的员工能并没有大的区别。

在深入了解物装电商平台的业务需求后，基于共享服务的理念，阿里巴巴技术团队与企业的技术团队一起梳理出满足此次电商平台建设所需的 7 个共享服务中心，同时结合阿里巴巴中间件团队在阿里云平台上一系列的中间件产品的能力输出，设计了电商平台的整体架构，如图 10-1 所示。

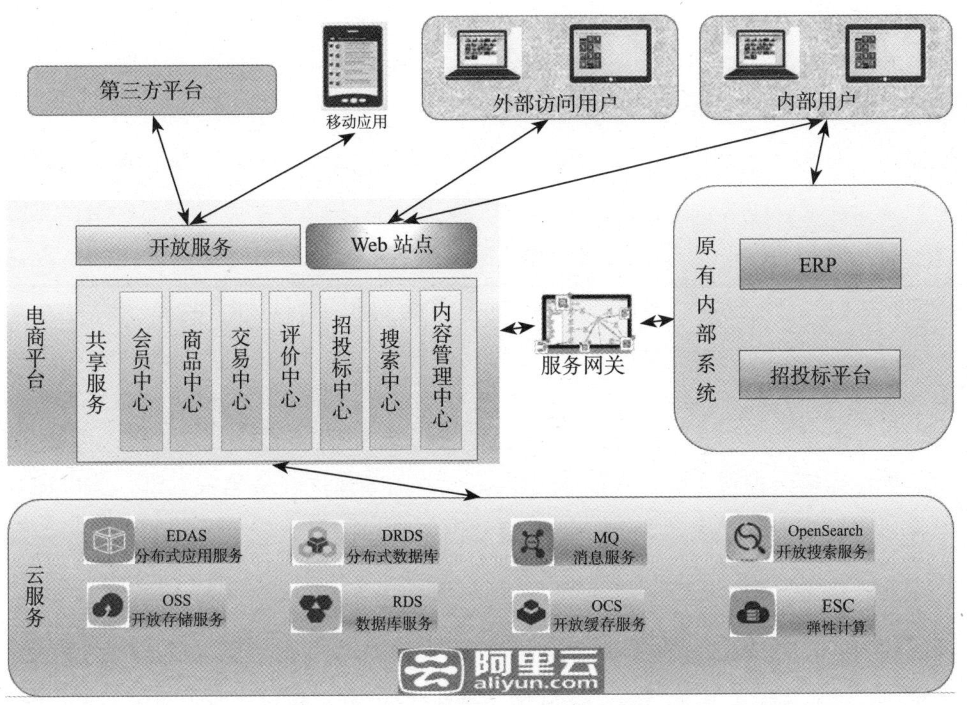

图 10-1 电商平台整体架构示意图

在电商平台的建设阶段，系统的共享服务层分为以下几个共享服务中心：

1）会员中心

2）商品中心

3）交易中心

4）搜索中心

5）评价中心

6）内容管理中心

最终该项目在满足了系统按时顺利上线的同时，也帮助该企业打造了一套与阿里巴巴集团同样业务架构的共享服务体系，为接下来集团其他系统或平台的建设打下了坚实的基础。

10.3 客户收益

在2015年4月1号上线当天，物装电商平台就成功完成了14笔的订单交易，金额共计十几万的交易，这样的交易数字对于该央企来说虽然微不足道，但对于企业采用互联网方式进行业务转型却有着非凡的意义，引用该企业集团领导在上线当日视察项目组现场工作时说："经过大家日日夜夜的奋战，春节只休息三天时间，目前看平台业务流程已经全部打通，第一笔通过ERP集成的在线订单已经顺利生成，你们的付出得到了验证，你们是一批朝气蓬勃、有战斗力、能打胜仗的团队，你们的付出在开辟着企业一个崭新的未来，实践着国家提出的"服务增值和经济转型"的承诺，你们在开创一个先河，将来有一天平台运作起来了，历史会记住你们这一百人一百天的会战！"

为什么该央企对于此次项目表达出了很高的满意度，从笔者看来，此次项目不仅是该企业进行互联网业务转型迈出的第一步，同时也收获了如下在很长一段时间内都意义匪浅的收益：

1）基于共享服务理念帮助企业打造了"厚平台、薄应用"的新架构，为下一步实现该企业高层领导要求的"信息化、工业化融合"，建设集团信息统一大平台，快速支撑业务发展打下良好基础。

2）基于阿里云云计算平台以及阿里巴巴经过十年打磨沉淀的中间件体系，为企业打造了一个灵活的、有保障、可持续发展的技术支撑体系。

3）通过此项目给企业培养了一支懂云计算和实施能力的技术队伍，为接下来更大范围内的互联网转型储备了一批宝贵的人才。

10.4 笔者感想

笔者作为亲身参与此次项目的阿里团队中的一员，回头看看过去3个月封闭式的项目历程，虽然身心略有点疲惫，但这次项目让我们在实战中证明了基于共享服务的理念打造的“厚平台+瘦前端”体系架构同样对传统企业客户的互联网转型有着举足轻重的作用，也让我们将这样的理念和技术架构赋能给更多的企业有了十足的信心。

在项目实施过程中，有一个小的片段也给我留下很深的印象，企业信息化部的主任给我和阿里云的两位同事安排了一场略显神秘的交流，为什么说神秘，是因为在交流开始之前，信息化的领导都没说这次交流的对象是谁，只说是高层领导，后来见面后才知这次交流的对象是该央企董事会秘书兼副总裁，在交流开始后，这位领导表达了这次交流因为受董事长所托，让他能对互联网和云计算多做一些了解，同时也提到了企业长年有上亿的用户，但对现有这些资源的价值并没有做有效的商业挖掘，在越来越提倡绿色环保，甚至是电动汽车蓬勃发展的今天，如果单单再靠销售原有产品，企业将会面临非常大的挑战。

在这里不在对交流的内容做赘述，但跟这位央企副总裁一个半小时的交流过程中，明显感受到该企业对基于互联网思维进行业务转型的重要性和改革的魄力。在这里跟大家分享这个片段，是想说明该央企所面临的问题和他们的想法是现在中国很多央企、国企的缩影，事实上，从各方渠道获取的消息，已经有好几个年收入超过万亿的央企巨头们都加快了互联网、云计算、大数据转型的步伐，可以想象等到这几艘航母级的客户驶入云计算的海洋，接下来会有更多的传统客户将涌入云计算的浪潮，到时候离真正的互联网+时代就不会太远。

早年浣纱在西湖；
今年驾云到北都。
纵使素颜一村姑；
红盖罩头即罗敷。

这首诗是在物装电商平台4月1号成功上线后的聚餐时，这家企业的一名领导颇为感慨时面对在座近十几位阿里巴巴的同事吟诵的，他坦诚地说出了自己的想法，这首诗是他刚与阿里巴巴团队接触时就写好的一首诗，字里行间表达了对阿里巴巴的怀疑，认为阿里巴巴只是蒙上了互联网的神秘面纱，让传统行业的人看起来有种神秘的美，希望借助着互联网转型的浪潮，从传统企业身上谋取最大的利益，但本质上并没有太多独到、有价值的地方。

我能理解这位领导的想法，这家央企每年都有数不清的来自全世界最知名的咨询、科技巨头们的拜访，希望与该企业建立合作，看到了太多开始说的挺好，但最终并没有给企业带来预期回报和价值的案例。

随后，这位领导承认了自己想法的武断，在这次项目中，阿里团队所表现出的敬业精神、专业技能和责任心，真正帮助企业落地这样一个有重大意义的项目，是他没有想到的。一位工作几十年的领导者在这么短的时间对一家公司的印象有了这么大的转变，在某种程度上是对整个阿里团队的认可，至少对于当时在座的笔者来说颇感欣慰。

10.5 项目后记

自物资装备电商平台在 2015 年 4 月 1 号成功上线后，到 2016 年 7 月，平台的累计交易金额已经超过 130 亿元，订单数量超过十几万，从目前的业务发展来看，很好地满足了当初该央企对电商平台的建设目标，可以说，该企业互联网+的转型迈出了成功的第一步。

在 2015 年年底和 2016 年 1 月，笔者又回访了几次该企业，让我感到震惊的是，除了电商平台完完全全像一家互联网电商公司一样进行着日常的运营和快速的业务迭代，更让我感到触动的是企业为了更全面地进行互联网转型进行了一系列组织架构上的调整，这使我对该企业领导的魄力刮目相看，更加敬佩。

1. 采购部门员工跳出体制走上创业道路

在阿里巴巴团队与该企业员工长达半年的业务和技术交流过程中，阿里巴巴的同事对于电商平台后期运营的重要性的强调给企业的领导们留下了很深的印象。诚然，传统的项目建设成功上线就成为了最为重要的一个里程碑，而在互联网领域，尤其是电商领域，平台上线只是一个重要的开始，但这个平台能否发展壮大甚至是否能生存下去更多取决于平台的后期运营，是否真正做到以客户为中心。

当初主要负责电商平台业务需求部分的是集团专业品采购部的采购处，整个电商平台中所有业务模式和流程都是这个处室的员工经过两个月夜以继日的奋战梳理出来的，本身就体现出了很强的战斗力和人员素养。当平台上线后，这些员工依然将主要的精力投入到业务持续优化、业务领域的拓展中。2015 年的 8 月份的一个消息传来，该央企全资注册了一个电商公司，原有采购处的 20 多名企业员工将会跳出集团人员编制，成为了这家电商公司的正式员工，这其中包含了多名处级领导。

这个消息传递了一个非常清晰的信号，该央企互联网转型的决心和目标是坚定不移的。我也相信该企业的领导也清晰地意识到，如果让这些员工以集团采购处的身份负责电商平台的运营，在这样的环境和体制下，迟早有一天这些员工的积极性会逐渐磨灭，那电商平台这一肩负着企业转型原点的职责将会走向失败，要让电商平台继续像其他成功的互联网电商一样越走越好，环境和体制一定要打破！

今天的电商公司走上了完全市场化运作的轨道，在高端的写字楼租了整整一层，在我去电商公司新的办公点回访时，这些原来的央企员工们给我留下了深刻的印象，除了看到桌子上到处摆放的有关如何进行互联网营销、运营的书籍，在见到我们阿里巴巴同事的到来，就非常渴望的将近期的一些困惑或想法与我们进行积极的交流和沟通。我从他们的眼光中感受到了与互联网公司里运营人员同样的激情，他们正倾注所有的心血在这个电商平台上。

我也时常会到该电商平台上去浏览一番，每次浏览都能看到很多不一样的东西，商品种类越来越多，界面越来越友好，营销活动越来越丰富。我完全相信在这样的环境下，有这群充满激情的人，有着阿里云平台的保驾护航，这个电商平台将来一定越来越精彩！

2. 基于共享服务中心建设统一集团 CRM 系统

在共享服务的理念通过电商平台项目中成功落地后，紧接着在 5 月份启动了全集团的 CRM 系统建设，该系统依然基于阿里云平台以及共享服务理念建设，新的 CRM 也在 2015 年 12 月成功上线。

在 CRM 系统建设中复用了前期电商平台建设时所构建的几个服务中心的能

力，从而让企业信息中心的领导们越发意识到共享服务的框架将会是整个集团信息化建设的统一基础框架，只有这样才能彻底解决原来“烟囱式”项目建设的方式带来的数据难打通、业务交互成本高、功能重复建设、业务得不到沉淀的问题，而且能真正做到业务的可持续发展和沉淀，为将来企业在互联网转型过程中所需的业务快速响应、业务的创新或试错打下坚实的服务中台。

所以现在在该企业的信息中心，所有人都知道：在集团新建项目的可行性报告会议之前，领导们都会关注两个问题：

1）新的项目是否基于云平台建设。

2）新的项目是否基于共享服务中心建设。

如果这两个问题有一个不满足，则这个项目的可行性方案将会面临非常大的挑战。

从这一点可以非常清楚地看到企业信息中心的领导对于共享服务理念的认可以及坚决按照此理念建设整个企业信息化系统架构的决心。我能理解这个过程一定会受到某些人的质疑，也会损害某些人的利益，执行起来困难重重，因此我由衷敬佩企业信息化领导的魄力。

3. 信息中心“技术处”的成立

在电商平台上线时，基于阿里的共享服务理念，构建出了“会员中心”、“商品中心”、“交易中心”、“搜索中心”、“评价中心”、“内容管理中心”6 个服务中心，在 2015 年 12 月上线 CRM 后，共享服务中心的中心数量上升到了 17 个，在某种程度来说，共享服务的理念已经在该企业扎下了根。

在电商平台中将阿里巴巴的共享服务框架很好地在企业内部进行了落地，帮助企业搭建好了一个未来能很好支持业务快速创新的服务框架，但这仅仅是开始，从发展的角度，共享服务中心是否最终能发挥出共享服务事业部在阿里巴巴集团扮演的角色和作用，企业还有一段路要走。共享服务框架在形态上已成型，好比一个人的骨架已经成型，如何成长为具备着一身武艺的豪杰，人的自身机能和脉络打通则更为重要！

所以在最近一次与该企业信息中心的交流中，我们重点分享了阿里巴巴共享业务事业部的价值和组织定位，如何与业务部门的协作，如何进行绩效的考核等，相信通过那一次的交流，企业信息中心领导意识到了对于目前已经建设的共享服务中心需要有一个像阿里巴巴共享业务事业部职能的组织担负起这些服务中心的茁壮成长。以前该企业的组织架构大致按照不同的业务线（成产制造、信息管理系统、ERP等）分成了不同的处室，在做完关于共享业务事业部的交流后，很快传来了该企业信息中心将成立一个新的处室，处室的人员从现有其他各处室调派，该处室的名字是“技术处”，主要职能是对于目前已经沉淀出的17个服务中心进行对内和对外的运营工作。

这次信息中心组织结构的改变表明了信息中心在企业中的组织职能从长久以来的业务支持走向了基于企业核心业务和数据进行服务运营之道，相信随着这一系列的改变，该央企一定能在互联网转型的道路上越走越快，越走越远！

第 11 章 Chapter11

时尚行业品牌公司互联网转型

衣食住行是人的最基本需求，服装（鞋服配）是中国最古老的行业，也是一个比较年轻的行业，年轻是指中国目前的服装品牌大部分都是在 20 世纪 90 年代后才创立的。

服装行业发展到今天，远不只是保暖、装饰的作用，更是身份、个人情趣、生活方式与态度的表现，服装行业也进化为了时尚行业。进入 21 世纪的第二个十年，这个行业可谓命途多舛，经常看到品牌业绩下滑、门店关闭、大量亏损、天量库存的报道。

本章所述的这家企业从创立开始到现在，历经 40 年，一路走来，筚路蓝缕。面对惨烈的市场竞争格局，公司经营管理团队提出若干战略，并积极实践。其中有两项子战略值得在这里介绍：其一是基于快速响应的供应链协同，其二是基于 SCRM 的全渠道营销。

本章通过对当前零售快消行业内供应链和全渠道营销的业务剖析，阐述了针对这两个领域中共性问题解决方法，介绍如何基于阿里巴巴共享服务理念以及 Aliware 互联网架构平台很好地帮助该企业解决业务问题。

11.1 项目背景

该品牌公司有超过 4000 多家零售网点，5000 多个 POS 站点，以前采用离线客户端通过 Webservice 与后台服务器定期同步数据的方式。经过多年完善与改进，依然发现离线的方式存在一些问题，比如数据传送一致性与及时性问题，会员与促销等需要在线处理的业务效率等问题。

如果只是单纯需要处理 POS 的问题，采用小型机 + 集中式数据库也是可以的，但基于该公司战略，需要有一个一体化的平台来处理所有与零售相关的业务，比如渠道、工程、物料、分销、供应链协同、SCRM 与全渠道营销等相关业务。如果采用一个大应用与集中式数据库来处理所有的业务，势必带来性能、成本、可扩展性问题。在 2015 年的时候，该公司就基于开源的 MySQL 做了一些探索，并取得了一定的效果。随着业务需求的逐渐清晰，该公司 IT 团队对选择何种技术架构更加迫切。在与阿里巴巴中间件团队接触了之后，该公司 IT 团队认为阿里巴巴的企业级互联网架构可以很好地解决下列几个问题：

- ❑ 通过分布式应用与分布式数据库解决系统容量与扩展性问题。
- ❑ 通过服务中心的方式，来匹配业务快速变化的需求。
- ❑ 通过阿里技术团队输出技术，解决技术能力获得问题。这其实是一个很有意思的情况，该企业与一些使用开源互联网架构的公司交流过，比如当地的一家做 B2C 业务公司的技术团队就告诉他们，技术团队在 MySQL 上就有 60 多人，该公司的 IT 团队认为自己的能力主要是通过构建应用来解决企业问题，技术架构的问题还是让阿里的团队处理比较适合。

2016 年春节之后，该公司开始基于阿里巴巴企业级互联网架构一系列的应用改造工作：基于中台架构、服务中心的理念，通过分布式应用系统，快速建设 POS、SCRM 等系统，并通过持续地沉淀业务，并支持新业务的 IT 快速实现。一个应用的场景是，该公司构建了商品库存中心、营销中心、订单中心、支付中心等服务中心，需要解决线上、线下订单与库存互通的 O2O 平台，就只需要结合原有的服务中心，即可快速构建应用。最终该品牌公司的 O2O 订单平台从开发到上线 2 个月完成。

事实上，这家品牌公司的零售云平台包括零售后台、门店 POS、SCRM、智能供应链（分销自动补货部分）、消费者互动平台，目前系统承载着 4000 多家门店，为数百万的会员提供互动营销服务。

从数据库层面看，基于分布式的数据库计算能力和容量可以极为方便地水平扩展，传统的数据库水平扩展能力有限，如果采用共享数据文件的方式，受制于存储本身的 I/O 性能。

该公司在经营旺季营销活动比较频繁，并且往往都是基于线上线下互动的全渠道营销活动，需要通过数字媒体、SCRM（含微信服务号等）、零售后台、POS（含支付平台）等进行整合营销。活动时存在非常明显的峰值，之前的记录是一分钟的并发访问超过 1.7 万，最终这套架构确保了系统的可用。

无需成本较高的高性能存储、小型机、数据库等软硬件，基于互联网技术分布式关系型数据库、企业级分布式应用、企业级消息中间件等，采用成本较低成本的 X86 服务器，即可帮助企业构建其核心业务品台。

企业往往已经在 ERP 等系统上进行了投资，原有系统与互联网技术的 IT 应用系统混合之后的架构如图 11-1 所示。

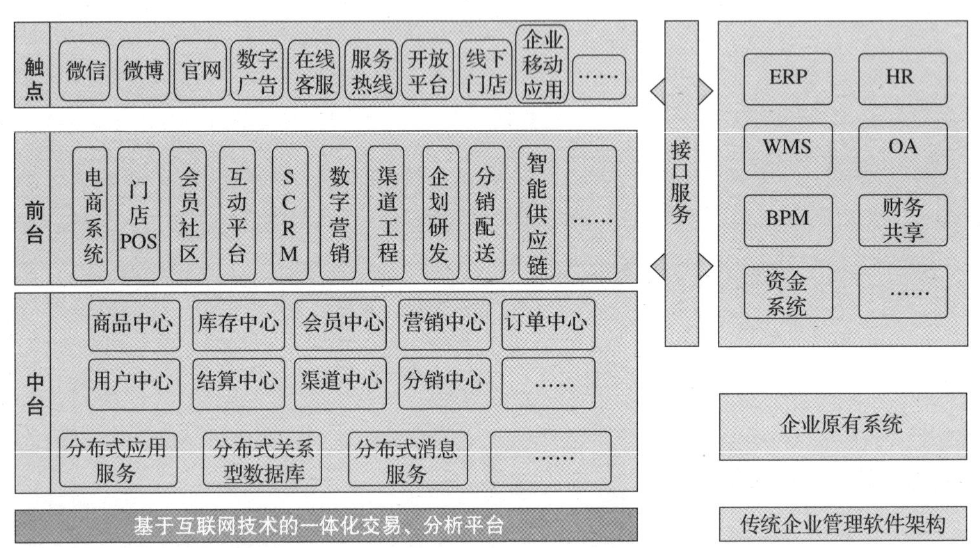

图 11-1　阿里业务中台与企业原有系统的混合架构

这种混合架构的好处是企业之前投资的系统可以继续保留，平滑地与新的互联网技术架构的系统进行融合，减少企业 IT 投资、降低建设风险、缩短项目工期，帮助企业早日实现业务目标。

传统企业转型互联网技术的注意事项如下：

- 相对而言，Java、MySQl、Redis 等在企业互联网架构体系中使用更加广泛，企业需要获取相关的人才和资源。笔者之前就遇到品牌公司向互联网架构转型时人才与资源出现瓶颈。
- 由于数据库由集中式数据库转向分布式数据库，从少量的小（中、大）型机 + 高端存储转向相对廉价的 X86 架构的 PC Server（存储也可以直接构建在 PC Server 上），单个服务器性能差异比较大，通常的建议是数据库进行分库、分表。在这种架构体系下，需要更加注意服务中心与应用的设计，来发挥分布式架构的性能。互联网架构需要特别注重性能的优化，应用的链路响应时间建议在 1 秒以内，最好可以在 300 毫秒以内。通常情况，传统架构中，单台服务器特别是数据库服务器性能强大，程序员更加关心应用功能的实现，对性能没有这么敏感。由于分库分表，数据一致性以及跨数据库操作需要特别注意。

以上 2 条对传统架构体系下的架构师和程序员有一定挑战，不管是服务中心构建、数据库设计、对应用的设计都提出了新的要求。只要遵循这些规律和要求，还是可以很快掌握，迅速上手。

阿里巴巴集团董事局主席马云先生在 2016 的乌镇第三届世界互联网大会开幕式上说“未来 30 年一定不会只是“互联网公司”的天下，未来 30 年是“用好互联网技术”的公司、“用好互联网技术”的国家的天下，是“用好互联网技术”的年轻人的天下。”下一节继续探讨传统企业如何用好互联网技术。

11.2 供应链的改造

对于企业而言，黑猫白猫都不重要，解决企业问题最重要。对于时尚行业而言，众多品牌企业最近几年业绩与利润大幅度下滑的主要原因之一就是在供应链协同上出了问题。

我们先来看传统的服装零售企业供应链体系，这个体系始于商品企划，终于门店与消费者，如图 11-2 所示。

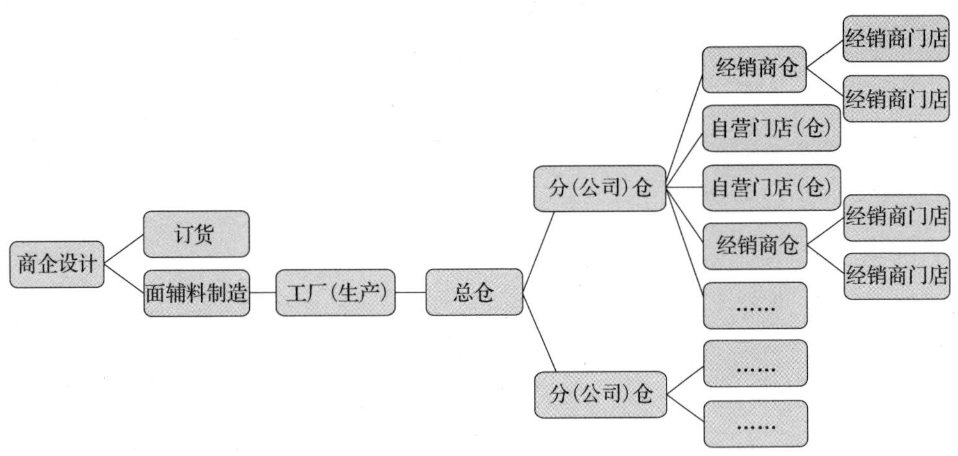

图 11-2　传统的服装零售企业供应链体系

传统的服装零售企业会提前半年左右召开订货会，在订货会上，经销商看样下达订单，当然某些品牌企业可能在订货会的时候已经开始下了部分面料订单甚至开始下单生产。下达订单后，品牌商开始组织生产，在新一季开始前，品牌商将产品配送给经销商，然后由经销商配送到自己的门店。更复杂一点的是，经销商下面还有二级经销商，这样层级就会更多。

这种方式的弊端在于：服装什么款式好看、什么款式流行虽然有一定趋势，但更是偏感性的，很难去预测。如果再考虑天气与气候（某品牌企业在武汉有一段时间几乎没有收入，因为当时武汉被淹）、热点变迁等因素，因此，在订货会上预测半年以后流行什么，畅销什么是非常困难的。正是因为预测不准，将会有一部分产品滞销，而这部分产品是约半年前生产的，自然就形成了库存。在终端门店为了处理滞销的产品，势必需要进行打折促销，而这种打折一方面伤害了品牌的形象，另外一方面以低价格填充了部分市场需求，导致毛利较高的新品销量受损，最终影响了终端门店业绩与利润。

库存大量积压供应链末端环节，主要集中在经销商和门店上，这将直接导致结构性缺货。统计上大约存在 30% 左右的缺货损失。从单个渠道而言，某个产品是缺货的，但从整个供应链来看，绝对的缺货比例相对较小。

缺货损失采用的计算公式是，商品上市 7 天后，分别计算每一个产品 7 天或者 14 天的滚动日均销量和平均单价，如果某天库存为零，则视为缺货，当天的缺

货损失 = 前 7（或 14）天的日均销量 × 7（或 14）天的平均单价。

一个有效的方法就是进行供给侧改革，将库存后移，为门店、分仓、总仓、工厂设立缓存库存机制。如图 11-3 所示。

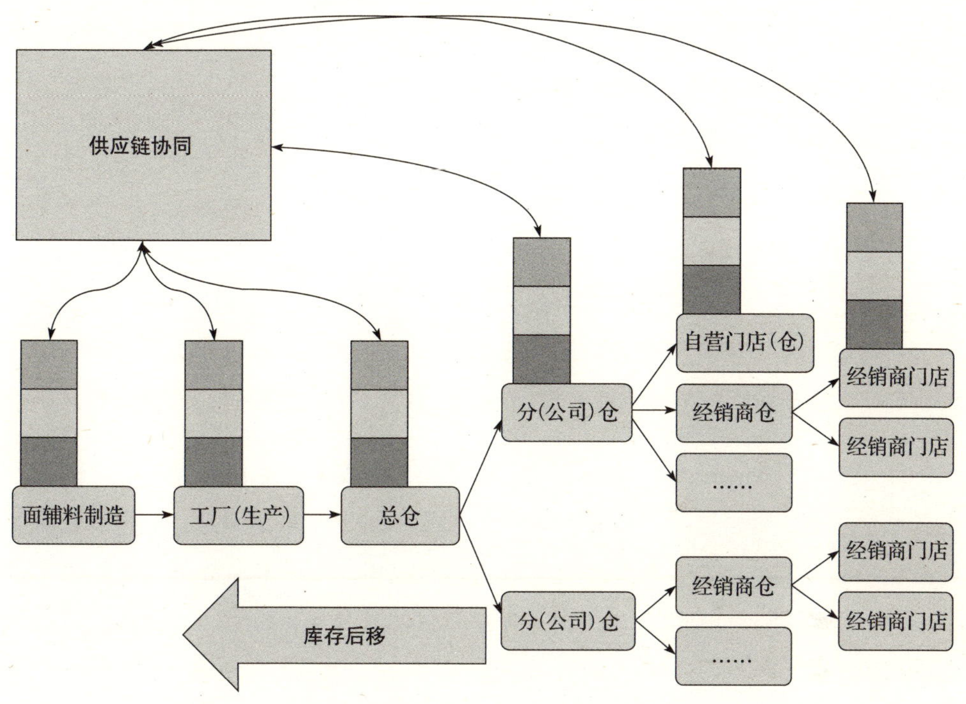

图 11-3　库存后移是解决高库存、高缺货现象的有效方法

门店的库存考虑配送周期，根据其每一个产品售卖的情况，设定满足其 2 ~ 3 周（保持多久的目标库存根据产品特性、配送周期、天气、节假日等进行综合考虑）销售的目标库存。

为减少中间环节，可以考虑减少经销商的仓库。某品牌公司在基于互联网架构搭建其供应链系统时，就在试点区域取消了经销商的仓库。实现了系统自动为经销商的门店和直营门店补货。

自动补货好处之一是快，这种快体现在补货效率上。门店售卖结束后，晚上可以通过系统自动为门店计算需要补多少货品，仓库可以凌晨 4 点前就接受到指令，仓库可以在 8 ~ 9 点前结束拣货并开始发运，近一些的门店甚至可以当天就收到货。自动补货另外的好处是减少了商品管理人员的日常重复计算工作，可以把更多的时间用于和门店沟通，为门店优化货品结构，帮助门店设计促销方案等。

库存后移到分仓和总仓，通过快速的自动补货以及配送减少门店的结构性缺货，从而减少整个供应链的库存。在这个结构下，总仓为分仓进行补货，可减少分仓的库存。为了减少总仓的无效库存，减少缺货，需要生产供应可以更加快速地响应，接收款多量小、下单频繁的订单。在这个体系下，如果还需要高效，需要进一步加强原、辅料供应商的协同，同时在商品企划和设计阶段就提升面临的通用性。

减少库存的层级可以帮助企业更有效地整合库存，但需考虑物流配送能力与时效。是否需要中央仓，设置多少分（区域）仓，是根据企业实际情况来决定的。中国有服装企业在进行这样的实践，取消所有分仓，所有货品由唯一的总仓直接配送到门店，通过这种模式支撑了其 5000 家门店，上百亿的营业收入。

基于 TOC（Theory of Constraints）的理论，将整个产品价值链与供应链的各个环节建立更加紧密连接，可更加高效地协同，在 IT 系统落地时，基于互联网架构，采用服务化的方式，通过分布式数据库与应用，可以帮助链条上大量的库存节点（比如门店数量就超过 3000 家）更加高效地，在合适的时间、合适的节点分配合适的库存。

对此我们可以设定几个小目标：

- 通过拉式补货将终端门店的缺货损失减少一半。
- 通过拉式生产将滞销产品的季末库存减少 30%。
- 通过减少因为滞销或者库存引起的打折，提升 X% 的平均折扣，帮助企业增加 Y% 的利润。
- 将门店 X% 滞销品占用的无效陈列空间替换为畅销的产品，继续提升 Y% 的业绩。

从整个体系来看，如果保持物流层级不变，可能会增加物流成本（如果减少物流层级，可能会减少物流成本），可能增加制造成本。但这部分的成本相对收益来讲是完全值得投资的。

这种方式对企业的挑战是；需要强大的 IT 系统支持，将所有的库存点，包括销售渠道（实体门店、电商）、分仓（自营分仓、经销商分仓）、总仓、工厂在制（在制品也是库存的，可以为总仓提供库存保护和缓存）、原辅料供应（如果没有做好原辅料采购协同，工厂将面临缺料）进行整合。技术上，需要系统可以处理高并发、实时的交易处理，实（准）实时的自动化指令。在业务上，各种数据的获得，特别是销售渠道中经销商部分的数据获取，需要一定的业务智慧，可以参考的办法如与经销商协商 VMI（Vendor Managed Inventory，供应商管理库存，在这个场景下是指由品牌商管理经销商门店库存）的库存管理模式、直接参股控股经销商等模式，甚至可以考虑“经销商”只是一个财务投资者的，经营和库存管理完全由品牌方进行。

企业物流需要更加高效、快速、准确地进行拣货。最好是可以做到凌晨拣货、早上发出。这需要企业建设能力，以及高效的执行团队。虽然可以借助一些自动分拣设备如交叉皮带分拣机实现服装的分拣，但依然需要人工。

零售门店店员以及零售团队需要习惯减少库存的深度。一部分零售人员特别是经销商的潜意识中，店铺货品库存深度浅容易导致缺货，没有安全感，这需要通过实验和数字向零售人员证明这一点。

对企业而言，最难的是生产制造环节的改造，生产制造部门习惯款式少、订量大、交期长、频率低的模式，向款式多、订量少、交期短、频率高的模式转变挑战很大。这可能需要改变工厂的车间管理模式，需要加强对投料的管控，以便更快地让成衣可以部分交付；部分生产线需要由原来的长流水改造为更加灵活的小流水，以适应生产订单模式的变化。对于生产部门而言，这种变化会带来单位生产成本的上升。但从整个企业价值链而言，减少了缺货与无效库存，降低了打折力度，最终提升了有效产出。

除了通过库存后移，协同生产制造资源，快速补货减少零售网点的结构性缺货外，还可以借助互联网技术，统一库存中，即统一互联网、实体渠道、总仓、分仓等库存，自动地分配并处理订单，进一步减少缺货。

如某个实体门店某个款式的尺码缺货，可以完成一张 O2O（全渠道）订单并进行收款，提交给零售系统来处理，系统通过库存路由来查找最适合的库存方扣减可用库存，并通知发货方进行发货，发货完成后，扣减库存方库存，计算业绩如何进行分配。

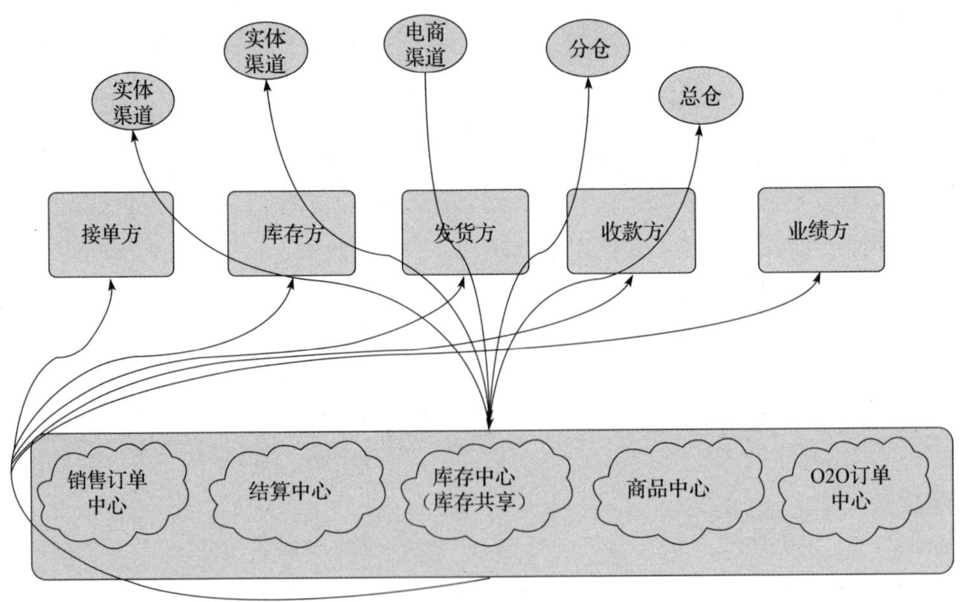

图 11-4　统一库存中心建设是实现库存后移的最佳实现

本案例中的公司就基于这样的模式，通过互联网技术来改进其供应链，具体方案如下：

1）首先重构他们的 POS，实现了 POS 在线处理，解决了快速获取终端数据的问题。

2）在重构 POS 的时候，建立了库存中心（不光有 POS 的数据，总仓、分仓的数据也在库存中心）、商品中心、订单中心，复用这些共享服务中心，快速开发了拉式补货系统与 O2O（全渠道）订单平台。从软件开发到上线大约经历了 2 个月的时间。

3）这个应用场景与 POS、SCRM 等场景差异较大，重点是大量数据基于业务模型的计算和处理，因此采用定时任务，在晚上进行处理。

4）该公司花了更多的时间用于应用的推广。毕竟，相对于技术上的变化，人的思维变化更不容易。

本小节介绍了更加协调、高效的供应链改造，目前中国的零售企业供应链改进的空间巨大，因为中国的零售企业在高速发展时期是比较粗放的，中国的市场红利对企业的发展起到很大的作用。但时至今日，市场人口红利消失，各种成本增加，企业间的竞争激烈，在这个时候提高企业的效率、降低成本就变得非常重要了。基于TOC理论方法来对供应链的改造就是其中一种非常有效的方法，基于共享服务中心的方式来构建供应链协同的应用也比较快，不容易的是去适应这种变化，去拥抱这种变化，甚至主动变革。

11.3 基于SCRM的全渠道整合营销

艾利·高德拉特博士在他著作《醒悟》一书最后一章“零售的聚焦五步骤”中写道：“无论我们挖尽制约因素的潜能如何出色，无论制约因素松了多少绑，它都不会被打破的，制约因素永远是‘进入商店的人数’，这令零售成为达到表现大幅提升最安全、最容易的环节之一。”

可见，制约零售最大的一个因素就是客流。在互联网，客流就像是访问的流量，有了流量，有很多办法让流量进行变现。对于电商而言，流量与购买转换率往往决定了这个商家的经营情况。

在淘宝、在天猫，除了自然流量外，商家可以通过各自广告还可以获得更多的流量。在实体门店，通过在人气商圈付出昂贵的租金开店，是获取自然流量的一种方式。当然，这些流量都是需要花费高昂的成本，那么，我们怎样降低成本获得更多的流量呢?

答案是基于SCRM进行全渠道整合营销，如图11-5所示。

曾与某品牌公司总经理谈起，他们为了推广微信会员，给予首次加入微信会员的消费者一定的折扣，经过一段时间的运作，这家品牌现在有了约1000万的微信会员。笔者曾经笑言，就算是每单优惠5元，这一下子就至少花掉了5000万。该品牌公司总经理坦言，他们根本没有想过这笔成本，他们更在意的是有了一个平台可以和消费者互动。之前就算一年中可触达消费者1次，这样的广告费就是一大笔费用，而这次加会员活动不仅触达了这么多消费者，而且还有与消费者进行互动所带来的再次购买。

我们计算一下，按照微信的要求，服务号1个月可以发送4条图文消息，一年就可以发送48条，假设不发送那么频繁（频繁发送低质量消息很容易掉粉），而是发送更加高质量的内容，一个月两次，就相当于进行2.4亿人次的品牌资讯的曝光。假设针对这些目标人群的转化率是1%，平均客单价是200元，那么这些消费所能带来的营收是4.8亿元。当然，如果要让转化做得更好，掉粉率低，我们还需要做很多事情。

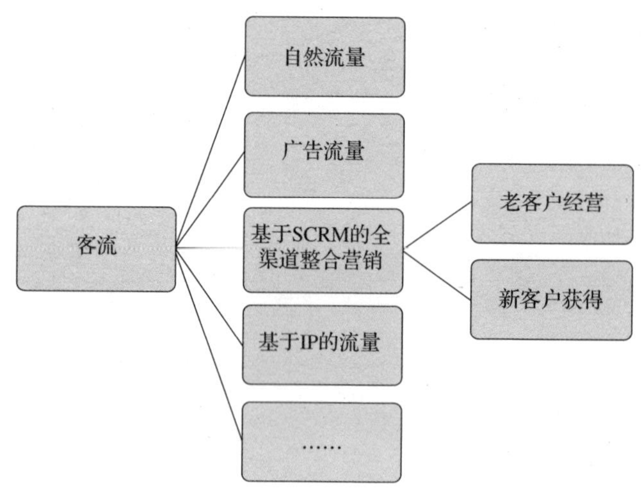

图11-5　SCRM全渠道营销能真正给企业带来客户流量

在商业地产越来越多，房价高的今天，实体门店的流量成本越来越高；而电子商务随着市场成熟度的提升，流量成本也是越来越高。在这种情况下，企业自己经营流量，低成本的获取流量（目前来看，通过微信服务号来触达消费，来获取流量还是相对成本比较低的方式）。

传统的CRM（管理客户型CRM）更多的是分析消费者的历史消费数据，通过若干模型（最常见的是RFM模型），为消费者打上若干标签（分组），然后根据标签推送营销内容。在这种模式下，我们希望尽可能地挖掘"高价值"客户。通常情况下，是RFM表现最好的那部分人群，购买频率高、购买金额高、最近有购买的消费者。一般而言，符合帕雷托法则，公司80%的收入来自20%的顾客（依据笔者的经验，对于大众品牌或者是非注重个性化服务的品牌，并非80/20这么夸张。另外顾客的购买频率\金额的共享会随着时间的变化发生较大的改变，从这个意义而言，对于人群受众比较大的品牌一方面要经营老客户，另一方面更重要的是大众营销和拓展新客户，这是一个比较有意思的事情。

在互联网特别是移动互联网时代，CRM（客户关系管理）最大的一个变化就是加上了 S，进化为社会化关系型客户管理，我们可以和消费者互动了。从消费者触达方式来看，西方国家广泛使用的邮件在中国并不流行，如果用短信则受制于中国的广告法，另外，短信也不是一种特别好互动的方式，它只能通过文字来传递信息，趋向是一种单向的方式。国外流行 Facebook，但在中国有微博、微信、支付宝服务窗、QQ 公众号……

根据来自中华人民共和国国家统计局 2010 年第六次人口普查的数据模拟表明，到 2015 年，20 ~ 29 岁（86-95 年出生）比 30 ~ 39 岁的人口多 2900 万，如图 11-6 所示。

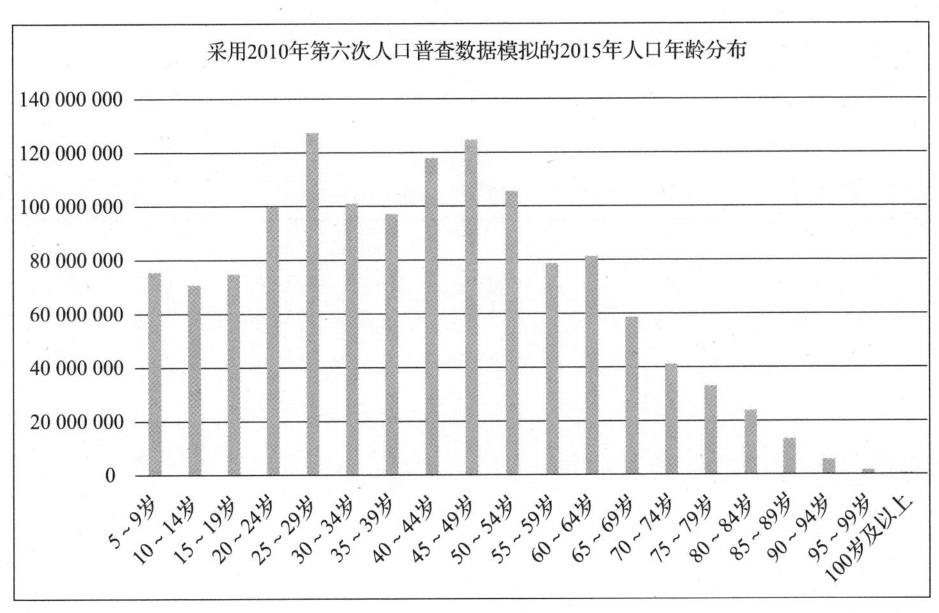

图 11-6　2010 年第六次人口普查数据模拟 2015 年人口年龄分布

笔者在 2014 年，通过 SCRM 进行门店的微信互动游戏时发现，20 ~ 29 的年轻人对互联网技术、对数字化营销，如互动游戏的参与度非常高，对比 30 ~ 39 岁的人群，参与互动的人数高 120%，达成交易的人数高 50%。考虑到 20 ~ 25 岁的年轻人还在读书或者初入职场，年轻人愿意接受品牌互动，表现出的购买力，足以让品牌商去关注如何更好地触达这部分人群，用这部分人群喜欢的方式，满足其情感上和物质上的需求。

基于 SCRM 进行全渠道整合营销，我们可以将品牌传播与市场营销移动化、互动化、游戏化，以消费容易接受的方式来增加趣味性与粘性，引导 PK 来促进分享传播（社交属性），比如 2016 年某品牌在奥运期间就做了一系列与奥运相关的小游戏。当然，游戏过程中我们可以进行一系列的奖励，比如送上优惠券、礼品券等。2015 年某品牌公司在一次活动中就送出去 1000 件衣服的礼品券。消费者参与了，满意了，企业的商业目的在不那么显山露水的情况下就达到了。

本案例中的该公司基于 SCRM 进行全渠道整合营销平台包括：

- 运营管理中心，包括会员章程、等级与积分模式，整合电商数据等。
- 会员俱乐部，积分兑换商城等。
- 互动中心，需要整合企业内外部互动资源，如数字媒体广告投放对接。
- 结合传统 400 电话与社交软件平台的客服中心。
- 与互动平台、零售系统融合的营销中心。
- 数据（交互、处理）中心，包括异业合作、第三方消费者特征数据、行为数据等。

以上都是采用典型的服务中心的方式，常规的整合营销可以快速提供相关服务，特殊企划的活动也可以在现有共享服务中心的基础上快速构建。由于营销往往具有不可预知性，很多营销方案的最终方案确定时间经常比较晚，留给 IT 团队的时间往往比较少，比如两周内要搞定一个新方案。在这个时候，通过前期不断的业务沉淀与积累，会员中心、营销中心、订单中心等已经比较完善，不需要修改或者只需要少量修改服务中心就可以满足新营销应用的需要，可以快速地适应业务的变化。同时，中台和前台的分离，也提升了系统的安全性与可靠性。

与消费者互动部分应用经常遭遇的难题就是波峰波谷差异巨大，企业可以把这部分应用部署在公共云上，通过共享服务中心，与企业内部的应用进行整合。比如该企业把活动中与消费者互动的部分部署在云端，通过会员中心与营销中心，与企业的 SCRM、POS 整合，最终服务中心经受了每分钟 1.7 万次访问的考验。

最后注意一点，消费者于企业而言不单单是“流量”，更是一个个鲜活的个体，有情感的诉求，虽然企业是靠通过满足消费者需求而获取利润，但在进行一系列的 SCRM 营销活动时，必须时刻关注消费者的感受，注重消费者的体验，否则掉粉很厉害的。

11.4 小结

本章主要介绍了时尚行业基于服务中心理念、互联网的分布式数据库、应用、消息等技术，通过改造供应链、SCRM 帮助时尚品牌企业降低库存、减少缺货、提升客流、满足消费者需求，从而获取了更多的市场竞争力。

品牌企业是通过提供产品和服务，满足消费者的需求，以盈利为目的的社会经济组织。在今天，企业可以更好地使用互联网技术、利用互联网服务、借鉴互联网企业运营模式，更好地实现价值链中各节点的连接，让流程更加透明，业务更加可视，挖掘企业的瓶颈，更好地满足消费者的需求，以期获得更好的成长。

推荐阅读

架构即未来：现代企业可扩展的Web架构、流程和组织（原书第2版）

作者：马丁 L. 阿伯特 等 ISBN：978-7-111-53264-4 定价：99.00元

互联网技术管理与架构设计的“孙子兵法”

跨越横亘在当代商业增长和企业IT系统架构之间的鸿沟

有胆识的商业高层人士必读经典

李大学、余晨、唐毅 亲笔作序 涂子沛、段念、唐彬等 联合力荐

任何一个持续成长的公司最终都需要解决系统、组织和流程的扩展性问题。本书汇聚了作者从eBay、VISA、Salesforce.com到Apple超过30年的丰富经验，全面阐释了经过验证的信息技术扩展方法，对所需要掌握的产品和服务的平滑扩展做了详尽的论述，并在第1版的基础上更新了扩展的策略、技术和案例。

针对技术和非技术的决策者，马丁·阿伯特和迈克尔·费舍尔详尽地介绍了影响扩展性的各个方面，包括架构、过程、组织和技术。通过阅读本书，你可以学习到以最大化敏捷性和扩展性来优化组织机构的新策略，以及对云计算（IaaS/PaaS）、NoSQL、DevOps和业务指标等的新见解。而且利用其中的工具和建议，你可以系统化地清除扩展性道路上的障碍，在技术和业务上取得前所未有的成功。

推荐阅读

Python数据分析
与数据化运营

Python Practice of Data Analysis and Mining
Python数据分析
与挖掘实战
张良均　王路　谭立云　苏剑林◎等著

产品增长力
数据驱动的
产品设计、运营和优化
PRODUCT
GROWTH BY DATA

互联网产品
修炼手册
THE HANDBOOK
FOR PRODUCT MANAGER

RAISING
DIMENSION
升维
争夺产品认知高地的战争

引爆社群
移动互联网时代的
新4C法则
Ignite Community

REDEFINE
INTERNET
运营有道
重新定义互联网运营

共鸣
内容运营
方法论
RESONANCE

引爆
用户增长
EXPLOSIVE GROWTH

推荐阅读

架构真经：互联网技术架构的设计原则（原书第2版）

作者：（美）马丁 L. 阿伯特 等 ISBN：978-7-111-56388-4 定价：79.00元

《架构即未来》姊妹篇，系统阐释50条支持企业高速增长的有效而且易用的架构原则

唐彬、向江旭、段念、吴华鹏、张瑞海、韩军、程炳皓、张云泉、李大学、霍泰稳　联袂力荐